TOBIAS HABERL • UNTER HEIDEN

TOBIAS HABERL

UNTER HEIDEN

Warum ich trotzdem Christ bleibe

btb

*Für Lam
in Dankbarkeit*

Wo keine Götter sind,
walten Gespenster.
NOVALIS

Inhalt

Warum dieses Buch?

Jetzt glaube ich fast fünfzig Jahre lang an Gott, aber so was ist mir noch nicht passiert: Als ich am Montag, dem 3. April 2023, wenige Tage vor Ostern, mein Notebook aufklappte, lagen hundert neue Mails in meinem Postfach. Spam, dachte ich, was sonst? Zweifelhafte Angebote von Versicherungen, Schönheitskliniken, Erotikfirmen. Aber dann schaute ich genauer hin und erkannte, es waren überhaupt keine Werbemails, sondern Reaktionen auf meinen Text »Unter Heiden«, der am Freitag zuvor im *Süddeutsche Zeitung Magazin* erschienen war. Ein persönlicher Essay darüber, dass ich mich als gläubiger Christ zunehmend unverstanden fühle, wie eine seltene Affenart, die man lieber von der anderen Seite eines Gitters aus bestaunt.

Dass ich von Menschen, die sich noch nie mit meinem Glauben auseinandergesetzt und im Grunde keine Ahnung haben, was sie da eigentlich ablehnen, nicht ernst genommen oder sogar kritisiert werde, weil ich immer noch in der Kirche bin, in die Messe gehe und zu Gott bete, manchmal sogar auf Knien. Und dass ich schon verstehen kann, wenn man nach den vielen Missbrauchsfällen, die in den letzten Jahren ans Licht gekommen sind (und eher widerwillig aufgearbeitet wurden), der Kirche den Rücken kehrt, dass ich aber auch glaube, dass uns etwas göttlicher Beistand guttun könnte, weil Google jede Frage beantworten kann, nur nicht die, wozu wir leben und was uns Halt gibt.

Ich hatte ein modernes Glaubensbekenntnis veröffentlicht und anders als die meisten, die sich heute öffentlich zum Thema Religion äußern, ihre strahlende Seite in den Mittelpunkt gestellt: die Schönheit, den Trost, die Hoffnung. Nicht um die Sünden der Kirche zu verharmlosen, sondern weil die sowieso jeden Tag in der Zeitung stehen, was unter anderem dazu geführt hat, dass sich viele nicht mehr vorstellen können, dass es außer Missbrauch und Vertuschung noch etwas anderes in ihr geben könnte. Ich wollte darauf aufmerksam machen, was *trotzdem* für die Kirche, aber vor allem: für ein Leben mit Gott sprechen könnte. Oder wie die *FAZ* einmal hinsichtlich des Missbrauchsskandals kommentierte: »Es geht um die Wiederherstellung eines Zusammenhangs zwischen Gott und dem Guten, den die Kirchen auch selbst verdunkelt haben.«[1]

Dazu kommt, dass ich das Reden *über*, aber auch die Kritik *an* meinem Glauben nicht denen überlassen will, die beim Wort »Kirche« reflexhaft an übergriffige Priester denken. Menschen, die Toleranz für alles Mögliche einfordern, aber meinen Glauben nicht gelten lassen wollen, weil sie ihn unzeitgemäß finden, wo seine Kraft doch gerade in der Differenz zum Zeitgeist liegt, weil er überfordern muss, um nicht banal zu werden. Ob sie ahnen, dass auch ich mit der Kirche hadere, nur differenzierter, weil ich weiß, dass sie nicht von den Männern in den scharlachroten Soutanen, sondern von jedem einzelnen Getauften repräsentiert wird, also auch von mir?

Es ist so eine Sache mit Leserbriefen. Oft melden sich Nörgler oder Besserwisser zu Wort. Trotzdem lese und beantworte ich grundsätzlich alle, weil ich finde, dass jeder, der sich die Mühe gemacht hat zu schreiben, eine Antwort verdient. Zur Wahrheit gehört aber auch, dass es nicht immer eine Freude ist, weil man oft beleidigt oder missverstanden wird. Gerade weil die *Süddeutsche Zeitung* traditionell kirchenkritisch eingestellt ist, hatte ich mit einem Shitstorm gerechnet, aber ich hatte mich getäuscht: Fast alle Reaktionen waren wohlwollend, manche sogar euphorisch. Viele bedankten sich, der Text sei »mutig« und »tröstlich«. Endlich spreche jemand aus, was sich keiner mehr zu sagen traue, dass in unserer technologisch optimierten, aber seelisch verkümmerten Gesellschaft eine Lücke klaffe, die nicht mit Algorithmen, sondern nur spirituell zu füllen sei.

Manche Mails waren nur ein paar Zeilen lang. »Lieber Herr Haberl, vielen Dank für Ihren Text, der mir aus der Seele gesprochen hat.« Oder: »Herr Haberl, ihr Artikel war ein Lichtstrahl für mich.« Andere enthielten seitenlange Glaubensbekenntnisse, Lebensbeichten, Verlustgeschichten. Geschätzt waren achtzig Prozent der Zuschriften positiv und zwanzig Prozent negativ, aber auch die enthielten keine Häme, sondern persönliche Erfahrungen und differenzierte Argumente. Fast alle stellten Fragen, die wenigsten gaben Antworten, schon gar keine endgültigen. Natürlich waren auch ein paar gemeine dabei: Einer verhöhnte mich als »Einfaltspinsel«, ein anderer fand es nur gerecht, wenn Katholiken heute die Ablehnung erführen, welche die Kirche jahrhundertelang gegenüber Anders- und Nichtgläubigen an den Tag gelegt habe. Aber immerhin, richtig hässlich wurde es nie.

Ich habe mich damals gefragt, warum ich von den üblichen Hassmails verschont geblieben bin, die man heute eigentlich immer bekommt, sobald man sich öffentlich zu einem kontroversen Thema zu Wort meldet: Hatte man meinen Mut honoriert, mich in einem säkularen Umfeld zum Glauben zu bekennen? Oder taugt das Thema Religion – anders als Gendersprache – nicht mehr zum Kulturkampf? Ist es zu abseitig, um sich darüber aufzuregen, weil es sich in ein paar Jahren sowieso erledigt haben wird?

Ich entschied mich für die erste Variante: Für mich widerlegten diese Briefe das Gerede von den verfeindeten Lagern, zwischen denen kein Dialog mehr möglich sei. Ich hatte eine andere Erfahrung gemacht: Offenbar darf, wer einen Standpunkt aufrichtig vertritt, sehr wohl auf Respekt hoffen, vielleicht nicht im Internet, aber im persönlichen Miteinander. Jedenfalls hatten mir nicht nur Katholiken, sondern auch Protestanten, Muslime, Atheisten und einige Enttäuschte geschrieben, die aus der Kirche ausgetreten waren oder mit dem Gedanken spielten, es zu tun.

Eine Religionslehrerin berichtete von ihren Schülern, denen Religion so egal sei, dass sie über den Missbrauchsskandal nicht einmal diskutieren wollten. Priester baten um Erlaubnis, Teile meines Textes für ihre Osterpredigt verwenden zu dürfen. Eine muslimische Kollegin bedankte sich für eine wohlwollende Passage über den Islam, in der ich beschrieben hatte, dass Muslime und Christen selbstverständlich denselben Gott anbeteten, dass »Allah« lediglich das arabische Wort für Gott sei, was zugegebenermaßen stark vereinfacht, aber im Prinzip richtig ist. Am meisten bewegt hat mich die Mail eines krebskranken Schauspielers, der mir anvertraute, wie er, gleich nachdem er die niederschmetternde Diagnose bekommen habe, in die Klinikkapelle geeilt sei und bitterlich geweint habe. »Ich habe Angst, ich habe richtig schlimm Angst«, habe er vor sich hin gemurmelt, als auf einmal der ganze Raum von einer Schwingung erfüllt gewesen sei, die nicht nur ruhig und klar zu spüren gewesen sei, sondern auch einen »tröstlichen, mitfühlenden Satz« enthalten habe: »Ich weiß.« Zwar habe er auch Rückhalt von seiner Familie und seinen Freunden bekommen. »Es wird alles gut« hätten sie gesagt, aber gehalten gefühlt habe er sich vor allem von diesem »Ich weiß«, das nichts in Aussicht stellt und nichts verspricht.

Am Dienstag bekam ich weitere Mails, am Mittwoch und Donnerstag auch. Nicht mehr hundert, aber vierzig, fünfzig pro Tag, und immer, wenn ich dachte, das war's, kamen neue, am Ende waren es über fünfhundert. Es dauerte ein paar Tage, bis ich alle abgearbeitet hatte, aber ich wollte den Menschen zeigen, dass ich ihre Reaktionen nicht nur zur Kenntnis genommen, sondern tatsächlich gelesen hatte. Weil das nur bis zu einem gewissen Grad möglich war, beantwortete ich die positiven knapper und die negativen ausführlicher, schließlich wird es erst interessant, wenn zwei Haltungen aufeinanderprallen, weil dann beides möglich ist: eine Annäherung, aber auch das Eingeständnis, dass sich zwischen einem gläubigen und einem nicht gläubigen Menschen ein Graben auftut, den man nicht schönreden muss, den man auch einfach anerkennen kann. Denn natürlich kann man befreundet sein oder sogar das ganze Leben miteinander verbringen, aber in diesem einen Punkt gibt es keinen Kompromiss, ein gläubiger Mensch hat ein grundsätzlich anderes Ziel als ein ungläubiger: Er möchte nicht befriedigt, er möchte erlöst werden.

Warum aber hat mein Essay so heftige Reaktionen ausgelöst? Ich habe nur eine Erklärung: Ich muss ein Lebensgefühl beschrieben haben, mit dem sich viele Leserinnen und Leser identifizieren konnten. Das Gefühl, dass uns die restlos aufgeklärte Welt etwas vorenthält, das wir gut brauchen könnten, gerade jetzt, wo nach Jahrzehnten der Unbeschwertheit wieder die großen Fragen nach Freiheit und Zukunft gestellt werden und angesichts gespenstischer Fortschritte auf dem Feld der Technologie nach dem Sinn der menschlichen Existenz überhaupt. Das Gefühl, dass etwas fehlt, etwas Grundlegendes, etwas Entscheidendes, das nichts mit Politik oder Wirtschaftswachstum zu tun hat, das sich nicht verordnen oder verkaufen lässt.

Corona, Kriege, Klima, Inflation, soziale Spannungen – die Welt scheint aus den Fugen. Unsere Debatten sind hitziger geworden, unsere Ängste greifbarer. Viele sind gereizt, empört, erschöpft – oder alles auf einmal. Vor allem junge Menschen verlieren den Glauben an eine positive Zukunft. Etwas gerät ins Rutschen, den Satz liest man oft, aber er stimmt nicht: Alles rutscht seit langer Zeit. Wir sind umzingelt von Krisen, überall Endzeitstimmung, nirgendwo ein Grund, der trägt. Die Menschen suchen Orientierung, etwas, woran sie sich festhalten können, aber da ist nichts, alles wandelt sich immer rascher. Und eigentlich bräuchten wir eine Pause oder jemanden, der uns in den Arm nimmt, aber alles, was wir kriegen, ist schnelleres Internet.

Ich hatte schon länger mit dem Gedanken gespielt, ein Buch über den Glauben zu schreiben, aber immer wieder gezögert. Irgendwie fühlte ich mich nicht befugt: Erstens gibt es schon viele Bücher frommer Laien. Und zweitens, so fromm bin ich auch wieder nicht. Ich gehe nicht mal jeden Sonntag in die Kirche, also schon oft, aber manchmal trinke ich lieber ein Weißbier und rede mir ein, dass man Gott auch von einer Bierbank aus preisen kann, was grundsätzlich stimmt, aber trotzdem eine schlechte Ausrede ist. Wenn ich ehrlich bin, gelingt mir kein Tag ohne Sünde, und viele Atheisten dürften bessere Menschen sein als ich, trotzdem versuche ich jeden Tag mit großer Ernsthaftigkeit, Gott zu gefallen – es klappt halt nicht immer.

Und dann lagen ja noch die vielen Mails in meinem Postfach. Waren sie ein Hinweis? Ein Zeichen? Vielleicht sogar ein Auftrag? Sollte ich dieses Buch schreiben, nicht obwohl, sondern *weil* ich ein mittelmäßiger Christ (und hoffnungsloser Genussmensch) bin? Weil mich Bekannte, denen ich verrate, dass mein Leben ein Zentrum hat, das Gott heißt, anstarren und fragen: »Willst du mich verarschen?« Irgendwann fragte ich meinen katholischen Freund, der über Religion, aber eigentlich auch über alles andere mehr weiß als ich: »Was meinst du, soll ich dieses Buch schreiben?« Er überlegte eine Weile, dann schaute er mich vielsagend an und meinte: »Schreib keinen Satz, für den du dich nicht totschießen lassen würdest, aber schreib dieses Buch!« Ich versuchte noch halbherzig dagegen zu argumentieren, ich wisse doch gar nicht viel vom Glauben, aber das fand er geradezu ideal. »Vom Glauben muss man nichts wissen«, meinte er, »vom Glauben muss man erzählen.«

Vor fünfzig Jahren waren mehr als neunzig Prozent der Deutschen katholisch oder evangelisch, mittlerweile ist es weniger als die Hälfte. Das sind immer noch Millionen, aber es werden von Tag zu Tag weniger. Ein Christ zu sein, das ist in Deutschland von einer Selbstverständlichkeit zu einer von zahllosen Optionen geworden, die eigene Identität zu markieren: Der eine ist Veganer, die andere Klimaschützerin, der Nächste halt Christ. Aber während die beiden Ersten auf eine hoffnungsvolle Zukunft verweisen, gilt der religiöse Mensch als problematisches Auslaufmodell, als Bremsklotz für Freiheit und Fortschritt.

Doch ist er das wirklich? Oder scheint es nur so in einer Zeit, die den Glauben an Gott durch den Glauben an Technologie ersetzt hat? Der Schriftsteller Martin Mosebach schreibt: »Was der Gegenwart besonders missfällt, ist wahrscheinlich das Zukunftsträchtigste.«² Keine Ahnung, ob das stimmt, aber ich würde es nicht ausschließen. Es ist dieses Lebensgefühl, das ich im ersten Teil des Buches beschreiben möchte: dass ich mich als Christ zunehmend rechtfertigen muss, als hätte ich den Sprung in die Gegenwart verpasst oder irgendetwas nicht ganz verstanden. Das Gefühl von einer Mehrheit zur Minderheit, vom Mainstream zur Randgruppe zu werden, und zwar nicht, weil ich *mich*, sondern einfach nur, weil die Welt *sich* verändert hat. Es ist das Grundgefühl vieler religiöser Menschen, die nicht verstehen, warum sie in einer aller Tradition entleerten Gesellschaft als problematisch wahrgenommen werden, warum ihre Sehnsucht nach Werten, hinter denen keine Interessen stecken, als überholt gebrandmarkt wird. Da versucht man, ein guter Mensch zu sein, und ruckzuck ist man ein fragwürdiger Rechtsausleger, und alles nur, weil man sich nicht vor der Twitter-Gemeinde, sondern allein vor seinem Schöpfer rechtfertigen will, der nicht nur die Timeline, sondern auch das Verborgene sieht.

Dieses Buch enthält trotzige Passagen, eine Verteidigung des Glaubens ohne Gesellschaftskritik gibt es nicht, trotzdem steht in seinem Zentrum kein *Nein*, sondern ein *Ja*. Der Glaube als Weg, das eigene Leben nicht nur zu verschönern, sondern zu vertiefen. Das Wort Gottes nicht als privates Schlupfloch, sondern als verantwortungsvolle Perspektive für eine hellere Zukunft. Denn von einer Sache bin ich überzeugt: dass mein Glaube Erfahrungen bereithält, die uns als Gesellschaft schmerzlich fehlen und die uns dabei helfen können, die Herausforderungen der Zukunft, wenn schon nicht zu meistern, dann doch beherzt anzugehen: Solidarität, Rhythmus, Rituale, Traditionen, Demut, Hoffnung. Die einzelnen Kapitel funktionieren unabhängig voneinander, zusammen ergeben sie ein Glaubensbekenntnis für das 21. Jahrhundert, in dem sich persönliche und gesellschaftspolitische, erzählerische und theoretische Passagen abwechseln.

Einerseits erzähle ich von meiner katholischen Kindheit auf dem Land, meinen Jahren an der Seite einer asiatischen Buddhistin, der rätselhaften Schönheit der Alten Messe in Rom und wie ich in einer französischen Benediktinerabtei fast den Verstand verloren hätte. Andererseits davon, wie ich versuche, ein moderner und gleichzeitig katholischer Mensch zu sein, also ein zeitgemäßes Leben mit einem vermeintlich unzeitgemäßen Glauben zu verbinden. Ein Spagat, der mir nur gelingt, indem ich gelegentlich ein Auge zudrücke, was nicht heißt, dass ich meinen Glauben auf die leichte Schulter nehme. Im Gegenteil: Gerade, weil ich ein außerordentlich zeitgemäßes Leben führe, weil ich permanent unterwegs, im Stress oder im Internet bin, schätze ich die Stille, die Ordnung und ja, auch die Strenge meines Glaubens umso mehr.

Seit Jahren wird darüber diskutiert, wie sich die Kirche verändern muss, um im 21. Jahrhundert anzukommen. Im zweiten Teil des Buches möchte ich die Frage gerne umdrehen: Was kann das 21. Jahrhundert von gläubigen Menschen lernen? Wie und wo lässt sich das Heilige noch erfahren? Was kann uns in einer nahezu vollständig digitalisierten Welt noch Sinn und Hoffnung geben? Welche vermeintlich aus der Zeit gefallenen Rituale können eine aufgewühlte Gesellschaft von ihrer Atemlosigkeit befreien? Und ganz wichtig: Wo muss die Kirche sich erneuern? Und wo muss sie unbequem bleiben, um eine sich immer weiter beschleunigende Gesellschaft vor sich selbst zu schützen?

Denn eines ist offensichtlich: Der Mensch, der von Gott nichts mehr wissen will, findet nicht, was er sucht; die große Freiheit stellt sich nicht ein. Stattdessen: neue Zwänge, neue Ängste, neue Süchte, Ablenkung statt Trost, kurzfristige Befriedigung statt dauerhafter Erlösung. Wie Kain nach dem Mord an seinem Bruder Abel muss er »rastlos und ruhelos« über die Erde ziehen und den tollsten Täuschungen hinterherjagen, um sich noch intensiver am Leben zu fühlen, während er panische Angst vor dem Sterben hat, ein Wettrennen ohne Ziel, mit lauter Verlierern.

Ich weigere mich zu glauben, dass die Welt ohne Gott besser, schöner oder gerechter wäre. Vielmehr bin ich davon überzeugt, dass viele unserer Probleme nicht über Nacht verschwinden, aber doch ihren Schrecken verlieren würden, wenn sich wieder mehr Menschen auf die funkelnde Gegenwelt Gottes einlassen würden, wo alles seinen Platz hat, was sonst an den Rand gedrängt wird, auch das Leise, Unsichere, Unscheinbare. Wo andere Dinge zählen und andere Gesetze gelten. Wo man aufrichtig hoffen darf, dass das Gute belohnt und das Böse bestraft wird. Wo sich eine Liebe erfahren lässt, die von keiner Kränkung bedroht ist. Wo man keine Angst vor dem Sterben haben muss, weil ein anderer vor zweitausend Jahren für uns gestorben ist. Mein Glaube ist diese Gegenwelt, eine Unterbrechung des Alltags, ein Wechsel der Perspektive, eine Sphäre der Hoffnung. Das Ego hat Pause, in den Schatten gestellt von einem, der Ruhe und Kraft schenkt, bevor man sich wieder raustraut, in den Stress und den Druck – was man halt so Freiheit nennt.

»Da wo Gott geleugnet wird, bricht am Ende auch die Vernunft zusammen«, sagt der Philosoph Robert Spaemann, der zeit seines Lebens vor einer Welt ohne Gott gewarnt hat. Was, wenn er recht hat? Wenn auf das Christentum nichts Besseres, Vernünftigeres, sondern etwas Schlechteres, Unmenschlicheres folgt? Ein banaler Nihilismus, in dem die Menschen seelenlos aneinander vorbeileben? Der Mensch als Ware und Produkt? Ein Durcheinander beliebig austauschbarer Moden? Ewige Unruhe ohne Ziel? Manchmal wache ich nachts auf und habe schreckliche Angst vor einer rein funktionalen Welt, einem Dasein zwischen Abschottung und Überwachung, in dem sich niemand mehr daran erinnern kann, was das eigentlich mal war und bedeutet hat: ein Mensch zu sein. Zugleich kann ich nicht aufhören, darüber nachzudenken, warum so viele Menschen freiwillig auf Gott verzichten, während ich ihre tiefe Sehnsucht nach Sinn und Wahrheit und Liebe spüre.

Ich glaube, dass der moderne Mensch darunter leidet, dass er seinen Glauben verloren hat, ohne dass er es merkt. Ich glaube, dass er sein Glück in falschen Dingen und an falschen Orten sucht. Ich glaube, dass er Sehnsucht nach etwas hat, das er sich nicht erklären kann. Um ihm zu zeigen, was das sein könnte, habe ich dieses Buch geschrieben.

Krise! Welche Krise?

Dieses Buch beginnt mit einer Lüge und einer Übertreibung. Beide stecken schon im Titel, und ich dachte, bevor sich jemand darüber beschwert, kläre ich die Sache lieber gleich selbst auf.

Erst zur Übertreibung.

Unter Heiden – das klingt, als sei ich der letzte Christ auf Erden. Als stünde ich am Pranger, und alle zeigten mit dem Finger auf mich, oder schlimmer, vor Gericht, und alle plädierten auf schuldig. Und ja, es gibt Momente, in denen ich mir so vorkomme, trotzdem weiß ich natürlich, dass man als Christ auch im 21. Jahrhundert nur einer von ganz vielen ist, ein Sandkorn in der Wüste, ein Tropfen im Ozean. Zwar schrumpft die Kirche in der westlichen Welt in atemberaubender Geschwindigkeit, und in manchen Gegenden kann man sich kaum noch vorstellen, dass es so etwas wie ein christliches Europa jemals gegeben hat, dafür wächst sie in Asien und Afrika umso stärker. In Afrika hat sich allein die Zahl der Katholiken seit 1950 verzehnfacht.[3] In China ist die Zahl der Christen von einer Million in den Achtzigerjahren auf mittlerweile hundert Millionen gestiegen.[4] Die deutsche Perspektive täuscht: Mit 2,6 Milliarden gab es noch nie so viele Christen auf der Welt wie heute, und jedes Jahr kommen dreißig Millionen dazu.

Es wäre nicht nur lächerlich, sich als an den Rand gedrängter Außenseiter zu inszenieren, es wäre auch geschmacklos, weil Christen außerhalb Europas nicht nur oft schief angeschaut, sondern verfolgt und getötet werden, worüber man in den Nachrichten leider kaum etwas erfährt. Es gehört sich nicht, das Leid der einen gegen das der anderen auszuspielen, aber merkwürdig ist es schon, dass man hierzulande zwar ausführlich über das Schicksal verfolgter Jesiden und Rohingya informiert wird, (was ich richtig finde), aber so gut wie nichts von den dreihundert Millionen Christen hört, die in Westafrika, Nordkorea und einigen arabischen Ländern eingesperrt, gefoltert und ermordet werden, und zwar einfach deshalb, *weil* sie Christen sind.

Man kann es sich angesichts anhaltender Rekordaustritte kaum vorstellen, aber auch in Deutschland ist man als Christ immer noch in bester Gesellschaft, nämlich einer von knapp vierzig Millionen, gut die Hälfte davon Katholiken. Wer Glaubensbrüder und -schwestern sucht, wird sie finden, in einem der 16 000 Sonntagsgottesdienste, bei Prozessionen, auf Gemeindefesten oder Kirchentagen, notfalls verbringt man seinen Osterurlaub in Rom, da wimmelt es vor Christen aus Deutschland. Vierzig Millionen, das ist zehnmal Berlin, eine gewaltige Zahl, die man sich kaum vorstellen kann. Ob in der Stammkneipe, im Wartezimmer oder im Fußballstadion, mit großer Wahrscheinlichkeit sitzt der nächste Christ immer nur ein paar Meter entfernt.

Wie also kann es sein, dass ich mich in einer so riesigen Gemeinschaft isoliert fühle? Warum meine ich sogar ein Buch darüber schreiben zu müssen, wo doch fast alle gesellschaftlichen Gruppen kleiner (und viele diskriminierter) sind? Und selbst wenn ich der letzte Christ auf Erden wäre, was wäre eigentlich so schlimm daran? Könnte es mir nicht egal sein, was andere über mich denken und woran sie glauben, solange ich zu meinem Gott beten darf und noch wichtiger: solange es ihn wirklich gibt? Denn eines ist klar: Wenn Gott existiert, dann gibt es ihn unabhängig von unseren Debatten und Befindlichkeiten, dann ist er eine Tatsache, eine unumstößliche Wahrheit.

Es muss damit zu tun haben, dass Gefühle manchmal stärker sind als Zahlen, dass Statistiken nicht trösten können. Denn die knapp vierzig Millionen Christen sind das eine, das andere aber sind die abschätzigen Kommentare und skeptischen Blicke, die man so abbekommt, weniger im Bayerischen Wald, wo ich aufgewachsen bin, aber in München, wo ich lebe, und in Hamburg oder Berlin, wo ich regelmäßig zu tun habe. Es ist nämlich so, dass fast alle meine Freunde, Bekannten und Kollegen an überhaupt keinen Gott mehr glauben, die Kirche »problematisch« bis »verachtenswert« finden und beim besten Willen nicht nachvollziehen können, wie man im 21. Jahrhundert einen Gott verehren kann, der gerüchteweise gütig und allmächtig, aber tatsächlich – und dafür genügen zehn Minuten *Tagesschau* – doch wohl eher ratlos und gleichgültig im Himmel rumsitzt.

Ich bin meine Handy-Kontakte durchgegangen. Von meinen hundert engsten Bekannten sind vielleicht fünf in der Kirche, zwanzig glauben an Gott oder ein »höheres Wesen«, einer liest immerhin gelegentlich in der Bibel, weil die auch »ein Stück Literaturgeschichte« ist. Sowohl in meiner Nachbarschaft (gentrifiziertes Ausgehviertel) als auch in meiner Branche (irgendwas mit Medien) und meiner Zeitung (linksliberal) bin ich von Menschen umgeben, die sich entweder abschätzig oder gar nicht über meinen Glauben äußern. Viele sagen nicht einmal »Kirche«, wenn sie Kirche meinen, sondern »dieser Verein«, mit verächtlicher Betonung auf »dieser«. Einige waren mächtig stolz, als sämtliche Bundesminister der Grünen bei ihrer Vereidigung die religiöse Beteuerung »So wahr mir Gott helfe« einfach wegließen. Und Olaf Scholz mag nicht der souveränste Kanzler sein, aber dass er konfessionslos ist, findet man sympathisch, weil zeitgemäß. Immerhin: Nicht alle lehnen die Kirche ab, manche finden sie auch einfach nur überflüssig.

»Wie war's in Berlin?«, »Lust auf einen Drink?«, »Vietnamesisch oder Koreanisch?«, diese Fragen höre ich ständig. Aber »Bock auf die Abendmesse?« oder »Wollen wir nach dem Rosenkranz noch spazieren gehen?«, das wurde ich noch nie gefragt. In Redaktionssitzungen bin ich oft der einzige gläubige Mensch am Konferenztisch, in der Bar oder im Restaurant sowieso, dann wird über Netflix-Serien oder Männer mit lackierten Fingernägeln diskutiert, aber nie über Religion, weswegen ich permanent das Gefühl habe, dass die vierzig Millionen Christen vielleicht irgendwo sind, aber nie da, wo ich bin. Ist es Zufall? Liegt es an der allgemeinen Stimmung? Liegt es an mir? Wenn ich ehrlich bin, frage ich mich seit Jahren (ohne echtes Ergebnis), was es über mich aussagt, dass ich mein Leben überwiegend mit Menschen verbringe, die mit Religion nichts zu tun haben (wollen). Stehe ich zu wenig zu meinem Glauben? Finde ich unreligiöse Menschen insgeheim unterhaltsamer? Oder – und das wäre nicht nur peinlich, sondern eine Sünde – umgebe ich mich unbewusst mit ihnen, um etwas Besonderes zu sein?

Umso tröstlicher finde ich Momente, in denen das Religiöse unverhofft in die Wirklichkeit einbricht: ein Fußballer, der sich beim Betreten des Rasens bekreuzigt; der Italiener, der im Sommer am Strand von Neapel neben mir lag, auf der Brust zwei

Tattoos, ein Skorpion und ein Rosenkranz. Das silberne Kruzifix, das ich bei meinem Hausarzt neben dem Medikamentenschrank entdeckte, als ich beim Blutabnehmen nicht wusste, wo ich hinschauen soll. Der Investmentbanker, der neben mir in die Saint Patrick's Cathedral in New York gestürzt kam, vor dem Altar auf die Knie fiel und inbrünstig zu beten begann. Der ältere Herr, der mir in meiner Stammkneipe einen selbstgemachten Linolschnitt in die Hand drückte – »der heilige Christophorus und das Jesuskind, dürfen Sie behalten.«

Ich atme auf, wenn ich diese Menschen sehe. Ich denke: Da seid ihr ja endlich. Und obwohl ich ihnen nie zuvor begegnet bin, ja nicht einmal weiß, ob es sich um aufrichtige Christen oder scheinheilige Heuchler handelt, breitet sich eine Wärme in mir aus, so geborgen, so aufgehoben fühle ich mich in der weltumspannenden Gemeinschaft der Christen, von der ich im Alltag so wenig mitkriege. Es geht mir wie der 84-jährigen Schriftstellerin Helga Schubert, die sagt: »Ich glaube an eine konstruktive Kraft, die hier waltet. Und die unermesslich ist und unerforschlich in ihrer Allmacht und in ihrer Dauer. Und das ist etwas, was ich spüre. Und ich weiß, dass ich dazugehöre, und das gibt mir sehr viel Geborgenheit und alle anderen, die das nicht wahrhaben wollen, gehören ja auch dazu. Bloß bei mir, denk ich immer, kommt dann noch von da aus auch Wärme, weil ich daran glaube.«[5]

Ich weiß noch, wie begeistert ich war, als der muslimische Schriftsteller Navid Kermani am Ende seiner Dankesrede für den Friedenspreis des deutschen Buchhandels in der Frankfurter Paulskirche 2015 die sichtlich irritierte Festgemeinde zum Gebet aufrief. In den Tagen davor hatte der sogenannte »Islamische Staat« ein Kloster im kriegsgeschüttelten Syrien überfallen und einen katholischen Pater, den Kermani drei Jahre zuvor kennen gelernt hatte, als Geisel genommen. Man wolle den Terroristen ein »Bild unserer Brüderlichkeit« entgegenhalten und im Stillen für verfolgte Christen, die Befreiung der Geiseln und die Freiheit Syriens und des Iraks beten, gern könne man sich dafür auch erheben. Ein historischer Moment: Da hatte sich die politisch-intellektuelle Elite des Landes in Schale geworfen, um dem Star des Abends zu huldigen, und wohl auch mit unbequemen Sätzen gerechnet – aber ein Gebet? Bei einer säkularen Preisverleihung? Ernsthaft?

Ich habe mir das Video auf Youtube angesehen: Nach Kermanis Aufforderung erhebt sich das Publikum nur zögerlich, die Frauen zupfen an ihren Röcken, die Männer treten von einem Bein aufs andere. Als Kermani seine Hände mit geschlossenen Augen zum Gebet ausbreitet, ist es mehrere Sekunden lang vollkommen still, niemand hüstelt oder räuspert sich. Erst nach einer Weile wischt er sich mit den Handflächen übers Gesicht, seine Brille verrutscht leicht dabei, dann blickt er ergriffen in den Saal, bedankt sich, geht ab. Danach dauert es lange, bis die Ersten zu klatschen beginnen. Die Festgemeinde wirkt verunsichert: Darf man applaudieren? Soll man applaudieren? Was war das eigentlich? Es ist die Befangenheit einer säkularen Gesellschaft angesichts eines Menschen, für den Gott eine lebendige Realität darstellt.

Am nächsten Tag überschlagen sich die Kommentare. Die Reaktionen reichen von höchster Ergriffenheit bis zum Vorwurf des »unerträglichen Übergriffs«. Zwar habe Kermani den Atheisten im Publikum gestattet, statt Gebete nur Wünsche zu entsenden, trotzdem hätte keiner im Publikum der kollektiven Andacht entkommen können. Freilich sei das Ganze menschenfreundlich gemeint gewesen, aber das mache die Sache nicht besser. Wer ein solches Gebet veranstalte, drohe sich genau jener Beschwörung einer politischen Theologie anzugleichen, die er dem radikalen Islam als Übergriff vorwerfe, nein, ein überkonfessionelles Gebet im säkularen Raum solle es in Deutschland nicht mehr geben.[6]

Ich habe mich damals diebisch über Kermanis Aktion gefreut. Deutschlands Kulturschickeria mit einem Gebet überrumpeln – das hatte was. Dass er eine Provokation womöglich gar nicht im Sinn hatte, sondern einfach nur tat, was ihm angemessen erschien, macht die Sache nur charmanter. Trotzdem darf man sich nicht täuschen: Solche Momente machen nur deshalb Furore, weil sie so gut wie nie vorkommen. Denn wie schlecht muss es um den Glauben in einer Gesellschaft bestellt sein, wenn ein Gebet für Menschen in Lebensgefahr einen solchen Aufschrei verursacht?

Wenn ich ehrlich bin, empfinde ich die Gegenwart meistens als deprimierend rational. Weit und breit keine Verspieltheit, keine Poesie, überall Buchhalter und Tugendwächter. Kaum einer wagt das Unglaubliche zu denken, alles soll bis ins Letzte berechnet werden, alle sichern sich ab, am besten statistisch belegt und notariell beglaubigt. Der Erfinder des Computers, der Ingenieur Konrad Zuse, hatte schon recht, als er vor Jahrzehnten warnte: »Die Gefahr, dass der Computer so wird wie der Mensch ist nicht so groß wie die Gefahr, dass der Mensch so wird wie der Computer.« Natürlich weiß ich, dass in diesem Augenblick Millionen von Menschen beten, und zwar nicht nur in Kirchen und Klöstern, sondern auch in Kinderzimmern, Krankenhäusern und Fußballstadien – das Problem ist nur: Ich kriege es nicht mit. Rational weiß ich, dass ich einer weltumspannenden Gemeinschaft angehöre, emotional fühle ich mich übriggeblieben, ein Eisbär auf schrumpfender Scholle.

Ich befürchte, dass ich daran nicht ganz unschuldig bin, weil ich ein ausgesprochen privates Verhältnis zu Gott pflege. Zwar bete ich jeden Tag und besuche regelmäßig die Messe, trotzdem bin ich wirklich nicht das, was man einen engagierten Christen nennt: Ich war weder Messdiener noch in der Katholischen Jugend, habe noch nie im Kirchenchor gesungen, an einer Wallfahrt teilgenommen, einen Bibelkreis besucht, für den Pfarrgemeinderat kandidiert, Strohsterne für den Weihnachtsmarkt gebastelt oder auch nur einen Gemeindebrief gelesen. Ehrlich gesagt fühle mich nicht mal einer bestimmten Gemeinde zugehörig, weil ich mal diesen, mal jenen Gottesdienst besuche, je nachdem, ob ich Ehrfurcht spüren (oft), getröstet (manchmal) oder intellektuell angeregt werden möchte (selten). Meine letzte Beichte liegt fünf Jahre zurück, vielleicht sind es auch sechs oder sieben, auf einem Kirchentag war ich überhaupt noch nie, und natürlich könnte ich Termingründe anführen, aber es wäre gelogen. In Wahrheit mag ich es nicht, wenn sich Christsein nach Zeltlager oder Parteitag anfühlt, weil ich mich in Jugendgruppen mit Gitarre und Bibel im Rucksack schon unwohl gefühlt habe, als ich selbst noch jung war, und wenn ich ehrlich bin, atme ich jedes Mal, wenn ich den obligatorischen Dreißig-Sekunden-Bericht in der *Tagesschau* sehe, auf und denke: wieder mal nichts verpasst.

Das heißt nicht, dass es Kirchentage nicht geben soll, im Gegenteil, Christen sollen sich unbedingt außerhalb der Messe begegnen, austauschen und anfreunden. Ohne Menschen, die ihren Glauben mit politischem Engagement verbinden, wäre nicht nur die Kirche, sondern die Gesellschaft ärmer und kälter. Auch schadet es nicht, wenn eine säkulare Öffentlichkeit gelegentlich daran erinnert wird, dass es so etwas wie religiöse Menschen überhaupt gibt. Dennoch habe ich im Laufe meines

Lebens erkannt, dass solche Veranstaltungen zwar wichtig sind, aber nicht für *mich*, dass ich mich fehl am Platz, ja überflüssig fühle, weil ich meinen Glauben lieber diskret praktiziere.

Manchmal habe ich deswegen ein schlechtes Gewissen, weil ich weiß, dass Christsein immer auf Dialog und ein Gegenüber ausgerichtet ist, dass es bedeutet, zu Gott *und* zu Menschen in eine Beziehung zu treten. Und ja, womöglich verpasse ich einen wesentlichen Aspekt meiner Religion, die Gemeinschaft der Gläubigen, die verbindende Kraft der Begegnung, das Mit- und Füreinander derjenigen, die sich für Jesus Christus entschieden haben, aber irgendwie kann ich nicht aus meiner Haut, ich bete am liebsten allein.

Quält mich der Verdacht, dass ich vielleicht nur zu bequem bin, um gemeinsam mit anderen Christen für meinen Glauben einzustehen, tröste ich mich damit, dass es verschiedene Wege zu Gott gibt, im Grunde so viele, wie es Menschen gibt, und dass man ihm in den Sakramenten genauso wie im Orgelkonzert, beim Seniorennachmittag oder in der Erfahrung der eigenen Verwundbarkeit begegnen kann. Manche Wege sind freudvoll, andere dornenreich, manche intuitiv, andere intellektuell, manche bedürfen der Gemeinschaft, andere der Abgeschiedenheit. Und ich weiß nach fast fünfzig Jahren eben genau, wie ich Gott am liebsten gegenübertrete, nämlich im persönlichen Gespräch, ohne tausend Menschen drum herum, immerhin hat Jesus in der Bergpredigt selbst gesagt: »Wenn du aber betest, so geh in dein Kämmerlein und schließ die Tür zu und bete zu deinem Vater, der im Verborgenen ist; und dein Vater, der in das Verborgene sieht, wird dir's vergelten.«

+++

Bevor wir zur Lüge kommen, die sich im Titel dieses Buches versteckt, möchte ich noch einen zweiten Grund anführen, warum ich mich als Christ oft isoliert und irgendwie unter Druck fühle: Es sind die alarmierenden Schlagzeilen, denen man nicht mehr entkommen kann. Kaum schlägt man die Zeitung auf, schreit es einem entgegen: Missbrauch! Kirchenflucht! Rekordaustritte! Eine Archivrecherche bestätigt, das Thema ist allgegenwärtig, es genügt ein Blick auf die Headlines: »Das Versagen der Kirchen«, »Verrat an der Botschaft Jesu«, »Ganz schön weltfremd«, »Dokumente pädokrimineller Abgründe«, »Desaster an allen Fronten«.

Nicht falsch verstehen: Diese Meldungen machen mich wütend und fassungslos. Ich lese sie und frage mich: Warum? Warum ausgerechnet in meiner Kirche? Wie konnte es so weit kommen? Warum haben so viele weggeschaut oder geschwiegen? Man fühlt sich betrogen, wenn sich die Kirche, der man jeden Sonntag seiner Kindheit geschenkt hat, an Kindern vergeht, ohne ihre Schuld einzugestehen und anständig aufzuarbeiten. Selbstverständlich muss der Missbrauchsskandal restlos aufgeklärt werden. Täter und Mitwisser, allesamt elende Sünder und Verbrecher, die ohnmächtige Kinder verwundet und ihre Kirche verraten haben, müssen benannt und bestraft werden. Jesus selbst hat gesagt, jeder, der sich an einem Kind vergreift, solle einen Mühlstein um den Hals gehängt bekommen und ersäuft werden. Auch gilt es zu analysieren, wie eine derartige Kultur der Verantwortungslosigkeit überhaupt entstehen konnte, damit es in Zukunft nicht mehr passiert. Selbstverständlich habe ich Verständnis, wenn Missbrauchsopfer oder Angehörige von Missbrauchsopfern ihre spirituelle Sehnsucht lieber außerhalb der Kirche befriedigen oder aufgeben, was nicht heißt, dass ich es nicht bedauerlich finde. Das Problem ist nicht die Berichterstattung über das Versagen der Kirche. Das Problem ist, dass über nichts anderes mehr berichtet wird, dass andere Aspekte des Glaubens nicht mehr zur Sprache kommen, schon gar keine positiven, dass weite Teile der Gesellschaft beschlossen haben, die Kirche für das Böse schlechthin zu halten.

Neulich fiel mir in einer Bahnhofsbuchhandlung auf, dass es mittlerweile zu fast jedem Aspekt des Lebens eine eigene Zeitschrift gibt. Von Zigarren über Modelleisenbahnen bis zu Serienmördern war alles dabei, nur Religion nicht. Okay, kurz schöpfte ich Hoffnung, als ich in einem Drehständer ein *Geo*-Heft über das Christentum entdeckte, ließ sie aber gleich wieder fahren, weil daneben *Geo – Die Wikinger* und *Geo – Die Normannen* steckten, als handle es sich um die Spezialabteilung für untergegangene Epochen der Weltgeschichte. Dass der christliche Glaube für Millionen Menschen keine Ansichtssache, sondern eine lebendige Realität darstellt, davon war in diesem Laden nichts zu spüren. Dafür stieß ich auf etliche Magazine, die sich dem seelischen Wohlbefinden des spirituell angehauchten Gegenwartsmenschen widmen: *Du bist wertvoll – Weil du so bist, wie du bist*; *Achtsam glücklich – Wie sich unser Leben verändert, wenn wir im Hier und Jetzt ankommen*; *Finde deinen Weg – Wunder geschehen, wenn du deinem Herzen folgst*.

Der Schriftsteller G. K. Chesterton hatte recht: »Wenn Menschen aufhören, an Gott zu glauben, glauben sie nicht an nichts, sondern an alles Mögliche. Das ist die Chance der Propheten – und sie kommen in Scharen.« Mittlerweile bieten in Deutschland Hunderte Zeremonienmeister und Ritualdesigner ihre Dienste an. Sie gestalten Namens- und Begrüßungsfeste, Taufen und Hochzeiten. Die Menschen folgen Ratschlägen überteuerter Life-Coaches und Verheißungen zweifelhafter Tech-Gurus. Und von mir aus kann jeder glauben, woran er will – Steine, Krafttiere, Voodoo-Puppen –, trotzdem betrübt es mich, wenn sich die Menschen in ihrer Sehnsucht nach Halt und Trost pflichtärmeren Formen von Spiritualität zuwenden, aber von meinem Gott nichts mehr wissen wollen. Dazu kommt, dass sie andere Religionen oft auf die Aspekte reduzieren, die leicht umzusetzen sind oder ihnen nützlich erscheinen, ohne sich tiefer mit ihnen auseinanderzusetzen; es ist das Fremde, Exotische, das sie anzieht. Das Gleiche gilt für die unzähligen Optimierungstrends im Netz: Von Awareness über Niksen (Nichtstun) bis zu Mindful Body wurden die meisten Techniken nicht nur vom Christentum (oder anderen Religionen) vorausgedacht, sondern bewähren sich seit Hunderten von Jahren: die Stille, die Achtsamkeit, der Müßiggang, der Rhythmus, die Meditation. Oft ändert sich nur der Name: Silence-Retreat im Luxusresort klingt eben schicker als Schweigemeditation im Gemeindezentrum. Es ist lange bekannt, wie das geht: ein erfülltes Leben führen. Die Zutaten liegen auf der Hand, es gibt sie umsonst, und die Menschen wollen sie haben, aber bitte nicht von der Kirche.

Immer wieder entdecke ich in fremden Wohnungen eine Buddhastatue, meistens im Bad, neben einer Duftkerze, die nach Sandelholz oder Patschuli riecht, manchmal liegen Muscheln drum herum. Wenn ich mich erkundige, kommt fast immer dieselbe Antwort: Eigentlich könne man mit Religion nichts anfangen, schon gar nicht mit der Kirche, aus »diesem Verein« sei man längst ausgetreten. Aber der Buddhismus sei anders, weniger autoritär, irgendwie zeitgemäßer, zum Beispiel gebe es keinen Gott, das finde man schon mal sympathisch, im

Grunde handle es sich nicht mal um eine Religion, eher um eine Lebenshilfe, eine Anleitung zur Achtsamkeit, spirituell sei man nämlich durchaus, seit einigen Jahren meditiere man regelmäßig, am liebsten auf Sri Lanka, da habe man ein hübsches Resort entdeckt, einschließlich Elefantentour für die Kinder. Danach bin ich meistens so deprimiert, dass ich das Thema wechsle.

Und wenn man dann noch irgendwo gelesen hat, dass gerade wieder irgendwo eine Kirche in einen Coffeeshop umgewandelt wurde, landet man schnell bei der deprimierenden Erkenntnis, einer Glaubensgemeinschaft anzugehören, die es zumindest hierzulande nicht mehr lange geben wird.

Es ist ein belastendes Gefühl, Teil von etwas zu sein, das sich in Auflösung befindet. Es ist, als wäre die eigene Identität bedroht, als müsste man sich schämen oder irgendwie tarnen. Da ist man seit fünfzig Jahren in der Kirche, und auf einmal schütteln alle den Kopf oder zeigen mit dem Finger auf einen. Ich habe sogar von Kirchenmitarbeitern gehört, die auf die Frage nach ihrem Beruf angeben, für eine »wohlfahrtsstaatliche Einrichtung« tätig zu sein. Einerseits wird man unsicher, weil doch was dran sein muss, wenn so viele gleichzeitig in die andere Richtung laufen, andererseits wird man trotzig und sagt sich »jetzt erst recht«, weil man sich nicht aus dem Staub machen darf, nur weil einem der Zeitgeist gerade ins Gesicht bläst.

Allein 2022 haben mehr als 500 000 Katholiken und 380 000 Protestanten die Kirche verlassen. 2023 dürften es kaum weniger gewesen sein, bislang liegen nur die Zahlen für die evangelische Kirche vor, die erneut 380 000 Austritte zu verzeichnen hatte. Die einen sind geschockt von den Missbrauchsfällen, die anderen wollen Steuern sparen, die Nächsten machen lieber Pilates. Oft gibt es nicht *den* Auslöser, stattdessen kommen

34

meist mehrere Gründe zusammen, bis ein schleichender Entfremdungsprozess zum endgültigen Bruch führt. In einer Umfrage des Sozialwissenschaftlichen Instituts der Evangelischen Kirche in Deutschland (EKD) wurden die Unglaubwürdigkeit der Kirche und fehlende Gleichberechtigung als häufigste Ursachen genannt, dazu kommen der Missbrauchsskandal, die Verschwendung finanzieller Mittel sowie der Umgang mit Homosexuellen.

Umgekehrt begründeten knapp dreißig Prozent der Katholiken ihren Austritt damit, dass sich die Kirche »zu sehr dem Zeitgeist anbiedere«, was ich schon deshalb interessant finde, weil ich beide Perspektiven nachvollziehen kann.[7] Einerseits kann ich mir eine liberalisierende Öffnung der Kirche vorstellen, andererseits glaube ich, dass eine zu abrupte, zu radikale Anpassung an die Lebenswirklichkeit der Menschen weder gut für sie noch für die Gesellschaft wäre. »Prüfet alles, und das Gute behaltet«, sagt der heilige Paulus. Es ist die Gretchenfrage, wenn es um die Zukunftsfähigkeit der Kirche geht: Wo muss sie sich reformieren? Und wo muss sie unbeugsam, vielleicht sogar unerbittlich bleiben?

Die Krise der Kirche wäre weniger dramatisch, wenn wenigstens die Gläubigen fest im Glauben stünden, davon kann aber keine Rede sein. Auch Kirchenmitglieder praktizieren ihren Glauben immer nachlässiger. Nur noch fünfzehn Prozent beten wenigstens ein Mal am Tag. Weniger als zehn Prozent besuchen regelmäßig die Messe, bei den unter Dreißigjährigen sind es sogar nur vier Prozent. Zur Beichte geht fast überhaupt keiner mehr, und wenn doch, werden keine Sünden bereut, sondern Sorgen und Nöte aufgezählt, als säße man beim Coaching, um sich das Leben neu sortieren zu lassen.[8] Kein Witz – nur noch ein Drittel der Kirchenmitglieder stimmt der für ein christliches Leben zentralen Aussage zu: »Ich glaube, dass Gott sich in Jesus Christus zu erkennen gegeben hat.«[9]

Ein Christ zu sein, ohne daran zu glauben, dass Gott Mensch geworden ist, anscheinend geht das inzwischen. Es ist wie im Tennisverein, wenn ältere Mitglieder seit Jahren keinen Schläger in der Hand hatten, aber Abend für Abend auf der Clubterrasse sitzen, um die Atmosphäre zu genießen. Sie zahlen ihre Beiträge, aber mit der eigentlichen Idee kommen sie kaum noch in Berührung. Was im Falle eines Sportvereins legitim, ja grundsympathisch sein kann, ist im Falle einer Religionsgemeinschaft mindestens problematisch, weil es in ihr schon auch um ein gemütliches Beisammensein, aber in erster Linie um einen Wahrheitsanspruch geht, der mit bestimmten Auflagen verbunden ist.

Einer absoluten Wahrheit aber wollen sich selbst viele Gläubige nicht mehr unterwerfen. Statt ihre Pflichten wahrzunehmen, verstehen sich heute viele Christen als Kunden einer Kirche, die ihnen ein Gemeinschaftsgefühl bieten und maßgeschneiderte Spezialwünsche erfüllen soll: eine Taufe im Alpsee, eine Traumhochzeit in der Bergkapelle, ein Begräbnis mit Helene-Fischer-Musik. Sie erkennen die Kraft von Ritualen schon noch, aber bitte nicht nach der Vorstellung des altmodischen Pfarrers, lieber was Modernes mit DJ oder was Romantisches mit Tauben und Luftballons.

Statt sich bewusst in eine Tradition zu stellen, die sich über Jahrhunderte geformt hat, dienen religiös entkernte Zeremonien vor allem dazu, die eigene »singuläre Identität« zur Schau zu stellen – das Fest soll unvergesslich sein, ob mit oder ohne Gott, ist nicht so wichtig.[10] Streng nach Kirchenrecht, sagt Kazimierz Pajor, katholischer Pfarrer in meiner Heimat, müsse er jedem dritten Paar, das zu ihm komme, die Taufe verweigern, weil offensichtlich sei, dass es nur um gesellschaftliche oder familiäre Zwänge gehe. Das Gleiche gelte für Kommunion, Firmung und Trauung, die immer mehr auf ihren festlichen Charakter reduziert würden.[11] Ehrlich gesagt, die meisten scheinen nur noch in der Kirche zu sein, weil sie zu faul oder zu feige zum Austreten sind.

Das christliche Zeitalter in Europa geht zu Ende. Die Menschen glauben nicht mehr. Von eigenen Vergehen und internen Debatten gebeutelt schafft die Kirche es nicht mehr, ihnen Halt und Hoffnung zu geben. Statt eine lebendige Kraft zu sein, wirkt sie zerrissen und verunsichert. Ihr Reden, hat der Publizist Peter Seewald einmal geschrieben, ist wie ein Reden unter Wasser geworden: stumm.[12] Daran ist sie nicht nur, aber auch selbst schuld. Eine Institution, die ihre eigenen Gebote mit Füßen tritt, braucht sich nicht wundern, wenn ihr die Menschen das Vertrauen entziehen; da helfen dann auch keine Cappuccino-Gottesdienste mehr.

Aus der Erosion des Glaubens ist eine endzeitliche Krise geworden, an deren Ende der Zusammenbruch des christlichen Lebens in Deutschland stehen könnte. Da bröckelt nichts, da rauscht etwas in die Tiefe. Die Menschen fliehen nicht vor Gott, er ist ihnen gleichgültig geworden. Und womöglich sieht so die Zukunft der Kirche in der westlichen Welt aus: kleine Gemeinden, die aber umso fester im Glauben stehen, eine »Kirche der Wenigen«, wie vor zweitausend Jahren, als sie Jesus ans Kreuz geschlagen haben, und seine Jünger dachten, es sei das Ende, dabei war es ein Anfang.

+++

So, jetzt aber zur Lüge, die sich im Titel dieses Buches versteckt, nein, eigentlich handelt es sich um eine Schummelei; denn ja, dieses Buch erzählt davon, dass ich mich als Christ, erst recht als katholischer, die ja bekanntlich die schlimmsten sind, zunehmend an den Rand gedrängt fühle, aber nein, mit Heiden hat das eigentlich gar nichts zu tun.

Heiden sind nämlich sehr wohl gläubige Menschen, sie glauben nur nicht an den *einen* Gott der Christen, Muslime und Juden und damit auch nicht: an *meinen* Gott. Die alten Griechen und Römer waren Heiden, die Apachen auch, die Wikinger sowieso. Im Prinzip ist jeder, der einen Kriegsgott oder eine Fruchtbarkeitsgöttin anbetet, aus christlicher Sicht ein Heide. Ich aber bin von Menschen umgeben, die an überhaupt nichts glauben. Eigentlich müsste dieses Buch also *Unter Ungläubigen* heißen. Aber seien wir ehrlich, *Unter Heiden* klingt irgendwie griffiger und viel wichtiger: Man weiß auf Anhieb, was gemeint ist, weil Heiden, das sind eben Menschen, die mit dem lieben Gott nichts zu tun haben wollen.

Übrigens habe ich großen Respekt vor Heiden, viele heidnische Elemente sind ins Christentum hineingewachsen (Weihnachtsbaum!), als Junge konnte ich gar nicht genug kriegen von antiker Mythologie und nordischen Göttersagen, trotzdem haben diese Menschen aus meiner Sicht die Wahrheit verfehlt. Und weil ich ahne, dass viele das diskriminierend finden, möchte ich eine Sache gleich mal klarstellen: Wer an Gott glaubt, kann nicht gleichzeitig an andere Götter glauben. Und wenn es eine Wahrheit gibt, kann es daneben keine zweite oder dritte geben. Das ist nicht diskriminierend, sondern einfach nur logisch, weil es widersprüchliche Wahrheiten vielleicht in Talkshows, aber niemals in Gottesfragen geben kann.

Das Entscheidende ist, dass man Andersgläubigen respektvoll begegnet und vielleicht sogar neugierig darauf ist, wie und woran sie glauben. Mich hat das Bekenntnis »Es gibt nur einen Gott« jedenfalls nie davon abgehalten, Hindus, Buddhisten oder Massai-Krieger faszinierend zu finden, die den Gott Engai verehren, der am Gipfel des Berges Ol Doinyo wohnt und zwei Gesichter und zwei Geschlechter hat. Eigentlich immer, wenn ich einen Tempel, eine Synagoge oder eine Moschee betrete, fühle ich mich bereichert und verstehe ein bisschen mehr – von der fremden, aber auch meiner eigenen Religion. Oft stößt man auf überraschende Bezüge und Aspekte des eigenen Glaubens, derer man sich in ihrer Tiefe nicht bewusst war. Dass die Glaubenssysteme, mit denen sich Menschen das Rätsel des Daseins zu erklären versuchen, trotz aller kultureller Unterschiede verflochten sind, empfinde ich als großen Trost, weil es zeigt, wie sehr sich unsere Ängste und Hoffnungen gleichen, selbst dann, wenn wir uns gegenseitig hassen oder töten. Zum Beispiel gibt es den Erzengel Gabriel nicht nur im Christentum, sondern auch im Islam, nur dass er dort Djibril heißt und nicht sechs, sondern zweihundertachtzig Flügel hat – ist das nicht hinreißend?

Ehrlich gesagt finde ich Menschen, die an andere Götter glauben, nicht nur interessanter als Menschen, die an gar nichts glauben, ich fühle mich von ihnen auch besser verstanden, was bemerkenswert ist, weil sich unsere Haltungen eigentlich ausschließen. Es klingt verrückt, aber wenn ich in Istanbul vom Ruf eines Muezzins geweckt werde, fühle ich mich nicht fremd, sondern willkommen. Wenn ich in einer fremden Wohnung einen Chanukkaleuchter entdecke oder mir in Ägypten jemand *In shā'a'llāh* (»so Gott will«) hinterherruft, geht mir das Herz auf. Und wenn mich am Sonntagnachmittag zwei Typen im Pullunder aus dem Bett klingeln, denke ich nicht »Scheiß Zeugen Jehovas«, sondern schäme mich, weil ich mich verkatert durch den heiligsten Tag der Woche schleppe, während sie ihre Zeit opfern, um anderen von ihrem Glauben zu erzählen.

Ich habe den Eindruck, dass gläubige Menschen solche interreligiösen Begegnungen nicht nur entschlossener suchen, sondern sich auch intensiver mit ihnen auseinandersetzen, sozusagen neugierig auf die Konkurrenz sind, während unreligiöse Menschen meist jede Form von Transzendenz anzweifeln, was schade ist, weil ich nichts langweiliger finde als eine Welt, in der nur das Sichtbare zählt, und nichts trauriger als einen Menschen, der nichts mehr glauben kann, weil er alles schon zu wissen meint. Also ich kann gar nicht genug davon kriegen, durch die Welt zu reisen und Menschen bei der Ausübung ihrer Religion zuzusehen. Es gibt wenig Schöneres, als in einer Moschee zu beobachten, wie ein muslimischer Großvater seinem Enkel das Beten beibringt: »Der alte Mann kniet auf dem Teppich, das Buch vor sich, neben ihm der Junge, ebenfalls kniend, das weiße Mützchen auf. Der Großvater verbeugt sich, der Junge schaut ihm zu, macht es nach. Das ist die schönste Gestalt, die religiöse Tradition annehmen kann« – so hat es der Schriftsteller Martin Mosebach mal beschrieben.[13]

Nur Atheisten oder Fundamentalisten kommen auf die Idee, dass man sich als Christ von Andersgläubigen gestört fühlen könnte. Das Gegenteil ist der Fall: Religiöser Pluralismus ist ein Schatz, den man nicht aus falsch verstandener Rücksicht verstecken, sondern selbstbewusst herzeigen sollte. Für die einen ist der Sonntag heilig, für andere der Freitag, für die Nächsten der Samstag oder eine Kuh – ist das nicht fantastisch? Religionszugehörigkeit ist eben vor allem eine Sache des Landstrichs, in den man hineingeboren wird. Eine winzige Verschiebung im Weltenplan, und ich würde nicht das *Vaterunser* beten, sondern im Ganges baden oder dem achtfachen Pfad des Buddha folgen, und jedes Mal wenn ich einen anderen Erdteil betrete, frage ich mich, was wohl aus mir geworden wäre, wenn ich nicht im Bayerischen Wald, sondern im Amazonas oder im Mekong-Delta zur Welt gekommen wäre. Welchen Gott würde ich verehren? Welche Gebete würde ich sprechen? Welche Lieder würde ich singen? Und wie fände ich diese Christen, die allen Ernstes glauben, dass ihr Messias am Kreuz gestorben und von den Toten auferstanden ist?

Leider können sich in unserem Land viele nicht mehr vorstellen, dass ein Kreuz für etwas anderes als Spaltung oder Diskriminierung stehen könnte, weshalb ständig darüber diskutiert wird, wo noch eines hängen darf oder wer sich eventuell davon beleidigt fühlen könnte. Ich finde die Debatte etwas krampfig, weil sie zeigt, wie befangen ein ganzes Land mit seiner Geschichte umgehen kann. Natürlich soll sich der Staat in Glaubensfragen neutral verhalten, auch soll das Kreuz in einer pluralistischen Einwanderergesellschaft niemandem vorgeschrieben werden, aber ist es wirklich so schlimm, wenn irgendwo eines an der Wand hängt, zumal in einem Land mit jahrhundertelanger christlicher Tradition? Kann ein Kreuz nicht den einen etwas bedeuten und den anderen nicht? Muss es um jeden Preis bekämpft oder verleugnet werden, wie im November 2022, als das Auswärtige Amt anlässlich des G7-Gipfels in Münster das 482 Jahre alte Kreuz aus dem historischen Friedenssaal des Rathauses entfernen ließ, laut Aussage der Stadt: »weil Menschen verschiedener Kulturen teilnehmen«?

Wenn in Deutschland für Besucher aus anderen Kulturen ein fünfhundert Jahre altes Kreuz abgehängt wird – tatsächlich war nur der japanische Premierminister kein Christ –, müssten in Istanbul sämtliche Minarette verhüllt werden, sobald die deutsche Außenministerin zum Staatsbesuch kommt. Das aber fände nicht mal sie selbst angemessen. Und deswegen ist das abgehängte Kreuz von Münster kein Zeichen von Toleranz, sondern von falsch verstandener Rücksichtnahme einer Gesellschaft, die ihr Gespür für ihr kulturelles Vermächtnis verloren hat, eine opportunistische Geste, eine verschämte Relativierung des Eigenen, eine als Weltoffenheit getarnte Wurschtigkeit.

Natürlich hat der historische Triumph des Christentums mehr mit machtbewussten Monarchen und Päpsten als mit Frömmigkeit zu tun, ich habe die blutige europäische Religionsgeschichte nicht vergessen, aber wenn man sich auf sie beruft, sollte man sie zu deuten wissen: In diesem Rathaussaal in Münster wurden nämlich nicht nur der Dreißigjährige Krieg beendet und der Westfälische Frieden geschlossen, es kam auch zu Aussöhnung und Vergebung, letztlich zu einem Religionsfrieden zwischen Protestanten und Katholiken. Mit anderen Worten: Es könnte kein passenderes Symbol für Toleranz und Verständigung geben als dieses Kreuz.

Wäre es deshalb nicht aufrichtiger (und charmanter), seinen Gästen die eigene Geschichte nicht vorzuenthalten, sondern nahezubringen? Und darf man bei hochkarätigen Gipfelteilnehmern nicht etwas Respekt und Neugierde voraussetzen, sich von solchen historischen Zusammenhängen bereichern zu lassen? Wer jedes Bekenntnis im Voraus vermeidet, verhält sich nämlich gerade nicht tolerant, sondern verhindert Toleranz. Denn wie soll man jemandem Respekt entgegenbringen, der sich, um bloß niemanden zu verprellen, lediglich in einer gefälligen Light-Version zu erkennen gibt, also nicht zu sich selbst steht?

»Toleranz kann doch nur eine Bedeutung haben, wenn etwas gilt, das etwas anderes gelten lassen könnte«, sagt Navid Kermani. »Wenn alles gleich gut und gleich gültig, also gleichgültig ist, erübrigt sich Toleranz.« Nein, nur wer fest im eigenen Glauben steht, kann tolerant und souverän gegenüber Anders- und Ungläubigen auftreten. Japan hat beim G7-Gipfel auf heimischem Boden seine Gäste jedenfalls ganz selbstverständlich eingeladen, den Ise-Schrein zu besuchen, die Heimat der Sonnengöttin, die als Ahnherrin der japanischen Kaiser verehrt wird.

Warum sind mir gläubige Menschen nicht grundsätzlich, aber oft sympathisch? Warum fühle ich mich ihnen näher als Menschen, die an gar nichts glauben? Es muss damit zu tun haben, dass wir eine Sehnsucht teilen, die Sehnsucht nach einem gültigeren, richtigeren Leben. Und deshalb hat die Tatsache, dass ich Andersgläubige auf dem falschen Weg wähne, auch nichts mit fehlendem Respekt zu tun. Das Ganze ist ein Wettrennen mit offenem Ausgang, und wer und ob überhaupt einer aus dem religiösen Lager das ersehnte Ziel erreicht, wird sich am Ende aller Tage zeigen, wenn die Wahrheit ans Licht kommt. Übrigens: Sollte sich am Tag meines Todes herausstellen, dass es Gott gar nicht gibt, sollte meine christliche Existenz also wie ein Kartenhaus zusammenfallen, ich würde nichts bereuen, sondern alles wieder ganz genauso machen, so schön und wertvoll waren die Momente, in denen mich mein Glaube getragen und getröstet hat. Oder wie der Theologe Hans Küng einmal geschrieben hat: »Selbst wenn ich die Wette im Tod verlöre, hätte ich für mein Leben nichts verloren, nein, ich hätte in jedem Fall besser, froher, sinnvoller gelebt, als wenn ich keine Hoffnung gehabt hätte.«[14]

Ich möchte nicht unter den Tisch fallen lassen, dass gläubige Menschen auch eine Plage und ernste Bedrohung sein können. Religiöse Eiferer, die ihren Glauben absolut setzen und politisch instrumentalisieren. Es gibt sie in allen Religionen und in sämtlichen Teilen der Welt. Sie halten sich für Gotteskrieger, dabei sind sie nur Verbrecher und Terroristen. Was aber auch problematisch ist: Wenn eine vermeintlich liberale Gesellschaft permanent »Diversity« fordert, aber immer weniger in der Lage ist, gläubige Menschen zu respektieren oder auch nur kulturelle Unterschiede anzuerkennen, weshalb sie alles gleichmachen will, was leider nie zu Vielfalt, sondern immer zu Beliebigkeit oder faulen Kompromissen führt. Vielfalt, das heißt heute leider oft nur, dass es in der Eisdiele neben Erdbeere und Stracciatella auch serbische Himbeere und Safraneis gibt. Tatsächlich wird unsere Gesellschaft nur in manchen Bereichen bunter, in anderen lässt sich bei aller Diversität ein beunruhigender Trend zu Konformität und Gleichschaltung beobachten.

+++

Ich möchte zum Abschluss des Kapitels von der Frau erzählen, mit der ich fünfzehn Jahre meines Lebens verbracht habe, einer Buddhistin aus Vietnam, die mich in meinem Glauben bestärkt hat, indem sie ihn permanent herausgefordert hat. Wir haben uns fünfzehn Jahre lang erzählt, woran wir glauben und worauf wir hoffen, haben uns beeinflusst, bereichert und irritiert. Sie träumte von der Jungfrau Maria, ich las die Bücher buddhistischer

Meister. Trotzdem blieb sie immer Buddhistin und ich immer Katholik. Zu keinem Zeitpunkt zog einer von uns in Erwägung, die Religion zu wechseln, im Gegenteil, der eigene Glaube vertiefte sich in der Auseinandersetzung mit dem jeweils anderen. Unsere gemeinsame Zeit war intensiv, aber auch anstrengend, weil mir nicht nur permanent vor Augen geführt wurde, wie stark ich von der westlichen (und christlichen) Welt geprägt bin, sondern auch, wie sehr diese Prägung mein Weltbild im Laufe der Jahre verengt hat. Wie viele Menschen habe auch ich mich lange für weltoffen gehalten, aber insgeheim gedacht, dass die westliche Art zu leben die beste oder sogar einzig mögliche sei. Inzwischen bin ich mir da nicht mehr so sicher. Denn je mehr Zeit ich mit dieser Frau verbrachte, die ganz anders als ich aufgewachsen war und alles, was wir gemeinsam erlebten, ganzheitlicher und spiritueller wahrnahm, desto mehr begriff ich, wie eindimensional, ja verkümmert meine Wahrnehmung im Laufe der Jahre geworden war.

Zu meiner Schande muss ich gestehen, dass ich mich ihr anfangs sogar überlegen fühlte, weil sie so wenig wusste von den Dingen, von denen ich glaubte, dass es ohne sie nicht geht: »unsere Kunst«, »unsere Philosophie«, »unsere Literatur«. Aber je besser ich sie kennen lernte, desto mehr begriff ich, dass nicht sie es war, die aufgeklärt werden musste, sondern ich, dass ich weniger dozieren und mehr zuhören sollte, weil auch sie etwas zu bieten hatte, eine gänzlich andere Perspektive auf das Leben und den Tod, die sie nur nicht wie eine Monstranz vor sich hertrug, sondern als unsichtbaren Schatz in ihrem Herzen aufbewahrte. Wie das aussah? Nur so viel: Im Buddhismus lautet die Antwort auf die Frage nach dem Sinn des Lebens: Hast du deine Teeschale schon gespült? Andere Paare streiten über

Kita-Gebühren oder wer den Geschirrspüler ausräumt, wir diskutierten leidenschaftlich über Gott und den richtigen Weg zu ihm: Was ist der Unterschied zwischen Glaube und Religion? Haben Tiere eine Seele? Wird man nach dem Tod wiedergeboren, oder hängt man in einer Art Warteschleife fest? Ich bin nie wieder einem religiös musikalischeren Menschen begegnet. Mit der Welt des Unsichtbaren trat sie so spielerisch in Kontakt, als riefe sie eine Freundin auf dem Handy an. Sie meditierte nicht zu bestimmten Zeiten, sondern unentwegt, beim Autofahren, in der Supermarktschlange, in der Badewanne. Mal in Stille, mal zu vietnamesischer Volksmusik, mal für fünf Minuten, dann wieder für zwei Stunden. Niemals hätte sie dafür eine Yogamatte ausgerollt oder eine CD mit Walgesängen aufgelegt.

Die Versenkung, die ich seit Jahren etwas krampfhaft zu erreichen suche, war bei ihr durchgehend präsent und abrufbar, wie bei einer Nonne oder einem Mönch. Während ich versuche, das Heilige mit einer Methode einzufangen – ich werde später davon erzählen –, trug sie es in sich und führte mir vor, woran ich seit Jahren scheitere: der Glaube nicht als Ausnahme, sondern als ständiges In-Beziehung-Sein und selbstverständlicher Teil des Lebens, der sich mühelos in den Alltag einfügt und idealerweise gar nicht auffällt, wie Telefonieren oder Zähneputzen. Für sie ist nichts vergangen oder zukünftig, alles ist auf geheimnisvolle Weise miteinander verwoben, der Raum und die Zeit, die Lebenden und die Toten, ein kosmisches Netz aus Energien, Schwingungen und Frequenzen. Als ich ihr den Vorschlag machte, in unserem Wohnzimmer einen in der vietnamesischen Kultur üblichen Ahnenaltar mit Bildern ihrer verstorbenen Großeltern samt Obstschale und Räucherstäbchen zu errichten, meinte sie: »Können wir machen, aber eines muss dir klar sein: Wir sind dann nicht mehr allein in der Wohnung.«

Wenn sie vom »Aufsteigen« spricht, und das tut sie oft, meint sie nicht die Firma, für die sie arbeitet, sondern ihre Sehnsucht, den Kreislauf der Wiedergeburten zu durchbrechen, um ihre Seele und ihr Bewusstsein wachsen zu lassen. Ihr Leben, diese achtzig, neunzig Jahre, über die wir so viel Aufhebens machen, empfindet sie allenfalls als ein Kapitel in einer gewaltigen Erzählung, und nicht mal als ein besonders wichtiges. Sie ist wild entschlossen, eines Tages nicht mehr auf die Erde zurückkehren zu müssen. Dann gebe es kein Wünschen und kein Wollen mehr, dann sei sie angekommen – ewiger Frieden. Dieses Ziel hat sie permanent vor Augen, ihm ordnet sie alles unter, gleichzeitig hat sie nicht die geringste Angst vor dem Tod, ja manchmal kam es mir vor, als könne sie es kaum erwarten, das Elend der materiellen Welt endlich hinter sich zu lassen, um mit der letzten Wahrheit eins zu werden. Das kann ich so von mir leider nicht behaupten; dafür bin ich zu abhängig von körperlichen Genüssen, dafür sind meine Zweifel zu groß und meine Ängste auch.

Ich werde nie vergessen, wie ich sie das erste Mal in einen buddhistischen Tempel begleitete. Wir waren in ihrer Heimatstadt Ho-Chi-Minh-Stadt, die sie immer noch Saigon nennt, als hätte es den Krieg nie gegeben. In den Tagen zuvor hatte sie mir das Zimmer gezeigt, in dem sie als Mädchen mit dem Denguefieber um ihr Leben gerungen hatte, außerdem ihre Lieblingscousinen Thao, Thuy, Thu und Thanh sowie ihre Großmutter, eine elegante Greisin mit blitzenden Augen, die sich von morgens bis abends mit ihrem Spiegelbild unterhielt, was weniger traurig war, als es klingt, weil sie viel Freude an den Gesprächen zu haben schien.

An den Namen des Tempels erinnere ich mich nicht mehr. Bei einem unserer Streifzüge stand er auf einmal da: eine Pagode, ein Schrein, ein Garten zum Meditieren, ein Teich mit Goldfischen und winzigen Schildkröten. Tausende Räucherstäbchen, dick wie Kinderarme, vernebelten den Raum. Der Rauch stach in meinen Augen. Ein kahlgeschorener Mönch schlug einen Holzklöppel auf einen riesigen Gong. Der brummende Ton vibrierte in meinen Ohren, erfüllte den Raum und verhallte ins Nichts. »Ich dreh mal eine Runde«, sagte sie und ließ mich stehen. Ich ging eine Weile im Kreis, schaute den Fischen zu und freute mich über die friedliche Atmosphäre, als ich sie hinter einer Säule entdeckte: Sie stand vor einem goldenen Buddha, ein Bündel glimmender Räucherstäbchen in Händen, und wippte mit dem Oberkörper vor und zurück, nicht so energisch wie die anderen, eher dezent und ein bisschen schüchtern. Ihre Lippen schienen sich zu bewegen. Ob sie Wünsche murmelte? Wenn ja, weiß ich bis heute nicht, ob sie in Erfüllung gegangen sind. Nachdem ich ihr eine Weile zugeschaut hatte, drehte ich mich um und ging weg. Ich wollte nicht, dass sie sich beobachtet fühlt; ich habe sie sehr geliebt in diesem Moment.

Danach war sie nicht mehr dieselbe für mich. Etwas hatte sich verändert. Gerade weil sie etwas tat, das ich nie tun würde, hatte ich das Gefühl, als seien wir näher zusammengerückt, als sei das Band zwischen uns enger geworden. Denn ja, wir glauben unterschiedlich, aber in einem sind wir uns einig: dass unser Leben eine Prüfung und eine Vorbereitung ist für alles, was danach kommt.

Eine katholische Kindheit (I)

André Frossard ist zwanzig Jahre alt und ein überzeugter Atheist, als ihm Gott begegnet: Es ist der 8. Juli 1935, ein prächtiger Sommerabend in Paris, als er um 17.10 Uhr eine Kapelle im Quartier Latin betritt, eher aus Verlegenheit, um sich die Wartezeit auf einen Freund zu verkürzen. Dort trifft es ihn unerwartet wie »eine Lawine von hinten«. Erst schwingt sich der Himmel empor, dann sieht er einen Kristall von »unendlicher Durchsichtigkeit« und »fast unerträglicher Leuchtkraft«, eine winzige Steigerung, so erklärt er später, und er wäre an diesem Tag vernichtet worden.

Die Himmelsvision dauert fünf Minuten. Als Frossard um 17.15 Uhr aus der Kapelle kommt, teilt er seinem Freund mit, dass er von nun an katholisch sei. Danach hat er einen Monat lang jeden Tag das gleiche Erlebnis, sieht dreißigmal hintereinander »dieses Licht, das den Tag erblassen ließ, diese Milde, die ich nie vergessen werde und die mein ganzes theologisches Wissen ist«. Vierunddreißig Jahre danach beschreibt Frossard seine Bekehrung in einem Buch mit dem Titel *Gott existiert – Ich bin ihm begegnet*; es wird ein grandioser Bestseller.

»Ich war zwanzig Jahre alt, als ich eintrat«, heißt es dort. »Als ich hinausging, war ich ein zur Taufe bereites Kind, das mit weit aufgerissenen Augen die Welt betrachtet, den bewohnten Himmel, die Stadt, die nicht ahnte, dass sie ihre Fundamente in die Luft gebaut hatte, die Menschen im prallen Sonnenlicht, die in der Dunkelheit zu gehen schienen, ohne den ungeheuren Riss zu sehen, der soeben den Vorhang dieser Welt geteilt hatte. Meine Gefühle, meine innere Welt, meine Gedankengebäude, in denen ich mich schon häuslich eingerichtet hatte, waren nicht mehr da, selbst meine Gewohnheiten waren verschwunden, mein Geschmack verwandelt.«

Ich gestehe, ich hätte auch gern so eine dramatische Saulus-Paulus-Geschichte zu erzählen – leider gibt es keine. Da war kein leuchtender Kristall, kein sanftes Säuseln, kein brennender Dornbusch. Es ist banaler: Ich wurde nicht zum Christentum bekehrt, es wurde mir bei meiner Geburt wie ein Eimer über den Kopf gestülpt. Vor allem mein Vater ist ein frommer Mensch, der die Volkskirche in den Nachkriegsjahren noch in voller Blüte erlebt hat, bevor sich die religiösen Bindungen mit allen positiven und negativen Folgen immer mehr in Luft auflösten. Ein Stichwort genügt, und er gerät ins Schwärmen: seine Jahre als Messdiener, die Vorbereitungen zum Osterfeuer, das Über-Land-Ziehen, um Eier und Kartoffeln für die Armen zu sammeln, die Christmetten in der überfüllten Dorfkirche, die klammen Finger, die Kerzen, der Weihrauch, der Heimweg in geflickten Schuhen durch den leuchtenden Schnee, die traditionellen »Mitternachtspfälzer«, am Tisch mit den Eltern und Geschwistern in der warmen Stube. »Das war der Heilige Abend«, sagt er immer, »nie wäre jemand auf die Idee gekommen, das Radio anzumachen. Wir haben gegessen und uns unterhalten.« Der Krieg war doch gerade erst vorbei, sein Vater erst ein paar Jahre zurück aus Russland, mit zerschossenem Bein.

Ich weiß nicht, wie viele Sonntagsgottesdienste er in seinem Leben verpasst hat, aber viele können es nicht gewesen sein. Er ist ein Pflichtmensch: zuverlässig, altmodisch, großes Herz. Die schönsten Kirchenlieder kennt er nicht nur auswendig, er singt sie aus vollem Halse mit. Trotzdem hat er es nie in den Kirchenchor geschafft, zu wenig Zeit, zu viel Stress, als Landarzt hatte er immer zu tun. Dreißig Jahre lang war er nachts und am Wochenende für seine Patienten da, hat Hunderte von ihnen in den Tod begleitet, den Pfarrer gerufen, die Angehörigen getröstet. Einmal besuchten wir einen knapp hundertjährigen Mann im Pflegeheim, der seit Tagen im Sterben lag, es gab keine Angehörigen. In seinem schmalen Bett sah er aus wie eine Wachspuppe, die Wangen eingefallen, die Ohren riesig, die Augen geschlossen. Ich sah diesen Mann und dachte: So sieht der Tod aus. Nach einer Weile merkte ich, dass sich sein Brustkorb nahezu unmerklich hob und wieder senkte. Ich hatte keine Angst, die Stimmung war friedlich, wenn auch etwas ungewohnt, weil ich nicht so recht wusste, was ich sagen oder tun sollte, als mein Vater auf einmal ganz nah an das Bett herantrat, sich über den Mann beugte und leise zu singen begann: »Am Brunnen vor dem Tore, da steht ein Lindenbaum.« Und noch einmal, diesmal etwas lauter: »Am Brunnen vor dem Tore, da steht ein Lindenbaum.« Ein paar Sekunden lange wusste ich nicht, worauf er hinauswollte – warum dieses Lied und warum jetzt? –, als die Lippen des Mannes plötzlich zu zittern begannen und er unendlich zart und leise in das Lied einstimmte. Den nächsten Vers »Ich träumt in seinem Schatten so manchen süßen Traum« sangen sie schon gemeinsam und danach die gesamte erste Strophe – am nächsten Tag war er tot.

Es war die Zeit, in der ich meinen Vater jeden Sonntag in

die Messe begleitete, meistens in die Pfarrkirche Sankt Pankratius, manchmal auch in die Kapelle des Altenwohnheims, wo er anschließend seine Patienten besuchte, auch die gesunden. Blut abnehmen, Brust abhören, zehn Minuten plaudern – »Aufpassen mit dem Kuchen! Ihre Zuckerwerte sind nicht die besten!« –, für manche war es der einzige Besuch der Woche. Ich stand halb staunend, halb verlegen daneben und habe bis heute weder die fleckigen Feinrippunterhemden der Männer noch die hautfarbenen Nylonstrümpfe der Frauen vergessen.

Ich habe die Gottesdienste im Altenheim geliebt, allein schon deshalb, weil fast immer etwas Unvorhergesehenes passierte. Zum Beispiel fingen Besucher wie aus dem Nichts (grauenhaft falsch) zu singen an, aber halt nicht, wenn gesungen werden sollte, sondern während der Predigt. Alte Menschen sind unberechenbar, das kann tragisch, aber auch komisch sein, und sei es nur, dass der schon etwas senile Pfarrer, ein zwergenhaftes Männchen mit schlohweißer Mähne, vom Evangelium direkt zum Schlusssegen sprang, was manche amüsant fanden und die meisten nicht mal bemerkten.

Es waren mehrere Faktoren, die in mir ein Gefühl der Heimeligkeit auslösten, als wäre nicht nur dieser Ort, sondern die ganze Welt frei von jeglicher Bedrohung: die behagliche, immer etwas zu stark beheizte Kapelle aus rotem Backstein, der tröstliche Duft von Kartoffelpüree aus der Küche, die geduldigen Pflegerinnen in ihren Gesundheitsschuhen; ich fühlte mich geborgen, alles war warm und friedlich, vor mir lag der heilige Sonntag, lagen viele zu vertrödelnde Stunden, und damals wusste ich es noch nicht, aber nie wieder in meinem Leben sollte ich mich so frei, so unbeschwert fühlen.

Mein Vater ist Hochrisikopatient, das Herz. Als er während

der Corona-Pandemie keine Messe besuchen konnte – er hätte schon gewollt, aber meine Mutter erlaubte es nicht –, saß er jeden Sonntagmorgen vor dem Fernsehgottesdienst, in der Hand eine Tasse Kamillentee. Ob katholisch, evangelisch oder ökumenisch, das war ihm egal, aber ein Sonntag ohne Heilige Messe, das konnte er sich nicht vorstellen. Noch heute zündet er eine Opferkerze in der Wallfahrtskirche an, wenn ich für ein Interview nach London oder New York muss, was ich allein schon deshalb rührend finde, weil ich ständig durch die Gegend fliege. Manchmal frage ich mich, ob er sich nur an die Tradition klammert und vielleicht gar nicht an Gott glaubt, und wenn doch, wie er sich das alles vorstellt, den Tod, das Paradies und das ewige Leben. Ich habe ihm diese Fragen nie gestellt, es ist nicht leicht, mit den Eltern über die letzten Dinge zu sprechen. Und ja, vielleicht sollte ich ihn mal danach fragen, auf der anderen Seite würde es nichts ändern, ich sehe doch, wie der Glaube ihn, den Schwerkranken, seit achtzig Jahren durchs Leben trägt.

Meine Mutter ist ein großes Rätsel. Sie spricht wenig, schon gar nicht über persönliche Dinge. Sie mag es nicht und kann es wahrscheinlich auch nicht. Als Mädchen ging sie auf ein Klosterinternat, großer Schlafsaal, gemeinsames Abendgebet, irgendwann kam die Oberschwester und löschte das Licht, danach wurde heimlich unter der Bettdecke gekichert. Anders als mein Vater ist sie kein sentimentaler, sondern ein überaus praktischer Mensch. Ihr schießen auch keine Tränen in die Augen, wenn sie an ihre Kindheit denkt, wahrscheinlich weil sie weiß, dass es so toll auch wieder nicht war, dass Menschen ihre Erinnerungen oft schönreden, um sie leichter ertragen zu können.

Ob sie als Mädchen eine Überdosis Frömmigkeit abbekommen hat? Ob sie im Laufe ihres Lebens misstrauisch geworden ist? Ob sie die Kirche als frauenfeindlich empfindet? Jedenfalls geht sie heute eher selten in den Gottesdienst. Spricht man sie darauf an, sagt sie: Man solle sich mal keine Sorgen um ihr Seelenheil machen, der liebe Gott führe keine Tabelle, der schaue einem direkt ins Herz, und keine Sorge, sie gehe schon wieder in die Messe, wenn es mal ruhiger werde, was es natürlich nie wird. Ob sie deswegen ein schlechtes Gewissen hat? Eher nicht. Ob sie an Gott glaubt? Ich schätze, ja. Ob sie betet? Ich weiß es nicht. Aber manchmal bete ich für sie, wenn mir beim Ausgehen, in einer Bar oder bei einem Abendessen, plötzlich einfällt, dass sie gerade allein im Bett liegt und schläft, während mein Vater noch *Markus Lanz* schaut.

Ich habe wunderbare Erinnerungen an meine Kindheit: Ich sehe mich in einem großen Garten unter einem blühenden Birnbaum liegen. Ich sehe mich in meinem Kinderzimmer mit der Dschungelbuch-Tapete in Abenteuerromane versunken. Ich sehe mich barfuß über Wiesen laufen, an Lagerfeuern sitzen, in der Morgendämmerung Pilze im Wald suchen. Meine Kindheit war ein Paradies, in dem ich mich lange aufgehalten habe, behütet, sorglos, ohne Ahnung von den Tragödien des Lebens. Ich wurde getauft, weil alle getauft wurden, danach wurde ich katholisch erzogen, ohne es zu merken, so natürlich, so selbstverständlich fühlte sich alles an. Der Glaube wurde mir vorgelebt, ich schaute zu und ahmte nach. Er war der Rahmen, innerhalb dessen ich mich frei und aufgehoben fühlte. Gott war nicht das Zentrum meines Lebens, aber ein Faktor, ein unsichtbares Geländer, ein väterlicher Freund, von dem ich mich beschützt fühlte, immer gütig und verzeihend, nie zornig oder strafend. Von Religion hatte ich keine Ahnung, ich war einfach nur überzeugt, dass das, was die anderen so leichtfertig »die Wirklichkeit« nannten, nicht alles sein konnte, dass es eine zweite, unsichtbare Welt geben musste, mit der man vielleicht sogar in Kontakt treten konnte. Wie, das wusste ich leider nicht, umso dringender wollte ich es herausfinden.

Hätte mich damals jemand gefragt, ob ich an Gott glaube, (was nie passiert ist, weil sowieso jeder davon ausging), hätte ich inbrünstig »Ja« gerufen, ohne zu wissen, was das eigentlich bedeutet und welche Konsequenzen damit verbunden sein könnten. Theologische Fragen spielten keine Rolle, man war katholisch und ging in die Kirche, das reichte. Dass das Christentum nicht nur eine Weltreligion, sondern auch eine gewaltige Provokation der herrschenden Verhältnisse ist, dass Jesus Christus den Lauf der Welt grundlegender verändert hat als alle gerechten und ungerechten Herrscher zusammen, begriff ich erst viele Jahre später.

Ich mochte einfach diesen kleinen Kerl, der in einem stinkenden Stall neben einem Ochsen und einem Esel zur Welt gekommen war und, wenn ich die Sache richtig verstand, gleich zwei Väter auf einmal hatte, einen Gott und einen Zimmermann, der so hieß wie mein Großvater. Für mich war Jesus ein sympathischer Sonderling, der die Vorschriften seines Glaubens nicht allzu ernst nahm und nicht aufhörte, den Menschen von Gott zu erzählen, selbst dann nicht, als es um sein Leben ging. Einer, der sich nicht unterkriegen ließ, sondern einstand für das, was er sagte, auch wenn er dafür ausgelacht oder bedroht wurde. Ein charismatischer Rebell, der nicht Macht, sondern Liebe, nicht Rache, sondern Vergebung, nicht materiellen, sondern geistigen Besitz predigte. Zwar klangen die meisten Geschichten unglaubwürdig – eine Jungfrau schwanger von einem Geist? Viertausend Menschen, die von sieben Broten und ein paar Fischen satt wurden? –, aber das war mir egal, ich las die biblischen Gleichnisse wie Märchen, in denen das Gute gewinnt und der Tod besiegt wird.

Besonders beeindruckte mich das Gleichnis vom verlorenen Sohn: wie der Vater dem leichtsinnigen Sohn nicht nur vorzeitig das Erbe auszahlt, sondern ihn auch ziehen lässt, als dieser übermütig die Familie verlässt, und ihn Jahre später, als er verarmt und reumütig aus dem Elend zurückkehrt, bedingungslos aufnimmt und auch noch ein großes Fest veranstaltet (sehr zum Ärgernis des anderen Sohnes, der brav zu Hause geblieben war) – das hat mich schon damals tief bewegt. Ob sich die Geschichte genauso abgespielt hat, darüber sollten sich andere den Kopf zerbrechen. Mir gefiel ihre Botschaft, denn eines hatte ich schnell begriffen: Wenn Gott mir ins Herz schauen konnte, wenn er mir, egal was ich angestellt hatte, immer eine neue Chance gab, dann müsste ich nie wieder Angst haben.

+++

Meine Eltern waren keine weltabgewandten Frömmler, sondern vernünftige, herzliche Leute, die mich weder mit Bibelsprüchen quälten noch unter Druck setzten, wenn ich mal keine Lust auf den lieben Gott hatte. Wenn ich am Sonntagmorgen mit »einem komischen Kratzen im Hals« aufwachte, rückte mein Vater mit dem Arztkoffer an, meine Mutter legte mir eine Wärmflasche ins Bett, und alle zusammen taten wir so, als sei tatsächlich eine böse Grippe im Anmarsch, die den Besuch der Messe zu einem unkalkulierbaren Risiko machen würde. Erst Tage später erwähnte mein Vater beiläufig, dass es da jemanden gebe, um den ich mich bei Gelegenheit wieder kümmern könne, das müsse nicht heute sein und morgen auch nicht, aber vergessen sollte ich den lieben Gott nicht, weil: »Er vergisst dich auch nicht.«

Dass es Menschen geben könnte, die nicht an Gott glauben, konnte ich mir lange gar nicht vorstellen. Von den achtundzwanzig Schülern meiner Grundschulklasse waren sechsundzwanzig katholisch, einer evangelisch und einer Zeuge Jehovas, der Hosen mit Bügelfalte trug und ohne Aufsicht auf dem Pausenhof rumsitzen durfte, während wir die Bücher des Alten Testaments auswendig lernten. Dass es neben Christen auch Juden, Muslime oder Hindus gibt, erfuhren wir im Religionsunterricht, aber ich kannte keine. Nur einmal im Monat, wenn ich zum Kieferorthopäden nach Regensburg musste, sah ich auf der Straße Menschen, die so aussahen, als könnten sie welche sein. Trotzdem sollte es noch viele Jahre dauern, bis ich für mein Studium in die große Stadt zog und erste Reisen unternahm, also das echte Leben kennen lernte und mit ihm die Liebe und das Schöne, aber auch die Angst und das Böse.

Der Glaube war immer da, aber er lief nebenher, wie Hintergrundmusik, die nicht weiter stört. Selbstverständlich war man katholisch, aber ob ein gottesfürchtiges Leben allein von den Sakramenten abhängt? Nun ja. Meine Eltern zeigten mir früh, dass es nicht darum geht, sklavisch Normen einzuhalten, sondern ein guter Mensch zu sein. Nächstenliebe, Barmherzigkeit, Vergebung – die Begriffe fielen oft. Dass man für Gerechtigkeit eintritt, auch wenn man einen Nachteil davon hat. Dass man sich fragt, ob man selbst alles richtig gemacht hat, bevor man mit dem Finger auf andere zeigt. Dass man dankbar ist für das, was man hat, und nicht neidisch auf das, was man nicht hat. Dass man auf Menschen zugeht, von denen man sich ungerecht behandelt fühlt, ja dass man ihnen vergibt oder es zumindest versucht, weil auch der liebe Gott nicht darauf gewartet hat, dass die Menschen ihn um Vergebung bitten, sondern ihnen von sich aus entgegengekommen ist, indem er seinen Sohn auf die Welt gesandt hat.

Ich fühlte mich von Gott geliebt und von meinem Schutzengel behütet, trotzdem war ich kein Sonderling oder Außenseiter, sondern ein ganz normaler Junge, der seine Tage auf dem Tennisplatz verbrachte und abends *Alf* schaute. Nachts träumte ich unanständig und wenn die Typen aus der Oberstufe den Hornauer Helmut mal wieder kopfüber vom Haltegriff im Schulbus hängen ließen, festgebunden an den Schnürsenkeln, lachte ich vorsichtshalber mit, um nicht das nächste Opfer zu werden. Ich blätterte in der Kinderbibel, aber mein Lieblingsbuch war *Krabat* von Otfried Preußler. Ich ging in die Messe, aber war jedes Mal erleichtert, wenn der Pfarrer die Hände zum Schlusssegen ausbreitete. Ich stand ehrfürchtig vor dem Gemälde des heiligen Sebastian mit den vielen Pfeilen im Körper, aber die *Playboy*-Hefte unter meinem Bett raubten mir den Atem. Eine Zeitlang wollte ich Ministrant werden, aber dann sprang ich zwei Wochen vor der Messdienerweihe ab, weil mir die Vorstellung, in aller Herrgottsfrühe einen Weihrauchkessel hin- und herzuschwenken, auf einmal unnötig, ja geradezu unvernünftig vorkam.

Ich ahne, dass manche die Art, wie ich erzogen wurde, übergriffig finden. Gerade das Liebevolle, Unautoritäre ist ein bisschen hinterhältig, weil es den sanften Druck, ohne den sich kein Kind der Welt auf eine Holzbank kniet, (die damals noch nicht mit Leder überzogen war), unter einem Schleier aus Fürsorge versteckt. Heute lassen selbst viele Christen ihre Kinder ungetauft aufwachsen, um sie möglichst wenig zu beeinflussen. Sie sollen sich später selbst entscheiden können, ob und woran sie glauben wollen. Ich dagegen wusste buchstäblich nicht, wie mir geschah, habe weder um meine Taufe noch um meine Erstkommunion gebeten, wurde einfach nicht gefragt, Alternativen wurden mir auch nicht angeboten; ich konnte mir auch keine vorstellen.

Beim Religionskritiker Friedrich Nietzsche heißt es: »Dass du aber dies und jenes Urteil als Sprache des Gewissens hörst – also dass du etwas als recht empfindest, kann seine Ursache darin haben, dass du nie über dich nachgedacht hast und blindlings annahmst, was dir als recht von Kindheit an bezeichnet worden ist.« Mit anderen Worten: Natürlich bin ich ins Christentum hineinmanipuliert worden. Und selbstverständlich macht es was mit einem, wenn in der Familie, in der Schule und im Tennisclub alle davon ausgehen, dass man an Gott glaubt und am Sonntag in die Kirche geht, weil auch sie an Gott glauben und am Sonntag in die Kirche gehen. Der Anpassungsdruck, die soziale Kontrolle waren enorm, aber ich nahm sie nicht wahr, ich spürte sie nicht.

Vor meiner Erstkommunion notierte ich gewissenhaft jede Sünde, die mir einfiel, lieber eine zu viel als eine zu wenig, dachte ich, nichts wäre schlimmer, als eine zu vergessen, das Konto nicht auf null zu stellen. Am Ende war die Liste zwei Seiten lang, eine lässliche Sünde nach der anderen, »maßlos gegessen«, »maßlos getrunken«, »heimlich im Tagebuch der Schwester geblättert«, und als ich am großen Tag erwartungsvoll vor dem Pfarrer niederkniete, um das erste Mal den Leib Christi zu empfangen, und als er dann tatsächlich da lag, eine hauchdünne Scheibe, festgeklebt auf meiner Zunge, fühlte ich mich so befreit wie nie zuvor und nie wieder danach.

Jetzt kann man natürlich fragen: Welches Kind empfindet so, wenn ihm nicht nahegelegt wird, dass es so empfinden soll? Andererseits: Ist ein Leben ohne äußere Einflüsse überhaupt denkbar? Ist eine Kindheit, in der jedes religiöse Gefühl von vornherein unterdrückt wird, nicht auch eine unzulässige Beschneidung? Ist es nicht vielmehr so, dass sich im Leben eine Beeinflussung an die andere reiht, die wir nur oft nicht wahrhaben wollen, ja dass wir eigentlich unentwegt und auf sämtlichen Kanälen von Zwängen und Erwartungen bedrängt werden, die sich in unser Denken einnisten und uns, ohne dass wir es richtig merken, zu den Menschen machen, die wir irgendwann sind? Und sind wir nicht insgeheim sogar dankbar für die dauernden Störgeräusche, weil wir von echter Stille und echter Freiheit gnadenlos überfordert wären? Oder wie Gottfried Benn geschrieben hat: »Wir lebten etwas anderes, als wir waren, wir schrieben etwas anderes, als wir dachten, wir dachten etwas anderes, als wir erwarteten und was übrigbleibt, ist etwas anderes, als wir vorhatten.«

Motivationstrainer sagen: »Nichts ist unmöglich!«, »Du kannst alles schaffen, was du willst!« Aber sie sagen es nur, damit die Menschen, von denen sie sich bezahlen lassen, mit einem guten Gefühl nach Hause gehen. Klar hat man vieles in der Hand, das Leben ist eine Aneinanderreihung von Entscheidungen, die einen je nachdem, ob man mutig oder ängstlich handelt, hier- oder dorthin führen, trotzdem fühle ich mich für mein Schicksal schon lange nicht mehr allein verantwortlich. Lieber tue ich mein Möglichstes und lege den Rest in Gottes Hand, frei nach der Regel des Jesuiten Baltasar Gracián: »Den göttlichen Mitteln so vertrauen, als gäbe es die menschlichen nicht, und den menschlichen so vertrauen, als gäbe es die göttlichen nicht.« Es klingt verrückt, aber je älter ich werde, desto gelenkter komme ich mir vor, ja manchmal habe ich den Eindruck, als würde mich jemand durch mein eigenes Leben führen, als würde der Wille eines anderen durch mich lediglich in die Wirklichkeit gesetzt. Überhaupt halte ich wenig von der Idee der Autonomie des Menschen; dafür, so scheint mir, sind wir auf zu viele Arten determiniert.

Eine katholische Erziehung ist wie ein Brandzeichen. Sie mag verblassen, aber sie verschwindet nicht. Manche entwickeln eine katholische Neurose und bleiben, je aufrichtiger sie die Kirche hassen, umso inniger mit ihr verbunden. Man kann seiner Prägung nicht entkommen, indem man sie unterdrückt oder bekämpft: Wer *gegen* den Strom schwimmt, schwimmt immer auch *im* Strom. Und ich frage mich oft, welcher Mensch aus mir geworden wäre, wenn ich in einer anderen Familie aufgewachsen wäre: Hätte ich trotzdem zu Gott gefunden? Würde ich den christlichen Glauben ablehnen? Und wie fände ich dieses Buch, wenn es ein anderer geschrieben hätte: ärgerlich, tröstlich oder einfach nur überflüssig?

Natürlich hätte ich Gott auch später noch kennen lernen können, aber ich ahne, es wäre komplizierter geworden. Ich habe darüber nachgedacht, ob ich traumatische Erlebnisse verdrängt haben könnte, aber außer einem Religionslehrer, der mir auffallend oft über den Kopf strich, ist mir nichts eingefallen. Heute bin ich meinen Eltern vor allem dankbar, dass sie mich so spielerisch in die Arme Gottes gelenkt haben. In einer immer hysterischer werdenden Öffentlichkeit, die mir oft fremd und unverständlich erscheint, freue ich mich über die Gelassenheit, die mir mein Glauben schenkt und ohne die ich mir mein Leben gar nicht mehr vorstellen kann. Klar kenne ich Krisen, und Angst habe ich auch, vor der Zukunft, vorm Alleinsein, vor dem Sterben, aber da ist etwas Warmes und Sanftes, auf das ich mich verlassen kann, ein Licht, das irgendwo brennt, in mir oder ganz woanders, manchmal nur schwach und kaum spürbar, aber es geht nicht aus, und es ist jedes Mal ein kleines Wunder, wie meine Ängste zwar nicht verschwinden – der liebe Gott ist kein Zauberer –, aber doch ihren Schrecken verlieren, sobald ich in einer Kirche sitze und zu beten beginne.

Dabei werden meine Gebete nicht sofort erhört, im Gegenteil, meistens werden sie überhaupt nicht erhört. Auch der gläubige Mensch kann den Tragödien des Lebens nicht entkommen, aber er verfügt über ein wirksames Gegengift, sich von ihnen nicht unterkriegen zu lassen. Als Kind hat mich das verunsichert. Warum habe ich gebetet, wenn Opa trotzdem gestorben ist? Habe ich zu wenig gebetet? Habe ich falsch gebetet? Hat mir der liebe Gott überhaupt zugehört? Heute weiß ich: Es ist ein Irrglaube, dass Gebete, die kranke Menschen nicht augenblicklich gesund machen oder Schwierigkeiten nicht postwendend aus der Welt schaffen, ihre Wirkung verfehlt haben. Gott antwortet selten, noch seltener greift er in unsere Geschicke ein, aber das macht nichts. Denn wer betet, ändert nicht die Wirklichkeit, sondern sein Verhältnis zu ihr. Die Welt bleibt die gleiche, man selbst wird ein anderer.

Es gibt eine Passage in Michael Endes Roman *Momo*, die beschreibt, was beim Beten passiert: »Was die kleine Momo konnte wie kein anderer, das war: zuhören. Das ist doch nichts Besonderes, wird nun vielleicht mancher Leser sagen, zuhören kann doch jeder. Aber das ist ein Irrtum. Wirklich zuhören können nur ganz wenige Menschen. Und so wie Momo sich aufs Zuhören verstand, war es ganz und gar einmalig. Dabei schaute sie den anderen mit ihren großen, dunklen Augen an, und der Betreffende fühlte, wie ihm auf einmal Gedanken auftauchten, von denen er nie geahnt hatte, dass sie in ihm steckten. Sie konnte so zuhören, dass ratlose oder unentschlossene Leute auf einmal ganz genau wussten, was sie wollten. Oder dass Schüchterne sich plötzlich frei und mutig fühlten. Oder dass Unglückliche und Bedrückte zuversichtlich und froh wurden. Und wenn jemand meinte, sein Leben sei ganz verfehlt und bedeutungslos und er selbst nur irgendeiner unter Millionen, einer, auf den es überhaupt nicht ankommt und der ebenso schnell ersetzt werden kann wie ein kaputter Topf – und er ging hin und erzählte alles das der kleinen Momo, dann wurde ihm, noch während er redete, auf geheimnisvolle Weise klar, dass er sich gründlich irrte, dass es ihn, genauso wie er war, unter allen Menschen nur ein einziges Mal gab und dass er deshalb auf seine besondere Art für die Welt wichtig war. So konnte Momo zuhören!«

+++

Der Schriftsteller Céline hat recht: »Das Leben ist gewaltig – man geht sich überall verloren.« Es ist der Grund, warum ich jeden Morgen und jeden Abend mit Gott spreche: weil ich nicht verloren gehen will in einer Welt, die ich immer weniger verstehe. Einen Gott zu haben, den man lieben kann, einen Schutzraum, in den man flüchten kann, Kirchen, in die man sich setzen kann, Gebete, die man aufsagen kann, Traditionen, in die man sich stellen kann, Wunder, an die man glauben kann, sind ein unbezahlbarer Schatz in einer immer schnelleren und komplizierteren Welt. Das Gute am Glauben ist, dass er einem nicht genommen werden kann. Er gehört einem bis zum letzten

Atemzug, ja darüber hinaus, weil sich der gläubige Mensch über den Tod hinaus gehalten fühlen darf. Auch sein Körper sinkt ins Grab, aber seine Seele stirbt in Gottes Gegenwart hinein. Unsere Körper sind wackelige Gebilde. Erst tut der Rücken weh, dann die Gelenke, irgendwann das Herz, und ehe man sichs versieht, steht man mit einem Infusionsständer im Krankenhausflur. Für ungläubige Menschen ist das Leben eine lange Rolltreppe abwärts, jeden Tag rückt der Tod ein Stückchen näher, am Ende wartet die Grube, das Nichts. Wer nicht auf das ewige Leben hoffen kann, muss das irdische auspressen wie eine Zitrone. »Eine Menschheit, die außer sich nichts Größeres mehr sieht, muss sich selbst umarmen und ihr immer schon wahnhaftes Glücksverlagen von sich selbst erwarten«, schreibt der Philosoph Arnold Gehlen. Die Folge ist ein gewaltiger Druck, so viel wie möglich zu erleben. Jeder Moment eine Bestätigung, dass man am Leben ist, vielleicht sogar besser und schöner als die meisten anderen. Da ist immer diese Sanduhr im Kopf, die weiter- und weiterrieselt, die Sorge, etwas zu verpassen, mit jeder Sekunde zerrinnt das Leben, man wird sich beeilen müssen, um dieses oder jenes noch unternehmen zu können – »solange es noch geht«. Leider wird der Mensch dabei nicht freier, sondern unfreier, nicht gelassener, sondern gehetzter, nicht zufriedener, sondern ängstlicher.

Auch ich habe Angst vor dem Sterben. Und wenn mir in trüben Nächten schlagartig einfällt, dass es mich eines Tages nicht mehr geben wird, dass ich nicht einsam oder traurig, sondern einfach nicht mehr da sein werde, dass irgendwann auch die, die sich an mich erinnern, nicht mehr da sein werden, ja dass es irgendwann so sein wird, als hätte ich nie gelebt, könnte ich heulen wie ein kleines Kind. Weiterleben im Angesicht des Todes –

das ist eine der großen Menschheitsaufgaben. Und deshalb irritiert es mich, wenn Menschen sagen, dass sie am liebsten sterben würden, indem sie von einer Sekunde auf die andere tot umfallen, am besten in einem glücklichen Moment, beim Tanzen oder beim Sex, oder noch besser: einschlafen und nicht mehr aufwachen, ein Sterben ohne Angst und ohne Schmerzen. Aber halt auch ohne Bewusstsein und ohne Hoffnung, denke ich dann. Ich bin nämlich schon neugierig auf den Tod. Und ja, ich bete dafür, dass mir starke Schmerzen erspart bleiben, und würde ungern an Apparate angeschlossen dahinsiechen, aber eine Erfahrung, die es nur einmal im Leben zu machen gibt, möchte ich schon bewusst erleben, einschließlich der Angst und der Hoffnung, dass es irgendwie weitergeht. Im Gegensatz zum ungläubigen Menschen erscheint dem gläubigen die verrinnende Zeit nicht als etwas, das ihn verbraucht, sondern als etwas, das ihn vollendet – der Tod als zweite Geburt.[15]

Je älter ich werde, desto stärker bin ich davon überzeugt, dass nicht nur in jedem Anfang, sondern auch in jedem Ende ein Zauber liegt, sogar im Tod. Und ich glaube, dass es ein großes Unglück der Menschen ist, dass sie das nicht wahrhaben, sondern immer alles verlängern und ausdehnen wollen. Dass sie nicht spüren, dass der Zauber des Lebens an seine Vergänglichkeit gebunden ist. Oder wie es in einem Gedicht der amerikanischen Lyrikerin Emily Dickinson heißt: »That it will never come again / Is what makes life so sweet«.[16]

Mein Glaube erinnert mich jeden Tag daran, mich auf den Tod vorzubereiten. Unnatürlich ist nämlich nicht der Tod, sondern nur unsere Furcht vor ihm. Es ist ein großes Problem, dass wir die normalste Sache der Welt so konsequent aus unserer Wahrnehmung verbannt haben, dass wir sie als Kränkung, ja als Skandal empfinden, der abgeschafft gehört. Was sagt es über uns aus, dass wir uns jeden Tag verstümmelte Leichen in True-Crime-Serien anschauen, aber so gut wie nie einen toten Menschen, den wir geliebt haben? Ich habe Freunde gefragt, die meisten zwischen 35 und 55. Vielen haben noch nie einen toten Menschen gesehen. Wer seine Eltern noch hat, kennt den Tod oft nur in der Theorie.

Der Soziologe Norbert Elias hat schon 1982 beschrieben, warum wir das Sterben verdrängen: In zivilisierten Gesellschaften würden alle »elementaren, animalischen Aspekte des menschlichen Lebens« mit Scham- und Peinlichkeitsgefühlen belegt und »hinter die Kulissen des gesellschaftlichen Lebens verlagert«.[17] Mit anderen Worten: Der moderne Mensch sehnt sich nach Sicherheit, Berechenbarkeit und Selbstbestimmung – der Tod aber ist das Gegenteil. Manche schielen bereits hoffnungsvoll in Richtung Silicon Valley, wo an der Unsterblichkeit des Menschen gearbeitet wird: Gehirne einfrieren, menschliches Bewusstsein speichern, Chatbots, die Gespräche mit Verstorbenen ermöglichen. »Der Tod ist eine große Tragödie, ein gewaltiger Verlust, den ich nicht akzeptiere«[18], sagt Ray Kurzweil, Leiter der technischen Entwicklung bei Google. Woody Allen meint das Gleiche, wenn er sagt: »Ich möchte nicht durch meine Arbeit Unsterblichkeit erlangen. Ich möchte unsterblich werden, indem ich nicht sterbe.«[19]

Ich bin überzeugt, dass nicht nur die Sterbenden, sondern wir alle profitieren würden, wenn wir unser Verhältnis zum Tod korrigierten, indem wir ihn in unseren Alltag zurückholten, dass eine kollektive Auseinandersetzung mit der eigenen Sterblichkeit eine lohnende Investition in eine menschlichere und krisenfestere Gesellschaft wäre.

Warum?

Sterbende berichten immer wieder, ihnen sei erst am Ende des Lebens klargeworden, was zählt und was nicht. Wie wäre es, wenn wir diese Erkenntnis massenhaft nach vorn verlagern könnten, um noch zu Lebzeiten davon zu profitieren? Menschen rücken zusammen, wenn sie nicht alle fünf Jahre, weil gerade ein entfernter Onkel gestorben ist, sondern permanent und selbstverständlich mit der Vergänglichkeit ihrer Existenz konfrontiert werden, wenn der Anblick, die Pflege oder der Abschied von sterbenden Menschen nicht die Ausnahme, sondern die Regel ist, wie man einen Cappuccino bestellt oder Fußball schaut. Vielleicht ist der Gedanke naiv, aber könnte es nicht sein, dass sie – wie zu Beginn der Corona-Pandemie – angesichts eines überlegenen Gegners wenigstens eine Zeitlang mit- statt gegeneinander kämpfen? Dass sie durch die kollektive Erfahrung des Todes einen Reifesprung machen, dass sich Prioritäten neu ordnen, dass ihnen Mut zufließt, die Möglichkeiten des Lebens mutiger auszuloten, aber auch Demut, die eigenen Grenzen anzuerkennen? Dass wir es lächerlich finden, uns im Internet anzuschreien, wenn wir am Ende doch nebeneinander zu Staub zerfallen? Dass wir freundlicher, aufrichtiger und empathischer werden. Kurz: dass das ständige Ich-Getue einem Gemeinschafts- und Gelassenheitsgefühl weicht?

Der Tod hat nämlich allein schon deshalb verbindende Qualität, weil er neben der Geburt die einzige Erfahrung ist, die alle Menschen teilen. Das Wissen um die Vulnerabilität des Lebens lasse die Kostbarkeit des noch bestehenden Lebens klarer aufscheinen, sagt der Arzt und Philosoph Giovanni di Maio. Das Bedeutungsvolle trete im Bewusstsein der unwiederbringlich auslaufenden Lebenszeit klarer hervor. Vulnerabilität nicht als

Defekt des Menschen, sondern als Ressource, Verdichtung und Vertiefung des Lebens.[20] Dabei kann der Glaube, dabei kann auch die Kirche behilflich sein, die das Leid und den Tod gerade nicht übertüncht, sondern immer wieder aktiv ins Bewusstsein holt, in Predigten, bei Bestattungen, in christlicher Kunst.

Es ist es noch nicht lange her, da wurden Verstorbene im Wohnzimmer aufgebahrt, oft spielten die Enkelkinder neben der toten Oma Verstecken, Trauerfeiern, Totenwachen und Prozessionen spendeten Trost. Mein Vater schlich als Junge regelmäßig zum Leichenschauhaus, um sich »neue Tote anzuschauen«. Seitdem religiöse Rituale schwinden, mangelt es uns an Formen des Abschieds. Wir haben Youtube-Kanäle zu den Themen Resilienz und Achtsamkeit abonniert, aber ums Sterben geht es irgendwie nie, immer nur um das gute oder noch bessere Leben. Vor allem bei Beerdigungen fällt mir auf, wie überfordert viele Menschen dem Geschehen beiwohnen, wie ihnen Strategien fehlen, das Unfassbare einzuordnen und zu verarbeiten. Viele wissen nicht mehr, wie mit Sterbenden umzugehen ist, stehen ohne Worte vor ihnen, überfordert, beklommen, peinlich berührt. Die meisten eiern herum, sobald es um den Tod geht. Die einen wechseln das Thema, andere flüchten sich in Ironie, biochemische Ausführungen oder übertriebene Ehrfurcht. Natürlich kann man nicht permanent darüber nachgrübeln, dass es einen eines Tages nicht mehr geben wird. Aber ein Leben lang vor einer unvermeidbaren Sache davonlaufen, ist erstens würdelos und zweitens belastend, weil man auf der Flucht nie zur Ruhe kommen kann.

Natürlich weiß ich, wie selbstverständlich die Kirche jahrhundertelang in das Leben gläubiger Menschen hineinregiert hat und wie viele sich von ihrer (falschen) christlichen Erziehung schikaniert gefühlt und den Glauben nicht als Freude, sondern Tortur empfunden haben. Erst neulich habe ich einen Text gelesen, in dem eine junge Katholikin beschreibt, wie beklommen sie sich als Mädchen jeden Sonntag in der Kirche gefühlt habe, der große, kalte Raum, die vorwurfsvoll auf sie herabschauenden Heiligenfiguren, der strenge Dorfpfarrer, die lustlos heruntergeleierten Lobgesänge. »Diese Gottesdienste hatten nichts Fröhliches, keine Liebe erfüllte den Raum, Lachen oder Klatschen waren verboten, die Schafe hatten zu schweigen und zu lauschen.« Danach dachte ich lange darüber nach, wie sich meine Mutter vor fünfzig Jahren in einer Messe gefühlt haben mag, überhaupt wie es Frauen in der katholischen Kirche so geht, ein Thema, auf das ich später zurückkommen werde.

Zur Wahrheit gehört aber auch, dass ich in der Kirche nur schöne Erfahrungen gemacht und mich irgendwann, das kann man schon so sagen, für den Glauben entschieden habe. Er ist nämlich nicht nur Gnade, sondern lebenslanges Üben, permanentes Wiederholen, immerwährendes Wollen – eine Routine des Tuns, in der die höchste Weisheit liegen kann.

Unter Ungläubigen

Vor einigen Jahren moderierte ich ein Gespräch zwischen den Schriftstellern Navid Kermani und Martin Mosebach. Wir trafen uns in Mosebachs Wohnung im Frankfurter Westend, einer Art Miniatur-Palazzo, die Wände in pompejanischem Rot, kunstvolle Empire-Möbel, düstere Ölgemälde. Eine Umgebung wie aus dem 19. Jahrhundert, schwankende Bücherstapel, gläserne Briefbeschwerer, antike Bronzen. Ein Ort, so randvoll mit Schönheit und Geschichte, ich hätte mich nicht gewundert, wenn auf dem hoffnungslos überfüllten Schreibtisch ein Tintenfässchen samt Federkiel gestanden hätte.

Wir hatten uns verabredet, um über Kermanis neues Buch *Ungläubiges Staunen* zu sprechen, eine Auseinandersetzung mit christlicher Kunst aus der Sicht eines muslimischen Intellektuellen. Kermani hatte sich mit einer Mischung aus profunder Bildung und kindlicher Neugierde über Meisterwerke von Botticelli, Caravaggio und Rembrandt hergemacht, um sich der fremden, aber auch reizvollen Konkurrenzreligion zu nähern. Was zieht an? Was irritiert? Was verbindet? Was trennt? Diese Fragen wollten wir mit dem Katholiken und Kunstfreund Martin Mosebach diskutieren.

Es gab Weißwein und griechische Oliven, das Gespräch

ging flott los, man hatte sich etwas zu sagen. Gleich zu Beginn schwärmte Kermani von der Bilderlosigkeit im Islam, die ihn allerdings nicht daran gehindert habe, während eines einjährigen Rom-Aufenthalts neidisch auf das Christentum zu werden. Früher habe er immer gedacht: »Die Christen sind ja nett, aber warum sind ihre Gottesdienste so langweilig.« Erst in Rom habe er die Schönheit des Katholizismus kennen gelernt, seine Traditionen, seine Riten, seine Kunst. Mosebach war weniger euphorisch. Er klagte über den westlichen Menschen, der keine Ehrfurcht mehr kenne und sich von der Religion nicht mehr ergreifen lasse. Also er bete an allen möglichen Orten, selbstverständlich auch in Moscheen. Ob man noch nie den jesuitischen Witz gehört habe: »Darf man beim Beten rauchen? Nein. Darf man beim Rauchen beten? Natürlich!«

Irgendwann erzählte Kermani, wie er während eines Schulgottesdienstes beobachtet habe, wie seine (muslimische) Tochter von einer Lehrerin eingeladen worden sei, die konsekrierte Hostie in Empfang zu nehmen, also an der Eucharistie teilzunehmen. (Für Nichtgläubige: In der Eucharistie werden Brot und Wein durch die Kraft des Heiligen Geistes zum Leib und Blut Christi gewandelt. Sie ist Quelle und Höhepunkt des katholischen Lebens, das zentrale Sakrament, das ausschließlich getauften Christen zuteilwerden darf.) Es war der Moment, in dem das Gespräch lebhaft wurde. Natürlich sei er schockiert gewesen, meinte Kermani, trotzdem habe er nicht eingegriffen, das hätte er unverhältnismäßig gefunden, er wisse doch, wie solche Missgeschicke heutzutage passierten: Seine Tochter habe eine Fürbitte vorgetragen, sich dann etwas nach vorne gedrängelt, und irgendwie sei es dann halt geschehen. Das Ganze sei keine Absicht und kein Programm, eher eine Nachlässigkeit im

71

multikulturellen Alltag. Man wolle das muslimische Mädchen aus sozialen Gründen nicht ausschließen, und das sei natürlich falsch, aber im Grunde lieb gemeint.

»Das ist unverzeihlich«, entfuhr es Mosebach. »Eine Nettigkeit im Stil einer Barbecue-Party nach dem Motto: Jeder kriegt was, jeder darf dabei sein.« Kermani beschwichtigte; das klinge ihm zu negativ. Er sei ein Freund des Gutmeinens: Lieber das Gute wollen und Fehler in Kauf nehmen, als das Böse wollen und alles richtig machen. Trotzdem sei das natürlich der falsche Ansatz.

Aber Mosebach, sichtlich erregt, ließ nicht locker: In der allgemeinen Banalität passiere so etwas, weil selbst den Pädagogen nicht mehr klar sei, dass die Liturgie ein Mysterium für die Getauften sei, die an der Verschmelzung mit der Gottheit teilnähmen. »Die Riten dieses Mysteriums fordern Verbindlichkeit, aber im Westen findet man es empörend, wenn sich eine religiöse Vorschrift der Zeitmode entzieht.« So ging es eine Weile hin und her, und ich weiß noch, wie zerrissen ich zwischen den beiden Männern saß, die so viel mehr über Religion wussten als ich. Ich konnte beide verstehen und war von Kermanis Wohlwollen mindestens so fasziniert wie von Mosebachs Strenge. Der eine erinnerte mich an einen liebenswerten Familienvater, der auch mal ein Auge zudrückt, der andere an einen tiefgläubigen Menschen, der seine Religion, wo sie nicht ernst genommen wird, beschmutzt sieht, ja als gefährdet empfindet.

Ich habe die Geschichte mehreren Bekannten erzählt. Keiner fand sie besonders tragisch, einige verstanden nicht einmal, wo überhaupt ein Problem liegen könnte. Eucharistie, Mysterium, Liturgie – ich dürfe nicht davon ausgehen, dass normale Menschen wüssten, was das sei. Ein Mädchen verdrückt eine

Oblate. Na und? Selbst wenn Gott existiere, könne er wegen so etwas nicht böse sein, und wenn doch, dann habe er weder Herz noch Humor. Ich gebe zu, ich war etwas geschockt. Nicht von der These – Gott dürfte über die Szene im Schulgottesdienst milde gelächelt haben –, aber von der Unbedarftheit, mit der sie ausgesprochen wurde. Etwas Richtiges lässt sich nämlich auch spektakulär falsch begründen.

Einige konnten die Bedeutung der Eucharistie immerhin einschätzen, aber auch sie spielten die Sache herunter: »Ist doch egal«, sagten sie. Oder: »Ist doch sowieso nur symbolisch.« Damals habe ich zum ersten Mal begriffen, wie viele Menschen nicht nur nichts mit Religion zu tun haben wollen, sondern überhaupt keine Ahnung mehr davon haben, was Christen in einer Messe eigentlich tun, woran sie glauben, wofür sie beten und worauf sie hoffen. Dass sich in unserem Land ein Epochenwechsel historischen Ausmaßes vollzieht, an dessen Ende sich ein christliches in ein nicht christliches Land verwandelt haben wird. Eine Zäsur mit weitreichenden Folgen für eine Gesellschaft, die kein Gespür mehr dafür zu haben scheint, wie stark sie von ihrem christlichen Unterbau geprägt ist und profitiert, und sei es nur, dass die Menschen über Ostern und Weihnachten frei haben, ja dass sie ohne diese Prägung eine gänzlich andere (und keineswegs gerechtere oder stabilere) Gesellschaft wäre.

Der *FAZ*-Weihnachtskommentar des Jahres 2023 brachte es auf den Punkt: »Sie mögen das Krippenspiel am Heiligabend, die Nordmanntanne vom Möbelhausparkplatz, den Coca-Cola-Weihnachtsmann, das George-Michael-Lied im Autoradio, den Glühwein auf dem Weihnachtsmarkt. Aber sie feiern die Geburt Jesu, wie sie den Hasen feiern, der die Ostereier bringt, und was sie an Pfingsten feiern, wissen sie nicht genau, aber es ist schön, den Tag frei zu haben.«[21]

Inzwischen vergeht kein Tag, an dem ich nicht darüber staune, auf welch schwankendem Boden viele Glaubenskritiker stehen, ja dass die meisten etwas ablehnen, das sie nie richtig kennen gelernt haben. Viele akzeptieren gläubige Menschen schon, aber nehmen sie nicht ernst, was ich fast noch schlimmer finde, weil ich lieber aufrichtig abgelehnt als scheinheilig geduldet werde. Sie meinen es nicht böse, oft stecken Unwissen oder Ignoranz dahinter, aber ich spüre, wie man mich rührend oder weltfremd findet, ein schwacher Mensch, der ohne eingebildeten Gott im Himmel nicht zurechtkommt. Kaum einer kann sich vorstellen, dass mein Glaube eine Bedeutung hat, die über einen Meditationskurs im Voralpenland weit hinausgeht, ja dass er eigentlich nichts damit zu tun hat und in vielerlei Hinsicht das Gegenteil ist, dass ich also nicht glaube, um mich von einem stressigen Alltag zu erholen, ja noch nicht einmal aus Angst vor dem Tod oder um meine Seele zu retten, sondern einfach nur deshalb, weil ich davon ausgehe, dass es Gott wirklich gibt.

Viele halten meinen Glauben für ein Hobby wie Badminton oder Power-Yoga, eine Angelegenheit für Menschen, die vor der Aufklärung gelebt haben, eine Lüge, die sich Führungskräfte im Hinterzimmer ausgedacht haben, eine imaginäre Decke, unter die man schlüpft, wenn es ungemütlich wird. Dabei ist es genau andersrum: Wer Glaube naiv findet, hat ihn nur noch nicht verstanden. Er ist nämlich keine Flucht aus der Realität, sondern der Weg dorthin. Sie sagen: Er steckt in der Vergangenheit fest. Er kann sich nicht von seiner Erziehung lösen. Er hat Angst vor der Wahrheit, (dass es Gott nicht gibt). Ich sage: Warum kommt ihr keinen Schritt näher? Warum probiert ihr es nicht wenigstens mal? Warum habt ihr Angst vor der Wahrheit, (dass es Gott wirklich gibt)? Der Benedikt-Biograf Peter Seewald, der lange selbst glühender Atheist war, bevor er sich dem Glauben zuwandte, schreibt über intolerante Glaubenskritiker: »Vielleicht haben sie keinen Respekt vor der Überzeugung anderer und vor religiösen und speziell christlichen Handlungen schon gar nicht. Vielleicht aber haben sie einfach, wie das auch bei mir der Fall war, keine Ahnung davon, dass die reuigen Sünder, die vor ihren Augen scheinbar blöd einem altertümlichen Kult folgen, niemals mit leeren Händen diese Kirche wieder verlassen.«[22]

Ich respektiere, wenn Menschen nach schlechten Erfahrungen mit der Kirche nichts mehr mit ihr zu tun haben wollen, aber eine Sache ist mir schleierhaft: Warum sind so wenige neugierig darauf, ob das Christentum der Menschheit vielleicht doch mehr als Kreuzzüge, Hexenverbrennungen und tausendfachen Missbrauch beschert haben könnte, denn das sind die Schlagworte, die vielen reflexartig aus dem Mund purzeln, während sie alles Gute und Schöne, das Evangelium, die Eucharistie, die Nächstenliebe, die Klöster, die Kathedralen, die Kunst und den Trost für alle, die allein und krank und verzweifelt sind, unter den Tisch fallen lassen? Warum gehen sie nicht mal ohne Vorurteile in die Messe? Warum lesen sie nicht im Evangelium und denken in Ruhe darüber nach, was sich daraus für ihr Leben gewinnen ließe? Warum fragen sie keinen älteren Menschen, wie ihn der Glaube durch die Nöte des Lebens getragen hat? Was mir bei diesen Menschen fehlt, ist der Mut, sich eine göttliche Offenbarung wenigstens vorzustellen, ja dass vielleicht sogar stimmen könnte, was Robert Musil in seinem Roman *Der Mann ohne Eigenschaften* geschrieben hat, dass eine Zeit, in der alles erlaubt ist, noch jedes Mal die Menschen, die in ihr gelebt haben, unglücklich gemacht hat, dass es kein großes Glück ohne große Verbote gibt.

Für sie ist ein Gebet kein Sich-Wohlfühlen in der Gegenwart Gottes, sondern eine Wunschliste mit Spiegelstrichen. Eine Kirche kein Gotteshaus, sondern ein Museum für Sakralgegenstände. Eine Messe keine Opferfeier, sondern eine Vereinssitzung. Die Bibel nicht das Wort Gottes, sondern eine Sammlung von Kalendersprüchen. Jesus nicht der Sohn Gottes, sondern ein kauziger Wanderprediger. Der Heilige Geist keine Quelle der Offenbarung, sondern eine Taube. Gott nicht Anfang und Ende, sondern eine Erfindung für Kinder und Angsthasen. Übrigens würde ich diese Vorschläge nicht machen, wenn mir die Menschen in meiner Umgebung einigermaßen stabil vorkämen; das tun sie aber nicht. Stattdessen habe ich den Eindruck, dass es um ihre geistige Verfassung oft nicht so gut bestellt ist. Solange die Dinge reibungslos funktionieren, scheint alles in Ordnung, aber kaum passiert etwas, womit sie nicht gerechnet haben, geraten viele aus dem Tritt, reagieren überzogen, wirken überfordert, jedenfalls nicht übermäßig robust, dazu die permanente Suche nach Impulsen und Aufmerksamkeit, als würde ihnen etwas fehlen – nur was?

Der Politologe Ivan Krastev sagte nach dem Ausbruch des Ukraine-Krieges: »Stark werden fortan Gesellschaften sein, die Schmerz ertragen können.« Seitdem frage ich mich jeden Tag, ob wir das eigentlich noch können: Schmerz ertragen, Ansprüche zurückschrauben, auf Gewohnheiten verzichten, das Glück abseits von Konsum- und Entertainmentangeboten finden. Sind wir widerstandsfähig? Sind wir mental gewappnet? Sind wir bereit, Opfer zu bringen für Menschen und Ideale, die uns am Herzen liegen?

Vielleicht ist es nur Zufall, aber interessant ist es schon, wie die Corona-Pandemie die Menschen in meinem Umfeld in zwei Lager geteilt hat: Die einen waren permanent am Anschlag und konnten nicht fassen, welch dicken Stock ihnen das Schicksal zwischen die Speichen ihres ohnehin beschwerlichen Lebens geworfen hat. Die anderen spürten zum ersten Mal die Brüchigkeit des Glücks, das sie jahrzehntelang für obligatorisch gehalten hatten. Wieder andere wussten in der dritten Lockdown-Woche nicht mehr, was sie mit ihren Kindern anstellen sollten, oder schafften sich ein Haustier an, das sie wenige Monate später, als das Schlimmste überstanden war, im Tierheim abgaben. Viele schrieben »Alles wird gut« auf Bettlaken und rollten sie von ihren Balkonen – eine Trostformel, die ohne Gott leer bleibt. Denn die Wahrheit ist: Niemand weiß, ob es gut wird. Oder anders gesagt: Natürlich wird alles gut, aber halt erst im Jenseits.

Und dann gab es ein paar Freunde, die fest im Glauben stehen oder in der nicht westlichen Welt aufgewachsen sind. Ihnen konnte ich dabei zusehen, wie sie mit jeder weiteren Hiobsbotschaft und Einschränkung gelassener wurden, die Umstände akzeptierten, den Weg nach innen antraten. Sie fuhren ihre Aktivitäten herunter wie ein Maulwurf, der sich auf den Winterschlaf vorbereitet. Auch sie hatten Angst, machten sich Sorgen, fühlten sich einsam, aber sie konzentrierten sich auf das Nächstliegende: einatmen, ausatmen, ein paar Vorräte, Bücher, Musik, Spiele für die Kinder. Sie teilten sich alles ein, ihre Kraft, ihre Angst, ihre Hoffnung, und kamen besser durch diese entbehrungsreiche Zeit, aus der wir – das lässt sich inzwischen sagen – wieder einmal nichts gelernt haben.

+++

Wenn ich von Glaubens- und Kirchenkritikern spreche, meine ich nicht die Menschen, die aus der Kirche austreten. Nach allem, was geschehen und nicht geschehen ist, kann ich diesen Schritt nachvollziehen.

Ich meine die ungläubigen Blicke, die einen treffen, wenn man am Sonntag leider nicht in dieses neue Café zum Frühstücken kommen kann, weil einem der Besuch der Heiligen Messe wichtiger ist. Ich meine, dass im Koalitionsvertrag der Ampel die Buchstabenfolge »Christ« auf 178 Seiten nur ein einziges Mal vorkommt – in der Unterschrift des Finanzministers. Ich meine die zynischen Schenkelklopfer, die in Papst Benedikts Sterbestunde viral gingen, in einem wurde sein ledriges Gesicht mit einem in der Schultasche vergessenen Pausenbrot verglichen. In den Tagen danach wurde das Netz mit Geschmacklosigkeiten regelrecht geflutet: »Jetzt darf er endlich Sex haben«, »Jeder bekommt, was er verdient«, »Im Himmel sagt man befördert« – das muss Benedikt mit der »sprungbereiten Feindseligkeit« gemeint haben, der er sich zeit seines Lebens in den Medien ausgesetzt sah.

Ich habe nichts gegen bösen Humor, erst recht nicht in Situationen, in denen er sich eigentlich verbietet; Christsein ohne Selbstironie funktioniert schon lange nicht mehr, trotzdem gibt es Abstufungen. So sagte der Motörhead-Sänger Lemmy Kilmister einmal in einem Interview: »Dünne Geschichte, die christliche Religion. Jungfrau wird schwanger von einem Geist, bleibt aber Jungfrau. Sagt zu ihrem Mann, ich bin schwanger, Darling, aber mach dir keine Sorgen, ich bin ja immer noch Jungfrau. Menschen, die sich so benehmen, verdienen es, in einem Stall übernachten zu müssen.«

Finde ich das komisch? Aber ja! Da macht sich jemand pointiert, aber ohne Häme über eine Weltreligion lustig, mit der er nichts anfangen kann – damit komme ich wunderbar zurecht. Dafür stört mich der feindselige Ton, der zuletzt gesellschaftlich akzeptierte Normalität geworden ist, umso mehr, weil er meinen Glauben auf den Missbrauchsskandal reduziert und außer Acht lässt, worum es eigentlich geht: die Vergegenwärtigung Jesu Christi in der Eucharistie, das Sich-Aufhalten in der Gegenwart Gottes, die Hoffnung auf das ewige Leben.

Zuletzt ist unsere Gesellschaft sensibler im Umgang mit Minderheiten geworden; eine schöne Sache, ein Zugewinn an Menschlichkeit. Trotzdem würde ich mich freuen, wenn sich die gestiegene Sensibilität auch auf Christen beziehen würde. Mir fällt nämlich schon auf, wie viele ansonsten hyperkorrekte Menschen sich darin einig zu sein scheinen, dass man kirchliche Würdenträger sehr wohl pauschal abkanzeln darf. Im Moment ist die katholische Kirche die Geisterfahrerin der modernen Gesellschaft, über die alles gesagt werden darf, nur nichts Gutes. Seit Jahren saust der moralische Vorschlaghammer herab und schlägt alles auf einmal kaputt, das Fragwürdige, Morsche und Intolerante, aber auch, was daneben zart vor sich hin blüht, das Tröstliche, Gutgemeinte oder tatsächlich Gutgemachte.

Ich ahne, was viele an dieser Stelle denken: Was nützen fromme Worte, wenn die Kirche ihre eigenen Gebote missachtet? Wenn sie eines ihrer Kernanliegen, den Schutz der Kinder, mit Füßen tritt? Natürlich ist die Kirche, wie jede andere Institution auch, nicht frei von Fehlern, im Gegenteil, sie bezeichnet sich ja selbst als »Kirche der Sünder«. Vor allem der Missbrauchsskandal und seine halbherzige Aufarbeitung haben Wunden hinterlassen, die sich lange nicht schließen werden. Was aber auch ein Problem ist: Wenn die Vergehen einiger dazu führen, dass auf einmal sämtliche Kleriker unter Generalverdacht stehen. Wenn sich Pfarrer in der Jugendarbeit jede liebevolle Berührung gegenüber Kindern verkneifen müssen. Wenn die andere, die strahlende Seite der Kirche so überschattet wird, dass sich viele nicht mehr vorstellen können, dass die allermeisten Geistlichen grundanständige oder sogar faszinierende Menschen sind, von deren Engagement eine ganze Gesellschaft profitiert, ohne es zu bemerken, geschweige denn zu würdigen.

Nur weil Priester eher selten auf Instagram auftauchen, heißt das nicht, dass ihr Engagement keine positiven Auswirkungen hat. Die tägliche Arbeit eines Seelsorgers lässt sich nicht inszenieren wie der einmalige Diversitäts-Workshop eines Unternehmens, das sich einen zeitgemäßen Anstrich verpassen will. Es hat keinen Ereignischarakter, dafür vollzieht es sich nachhaltig und über Jahrzehnte hinweg. Die Kirche auf einige bigotte Kleriker zu reduzieren, das ist, als stünde man in einem blühenden Obstgarten und schaut nur auf ein paar hässliche Gartenzwerge, die ein geschmackloser Mensch hineingestellt hat. Und wer darüber nachdenkt, ob die Kirche in einer modernen Demokratie überhaupt noch gebraucht wird, sollte die vielen Tausend Kindergärten, Schulen, Krankenhäuser, Alten- und Behindertenheime und Waisenhäuser in kirchlicher Trägerschaft und vor allem nicht jene Menschen vergessen, die jeden Tag im Namen Christi Gutes tun – es sind Millionen.

Der *FAZ*-Journalist Thomas Jansen schreibt, es sei nicht nur für die Kirchen niederschmetternd, sondern der Gesellschaft gehe insgesamt etwas verloren, wenn immer weniger Menschen einer Kirche angehörten. Die Kirchen vermittelten Werte, die ein demokratischer Staat nicht erzwingen könne, auf die er aber zwingend angewiesen sei. Gläubige Menschen engagierten sich nicht nur im Pfarrgemeinderat, sondern auch überdurchschnittlich oft in Parteien, Schützenvereinen und Umweltschutzinitiativen.

Auch dass immer weniger Menschen am Sonntag einen Gottesdienst besuchten, sei bedauerlich. Natürlich müsse es dem weltanschaulich neutralen Staat gleichgültig sein, ob seine Bürger am Sonntagmorgen Tennis spielten, Yogaübungen machten oder eine Heilige Messe besuchten, aber dass ein Gottesdienst Menschen etwas geben könne, was Yoga ihnen nicht gebe, das lasse sich schwer bestreiten. Der Glaube, dass das Leben ein Geschenk Gottes und Gott selbst Mensch geworden sei, ob man ihn nun teile oder nicht, habe eine andere Tiefenschärfe als Wellness im Lotussitz.

Traurig sei nicht zuletzt das Verschwinden einer zweitausend Jahre alten Tradition, die Deutschland geprägt habe wie kaum etwas anderes. Wer vor einer nicht mehr genutzten Kirche stehe, die zu einem Nagelstudio umgewidmet worden sei, und dabei nicht nachdenklich werde, müsse schon sehr abgestumpft sein. Mauern, in denen über viele Jahrhunderte Schuld und Vergebung, ewiges Leben und Tod verhandelt worden seien, dienten nun als Kulisse für Fingernagelverlängerungen. Und womöglich weiche das Nagelstudio irgendwann einem Supermarkt oder einem Restaurant, aber eine Kirche werde daraus mit ziemlicher Sicherheit nicht mehr.

Das alles heißt nicht, dass die Kirche nicht kritisiert werden darf – im Gegenteil. Sie muss es sogar, wenn sie schweigt, wo sie zu reden hätte, wenn sie unchristlich oder kriminell handelt, aber doch differenziert und ohne jeweils die Aspekte unter den Tisch fallen zu lassen, die nicht zur eigenen Agenda passen. Dann nämlich erscheint sie tatsächlich *nur* als elitärer Männerverein, der den Rest der Menschheit drangsalieren möchte. Nein, man muss sich schon die Mühe machen, das Bild in seiner Gänze zu betrachten, die Sünder *und* die Heiligen, die Gräuel- *und* die Wohltaten, die Vorzüge *und* die haarsträubenden Widersprüche einer durchökonomisierten Gesellschaft, in die sie angeblich so wenig passt. Denn wer, außer der Kirche, weist denn noch hin auf die Irrtümer einer nach vorne stürzenden Zeit? Wer spricht die Risiken eines entfesselten technologischen Fortschritts noch an? Wer wagt zu fragen, ob der Mensch wirklich alles tun sollte, was ihm technisch möglich ist? Wer denkt über die nächste Legislaturperiode, das nächste Quartal, die Euphorie des Augenblicks hinaus? Und warum stellt sich der permanent beschworene Zusammenhalt der säkularen Gesellschaft eigentlich nie ein?

Katholisch zu sein, war immer fordernd – wer betet schon gern für seine Feinde? –, aber im Moment ist es besonders anstrengend: Ständig soll man sich rechtfertigen, als würde man selbst nicht am meisten darunter leiden, wenn Kirche nicht das ist, was sie sein sollte: eine vertrauenswürdige Institution *und* ein Mysterium. Eine Zeitlang habe ich mich wie ein Sonderling gefühlt, aber das ist vorbei, inzwischen komme ich mir wie ein Verschwörungstheoretiker vor, der Dinge glaubt, die von den meisten anderen nicht geglaubt werden, weil sie sie für wissenschaftlich widerlegt halten, weshalb sie einen bemitleiden oder verachten.

Ich habe große Sympathien für Menschen, die eine Sache konsequent ablehnen, finde aber schon wichtig, dass man seine Ablehnung begründen kann oder die Sache, die man ablehnt, ausprobiert oder wenigstens gründlich durchdacht hat. Das ist leider selten der Fall. Stattdessen wird man als Christ inzwischen von Leuten beurteilt, die sich nicht mal mehr die Mühe machen, sich mit den Grundlagen des christlichen Glaubens auseinanderzusetzen. Lieber wehren sie sich mit Händen und Füßen dagegen, der Kirche etwas Positives abzugewinnen, oder sprechen selbstgewiss aus, was ihnen gerade durch den Kopf geht, auch ungenaue und beleidigende Sätze. So stellte ein Journalistenkollege die These auf, dass fünfundsiebzig Prozent aller katholischen Priester pädophil seien. Ich weiß noch, dass er dabei gelächelt hat, nach dem Motto: Du weißt schon, wie's gemeint ist. Das Problem: Ich wusste tatsächlich, wie es gemeint ist.

Inzwischen habe ich begriffen, mit wem ich es zu tun habe: Menschen, die aus der Kirche eine spirituelle Verlängerung linker Politik machen wollen, aber verdutzt dreinschauen, wenn man ihnen erklärt, dass es im Christentum schon auch darum geht, bedürftigen Menschen zu helfen, aber in erster Linie darum, sie zu Gott zu führen. Menschen, die permanent Diversität fordern, aber keine Ahnung haben, dass ein Gottesdienst um ein Vielfaches diverser ist als jede ihrer Partys, auf denen komischerweise immer alle die gleichen Netflix-Serien schauen. Menschen, die an Instagram, Awareness, Self Care, Mental Health und Nachhaltigkeitsfonds glauben, nur eben nicht an Gott. Ob sie ahnen, dass es mir genau andersherum geht? Dass mir fast alles, worauf sie zählen, hohl und fragwürdig erscheint, während ich von der Liebe Gottes immer noch überzeugter bin?

Es ist, als würde man sich zum Tennisspielen verabreden, und das Gegenüber erscheint mit Schwimmflossen statt einem Schläger. Manche wollen immerhin noch diskutieren, haben aber oft nur eine starke Meinung, dafür wenig Interesse, geschweige denn theologisches Wissen. Zum Beispiel sind viele empört, wenn man ihnen erklärt, dass man als Christ nicht nur für die Missbrauchsopfer, sondern auch die Täter beten sollte, weil die, theologisch betrachtet, das weitaus größere Problem haben. »Wie kannst du so was sagen?«, schimpfen sie und verfehlen eine der bahnbrechenden Ideen des Christentums. Dass Jesus nicht nur für die Unterdrückten, sondern auch für die Unterdrücker gestorben ist, weil auch sie Kinder Gottes sind. Oder mit dem heiligen Augustinus gesprochen: »Wir müssen unseren Nächsten lieben, entweder weil er gut ist oder damit er gut werde.«

»Ich bin katholisch« – inzwischen genügt der Satz, um bei einem Abendessen unter Medienmenschen den kompletten Tisch gegen sich zu haben. Früher hätte mich so eine Situation gestresst, inzwischen kann ich das: cool bleiben, meine Meinung sagen und notfalls akzeptieren, dass die anderen mich doof finden. Das ist gottlob nicht immer der Fall, und manchmal geschieht sogar ein kleines Wunder, dann outen sich Leute als religiös, von denen man geschworen hätte, dass sie vielleicht Interesse an limitierten Sneakers, aber gewiss nicht daran haben, etwas Größeres, Gültigeres in ihr Leben zu lassen.

Das Thema Religion wird bei diesen Abendessen nicht ausgeklammert, es interessiert einfach niemanden. Nur ganz selten, zum Beispiel wenn ein Fake-Foto des Papstes in einer weißen Daunenjacke viral gegangen ist, kommt es doch auf den Tisch und führt nicht selten zu einer Debatte um den alten und den neuen Papst, offenbar ein Thema, bei dem viele das Gefühl haben, irgendwie mitreden zu können. Interessanterweise sind die Sympathien immer gleich verteilt: Alle finden Benedikt »ganz schlimm« und Franziskus »irgendwie okay«, leider ohne ihr Urteil wirklich begründen zu können. Der eine sei eben verknöchert und weltfremd gewesen, der andere komme ihnen offener, warmherziger, zeitgemäßer vor. Wenn ich nachhake – inwiefern weltfremd, inwiefern zeitgemäß? –, kommt meist nicht viel, außer vielleicht eine Internet-Schlagzeile, an die sich jemand vage erinnert: Habe Benedikt nicht immer diese roten Luxusschuhe getragen, während Franziskus einfache schwarze bevorzuge? Und zeige das nicht, mit welcher Sorte Mensch und welcher Art von Führung man es zu tun habe? Hier Protz und Prunk, dort Demut und Bescheidenheit? Franziskus wohne nicht mal in den päpstlichen Gemächern, sondern im kargen Gästehaus des Vatikans, auch sei er immer so herzlich zu Kindern, ganz anders als der hölzerne Benedikt. Für sie sei die Sache jedenfalls klar: Wenn schon Kirche, dann so wie Franziskus sie verkörpere: liberal, modern, bescheiden.

An dieser Stelle könnte man mehrere Gegenargumente ins Spiel bringen: Zum Beispiel, dass das Rot der päpstlichen Schuhe das Blut Christi symbolisiert. Oder dass der Pomp der katholischen Kirche historische Gründe hat, weil er jahrhundertelang ihre Unabhängigkeit von der weltlichen Macht angezeigt hat. Oder dass ein Verzicht auf Insignien der Macht noch lange nicht deren Verlust bedeutet. Oder dass billige Schuhe aus einem oft erratischen und, nebenbei erwähnt, ziemlich autoritären Kirchenoberhaupt noch lange keinen Jahrhundertpapst machen. Trotzdem bohre ich erst einmal weiter: Welche päpstlichen Schriften habe man gelesen? Welche Reden gehört? Auf welche Beschlüsse beziehe man sich denn eigentlich? Und müsse die Kirche bei komplexen Fragen nicht schon deshalb skrupulöser als ein Staat oder ein Unternehmen vorgehen, weil es sie seit zweitausend Jahren gebe? Und seien diese zweitausend Jahre nicht ein Beleg dafür, dass sie irgendwas richtig mache? Oder warum hätten sich Klöster, in denen die christlichen Prinzipien über Jahrhunderte gelebt würden, bis heute gehalten? Und warum fänden sich immer neue Generationen, die dem Evangelium folgten? Könnte es vielleicht daran liegen, dass das Christentum eine gute und wahre Sache sei? Wieder lärmendes Schweigen. Manchmal argumentiert noch jemand halbherzig dagegen, danach wird meistens das Thema gewechselt, was schade ist, weil sie so falsch ja gar nicht liegen: Benedikt war tatsächlich ein scheuer Intellektueller, der seine Aufgabe darin sah, zentrale Lehrsätze der Kirche mit wissenschaftlichem Anspruch zu verteidigen. Ein tiefgläubiger Hochgelehrter, der nicht nur Platon, Hegel und Marx, sondern auch Physiker wie Einstein oder Schrödinger begriffen und in sein Denken integriert hat, während Franziskus ein ungekünstelter Volkspapst und bemühter Brückenbauer ist, leider einer, der permanent Reformen ankündigt, um danach wieder auf die Bremse zu treten, was immer wieder zu irritierenden Schwebezuständen führt, weil keiner so recht weiß, was er eigentlich will.

Ich kann nicht verhehlen, dass ich Benedikt immer faszinierender und tiefgründiger fand. Das hat auch persönliche Gründe: Zum Beispiel habe ich ihn im Sommer 2012 bei einem Privatkonzert in Castel Gandolfo erlebt, und wie er da so in den abendlich leuchtenden Innenhof getrippelt kam, bescheiden und voller Vorfreude auf Beethovens Fünfte, da fand ich ihn nicht nur charismatisch, sondern vor allem sympathisch und liebenswert. Ganz sicher spielt eine Rolle, dass er wie ich in der bayerischen Provinz aufgewachsen ist. Da war immer dieses Gefühl von Verbundenheit, das sich mit Worten schwer vermitteln lässt, es hat mit dem Dialekt zu tun, mit der Art sich zu bewegen, eben nicht weltmännisch, eher etwas linkisch, und eigentlich muss ich nur an die Geschichten meines Großvaters denken, um eine Ahnung davon zu bekommen, wie auch der kleine Joseph Ratzinger aus Marktl am Inn vor hundert Jahren aufgewachsen ist, die tiefsitzende Ablehnung, die viele für ihn empfinden, kann ich jedenfalls nicht nachvollziehen.

Trotzdem möchte ich Franziskus nicht schlechtreden. Erstens steht es mir nicht zu – was weiß ich von den Zwängen eines Papstes? –, zweitens ahne ich, wie kompliziert, ja unmöglich es ist, innerhalb einer zerrissenen Weltkirche mit Gläubigen in Wolkenkratzern und Lehmhütten sämtlichen Lagern gerecht zu werden. Im Moment versucht Franziskus die Kirche zu erneuern, ohne sie zu spalten, und setzt mit jeder weiteren Liberalisierung ihre Einheit aufs Spiel – der Mann ist wirklich nicht zu beneiden. Umso mehr gilt: Um das Glaubens- und Kirchenverständnis eines Papstes nachvollziehen zu können, sollte man sich damit auseinandersetzen, statt Halbwissen und Vorurteile zu verbreiten. Einem Kirchenoberhaupt die Eignung abzusprechen, weil es unbequeme Kritik äußert oder nicht in seine Zeit zu passen scheint, reicht jedenfalls nicht, um die Lebensleistung eines Papstes zu beurteilen, der, nebenbei bemerkt, keine Beliebtheitswettbewerbe gewinnen, sondern eine zweitausendjährige Kirche durch die Stürme der Zeit führen soll.

+++

Ein paar Wochen nachdem mein Essay »Unter Heiden« im *SZ-Magazin* erschienen war, klingelte mein Telefon, und mein Chef war dran: Er würde gern eine Replik auf meinen Text schreiben. Arbeitstitel: »Unter Christen«. Der Chefredaktion seien die vielen Reaktionen auf meinen Essay nicht entgangen, außerdem sei ihm die Sache ein persönliches Anliegen, ihm gehe es nämlich genau umgekehrt: Er habe schon als Junge schlechte Erfahrungen mit der Kirche gemacht und empfinde die deutsche Gesellschaft ganz und gar nicht als gottlos, sondern im Gegenteil, immer noch als viel zu christlich, als Atheist fühle er sich jedenfalls oft ausgeschlossen. »Wäre das okay für dich?«, fragte er. »Klar!«, antwortete ich. »Du kannst schreiben, was du willst.« In Wahrheit war ich nicht nur einverstanden, sondern neugierig, weil »zu christlich«, darunter konnte ich mir nun wirklich gar nichts vorstellen. Was konnte er meinen? Dass man gelegentlich Kirchenglocken hört?

Der Essay erschien einige Wochen später, der Arbeitstitel war geblieben: »Unter Christen«. Auch was die niederschmetternden Erfahrungen betraf, hatte mein Chef nicht übertrieben: Gleich in den ersten Absätzen beschrieb er, wie er als ungetaufter Junge einer katholischen Mutter und eines evangelischen Vaters keinen Platz im katholischen Kindergarten bekam. Wie er in der Schule nicht am Religionsunterricht teilnehmen durfte, obwohl er das gern getan hätte. Wie er von seinen Mitschülern abwechselnd »Nichts« oder »Heide« gerufen wurde, weil er als ungetaufter Junge doch gar keinen richtigen Namen haben könne. Wie ihn eine Klassenkameradin mitleidig ansah und meinte: »Du tust mir leid. Du kommst sicher in die Hölle. Da ist es schrecklich.« Wie er mit acht Jahren seine Eltern anflehte, endlich auch getauft zu werden, aber der Pfarrer etwas dagegen hatte, nachdem er auf die Frage »Glaubst du an Gott?« mit der Gegenfrage »Gibt es ihn denn?« geantwortet habe, woraufhin der Pfarrer abgewunken habe, so werde das nichts, er solle wiederkommen, wenn er sich über seinen Glauben klar geworden sei. Danach sei sein Wunsch nach Zugehörigkeit erst einem Gefühl der Enttäuschung, dann der Bitterkeit, dann der Ratlosigkeit, dann der Gleichgültigkeit gewichen.

Keine Frage, der Einstieg war berührend. Ich empfand nicht nur Mitleid für den Jungen, sondern auch Scham für die katholische Kirche, die sich wieder einmal genauso präsentiert hatte, wie sie in den Augen ihrer Kritiker wirklich ist: bigott, dogmatisch, engherzig. Andererseits: Das Ganze war ein Einzelschicksal. Er hatte Pech gehabt, war an die Falschen geraten. Das konnte einem auch mit einem Polizisten oder Bademeister passieren. Sollte man deswegen die Polizei abschaffen oder nicht mehr ins Freibad gehen? Gespannt las ich weiter, denn die ersten Absätze hatten Wirkung hinterlassen, aber entscheidend war der Rest: Welche Argumente gegen das Christentum würde er anführen? Würde er sich auf den Missbrauchsskandal stürzen? Wenn ja, wie differenziert? Und würde er nur die Kirche kritisieren oder auch Gott leugnen?

Es folgten mehrere Argumente, warum das Christentum in unserem Land bis heute allgegenwärtig sei: Religionsunterricht sei an Schulen immer noch obligatorisch. Kirchenvertreter säßen in sozialrelevanten Gremien. Die Kirche bekomme gebührenfinanzierte Sendezeit im öffentlich-rechtlichen Fernsehen. In Amtsstuben, Klassenzimmern und an öffentlichen Wegen hingen immer noch Kreuze. Nein, von einer Unterdrückung des christlichen Glaubens könne keine Rede sein, im Gegenteil, so sehe die vollständige Prägung einer Gesellschaft aus, der man als Nichtgläubiger nicht entkommen könne. Wer sich unter diesen Umständen zur leidenden Randgruppe stilisiere (wie der Kollege Tobias Haberl), wirke auf ihn wie Dudley Dursley, der wohlbehütete Cousin von Harry Potter, der sich

an seinem elften Geburtstag darüber ärgert, dass er nur sechs-
unddreißig Geschenke bekommt, statt wie im Vorjahr sieben-
unddreißig.

Das Ganze gipfelte in einer Reihe von Argumenten gegen
die Kirche: ihr Versagen im Missbrauchsskandal, die in ihrem
Namen begangenen Verbrechen, die moderne Wissenschaft,
die jede Form von Aberglauben überflüssig mache, ihre Rück-
ständigkeit in Bezug auf Diversität und Geschlechtergerechtigkeit. Zu den großen Fragen ihrer selbst – der Ökumene, der
Rolle von Frauen und queeren Menschen, ihrem Standpunkt
zu Homosexualität, den eigenen patriarchalen Strukturen, der
Ansprache junger Menschen, der eigenen Fehlbarkeit – habe sie
keine zeitgemäßen Antworten, sondern nur »kraftlos leiernde
Bekenntnisse« zu bieten: »Wir brauchen Wege, unsere Schuld
aufrichtig zu bekennen«, »Wir brauchen Wege, in denen wir
Geschlechtergerechtigkeit verwirklichen«, »Wir brauchen
überzeugendere Antworten, wie wir in diesen Situationen das
Evangelium neu entdecken und verkünden können.«

Lauter Argumente, die ich tausendmal gehört hatte, fast
immer von Leuten, die unsere Zeit richtig und die Kirche falsch
finden, aber nie darüber nachgedacht haben, ob es nicht auch
(teilweise) umgekehrt sein könnte, dass sich viele Menschen
vor allem deswegen an kirchlichen Positionen stören, weil sie
ihrem Hang zur Selbstsucht und totalen Machbarkeit im Wege
stehen, und dass die Botschaft des Evangeliums gerade deshalb
so wertvoll ist, weil sie der Welterfahrung an entscheidenden
Punkten widerspricht. Irgendwann wurde mir klar, was mir in
dem ansonsten fabelhaften Text fehlte, nämlich der Gedanke,
dass es im Glauben schon auch um die Kirche, aber vor allem
um Gott gehen könnte. Dass man sich als gläubiger Mensch

von einem, der unendlich weise und gütig und liebenswert ist, gehalten fühlen, und, egal wie aussichtslos die Dinge scheinen, immer Hoffnung haben darf. Mein Chef hatte ein Plädoyer gegen die Kirche geschrieben, vom Schreibtisch aus, ohne den Versuch zu unternehmen, dem Göttlichen zu begegnen. Auf das Wagnis, dass es Gott wirklich geben könnte, hatte er sich nicht eingelassen.

In den folgenden Tagen dachte ich darüber nach, warum so viele Menschen meiner Religion skeptisch gegenüberstehen, ohne sie richtig zu kennen. Es muss damit zu tun haben, dass sie sie nur noch über Signalwörter aus den Medien wahrnehmen: Missbrauch, Zölibat, Frauenpriestertum, Synodaler Weg. Ich nehme ihnen das nicht übel, weil man, wenn man sich nicht gerade aktiv darum bemüht, mit ihren wesentlichen Aspekten nicht mehr in Berührung kommt. Ginge ich nicht regelmäßig in die Messe, ich vergäße auch, dass es im Christentum nicht um Sozialpolitik, sondern um das ewige Leben geht. Das Entscheidende kommt nur noch selten zur Sprache: die Aufforderung, anders zu leben, die Hoffnung auf eine gerechtere Welt im Jenseits, die Fähigkeit, im Chaos der Gegenwart die Vorboten eines neuen Zeitalters zu erkennen.[23]

Seitdem Religion von der öffentlichen in die private Sphäre verdrängt worden ist, wird man mit so etwas wie gelebtem Glauben kaum noch konfrontiert, und wenn doch, reagieren viele perplex: Ein Mönch bei McDonald's oder eine Nonne in der U-Bahn, das reicht heute schon, um Verwirrung oder Heiterkeit auszulösen. Vor Kurzem erzählte mir ein Freund von der Taufe seiner Nichte: So etwas Krasses habe er lange nicht mehr erlebt, wie auf einem anderen Planeten sei er sich vorgekommen. Nach zwanzig Jahren ohne Gottesdienst hatte er verdrängt, wie peinlich er erwachsene Menschen findet, die auf Knien eine in die Luft gehaltene Oblate anbeten.

Diese Menschen können nichts für ihre verkümmerte Wahrnehmung, weil über Religion, wenn überhaupt, nur noch aus politischer Perspektive gesprochen wird, als ginge es um Philanthropie oder Menschenrechte, als sei Gott ein Platzhalter für moralisches Handeln. Die Kirche wird nicht mehr als geistliche Kraft, sondern nur noch als problematische Protestpartei wahrgenommen. Auch in Talkshows findet das Thema Religion praktisch nicht mehr statt. Das heißt nicht, dass Maybrit Illner ihre Quote mit einer Eschatologie-Debatte in den Keller schicken soll, aber muss in fünf verschiedenen Formaten wirklich fünfmal hintereinander über den Dauerstreit der Ampel-Koalition diskutiert werden? Wäre eine Debatte über die Rolle des Glaubens in einer modernen Demokratie nicht genauso interessant, ja vielleicht sogar relevanter?

Die meisten Medien haben beschlossen, die metaphysische Seite des Glaubens zu ignorieren. Man kann heute hundert Jahre alt werden, ohne ein einziges Mal von ihr gestreift zu werden. Nur zweimal im Jahr, an Ostern und Weihnachten, wird ein (meist älteres) Redaktionsmitglied gebeten, es möge einen religiös angehauchten Leitartikel verfassen, eine Mischung aus Gesellschaftskritik und spiritueller Erbauung, »im Grunde dasselbe wie im letzten Jahr, nur ein bisschen anders, das hat doch wunderbar funktioniert«. Abgesehen davon geht es fast nur noch um Fragen der politischen Korrektheit: Gehört der Weihnachtsbaum zu Weihnachten oder zur Leitkultur? Darf Melchior von den Heiligen Drei Königen sein Gesicht schwarz anmalen? Müssen Weihnachtslieder zurechtgebürstet werden, um von Andersgläubigen nicht als anstößig empfunden zu werden? Muss das Jesuskind in der Krippe unbedingt ein Junge sein, wo es doch vor allem darum geht, dass Gott Mensch und nicht Mann geworden ist?

Seit einiger Zeit wollen mir Leute weismachen, dass Gott eine »Frau«, »queer« oder »garantiert nicht weiß« ist. Und obwohl ich versuche, ihre Argumente nachzuvollziehen, weiß ich nie, ob ich weinen oder lachen soll, weil ich die Idee, dass Gott ein Geschlecht, eine Hautfarbe oder sexuelle Vorlieben haben könnte, fast schon wieder rührend finde. Was stimmt: In der Bibel wird Gott als Mann gedacht und als Vater angesprochen, trotzdem lässt er sich nicht definieren. Gott sprengt die menschliche Vorstellungskraft. Er ist nicht so, wie wir ihn uns wünschen oder vorstellen, wohnt in unzugänglichem Licht, bleibt Geheimnis, ist »nah«, aber »schwer zu fassen«, wie es bei Hölderlin heißt. Man kann davon ausgehen, dass immer, wenn man meint, ihn begriffen zu haben, ein Missverständnis oder eine Verwechslung vorliegt. Denn wer oder was ist Gott? Ein Mann? Eine Frau? Ein Kind? Ein Wesen? Eine Energie? Ein Prinzip? Oder alles auf einmal?

Ich gestehe, ich habe mir Gott auch schon als alten Mann mit einem langen weißen Bart vorgestellt – aber damals war ich zehn. Danach habe ich begriffen, dass es zwecklos ist, sich einen Wunschgott zu basteln, weil sich Gott weder in Anspruch nehmen noch einer politischen Agenda unterordnen lässt. Er ist, die Definition stammt vom Theologen Karl Barth, »der ganz Andere«, der sich nicht zur Projektionsfläche unserer Sehnsüchte machen lässt. Sicher lassen sich mit einem weiblichen, schwulen oder schwarzen Gott wertvolle Likes im Kulturkampf einheimsen, aber für ein gottesfürchtiges Leben spielen solche Gottesbilder keine Rolle. Was passiert, wenn Menschen trotzdem versuchen, sich eine konkrete Vorstellung von Gott zu machen, zeigt eine Parabel des griechischen Schriftstellers Nikos Kazantzakis:

»Es war einmal ein kleines Dorf in der Wüste. Alle Einwohner dieses Dorfes waren blind. Eines Tages kam dort ein großer König mit seinem Heer vorbei. Er ritt auf einem gewaltigen Elefanten. Die Blinden hatten viel von Elefanten erzählen hören und sie wurden von einer heftigen Lust befallen, heranzutreten und den Elefanten des Königs berühren zu dürfen, um eine Vorstellung zu bekommen, was das für ein Ding sei. Einige von ihnen traten vor und baten um Erlaubnis, den Elefanten betasten zu dürfen. Der eine packte ihn am Rüssel, der andere am Fuß, ein dritter an der Flanke, einer packte das Ohr und ein anderer wiederum durfte einen Ritt auf dem Rücken des Elefanten unternehmen. Als alle nach Hause zurückgekehrt waren, wurden sie von den anderen Dorfbewohnern gefragt, was denn das ungeheuerliche Tier Elefant für ein Wesen sei. Der erste sagte: Es ist ein großer Schlauch, der sich hebt und senkt. Der zweite sagte: Es ist eine mit Haut und Haaren bekleidete Säule. Der dritte sagte: Es ist wie eine Festungsmauer und hat auch Haut und Haare. Der, der ihn am Ohr gepackt hatte, sagte: Es ist ein dicker Teppich, der sich bewegt, wenn man ihn anfasst. Und der letzte, der auf dem Elefanten geritten war, sagte: Was redet ihr für Unsinn? Es ist ein gewaltiger Berg, der sich bewegt.«[24]

+++

Natürlich ist die Kirche *auch* ein politischer Akteur, der eine Agenda verfolgt, sich an gesellschaftlichen Debatten beteiligt, um Macht und Einfluss und Geld ringt. Trotzdem sollte es ihr nicht in erster Linie um Lösungen für gesellschaftliche Schwierigkeiten, sondern vor allem darum gehen, so viele Menschen wie möglich in die Gegenwart Gottes zu führen. Natürlich soll sich die Kirche für Menschenrechte einsetzen und Missstände anprangern. Natürlich soll sie sich zu Gleichberechtigung, Demokratie und Klimawandel äußern. Natürlich dürfen sich Bischöfe vor Landtagswahlen gegen »völkischen Nationalismus« aussprechen. Aber: Die Verkündigung des Evangeliums, die Aufforderung zur Umkehr und die Hoffnung auf das ewige Leben sollten nicht unter den Altartisch fallen. Eine Kirche, die den Himmel vernachlässigt, um nicht als Störfaktor wahrgenommen zu werden, vergisst das Entscheidende. »Bischöfe sollten sich um die Seelen der Gläubigen kümmern und um das Kreuz Christi, nicht vorrangig um das Kreuz in der Wahlkabine«, schreibt der Publizist Alexander Kissler.[25]

Die Kirche ist ihrer Natur nach bewahrend, anders ist sie nicht denkbar. Viele ihrer Positionen klingen für fortschrittliche Ohren überholt oder sogar grotesk. Zur Wahrheit gehört aber auch, dass sie, anders als ihre Kritiker meinen, niemanden von der Freiheit abhalten will, ja dass es ihr gar nicht um Vergangenes, sondern allein um Künftiges, nämlich die zu erwartende Herrschaft Gottes geht. »Dein Reich komme«, heißt es im *Vaterunser*. Und ja, ich leiere den Satz auch oft achtlos herunter, aber man sollte nicht vergessen, dass er die skandalöse Hoffnung enthält, dass die Gottesherrschaft, die vor 2024 Jahren mit der Geburt eines ohnmächtigen Kindes in einem Stall in Betlehem begonnen hat, ihrer Vollendung zustrebt. Wer das nicht anerkennen kann, wer nicht wahrhaben will, dass es im christlichen Glauben nicht um Sozial- oder Identitätspolitik, sondern um die grundsätzliche Heilung der Welt geht, kann ihn nur missverstehen.

Harsche Worte? Gewiss. Aber man muss sie so deutlich sagen, wenn der fortschrittliche Mensch die Kirche nur noch als aus der Zeit gefallene Institution wahrnimmt, die ihm seine Freiheit rauben möchte. In der Kirche drehe sich immer alles um Schuld, klagt er. Permanent würden einem ein schlechtes Gewissen eingeredet, ständig solle man irgendwas bereuen oder garantiert nicht mehr tun, meistens Dinge, die großen Spaß gemacht haben. Diese Einschränkungen möchte er nicht länger akzeptieren, lieber möchte er alles niederreißen und neu denken. Statt sich den Gesetzen einer zweitausend Jahre alten Religion zu unterwerfen, verweist er auf die Errungenschaften der Moderne, die Aufklärung, den Fortschritt, die Wissenschaft, die längst daran arbeitet, dass der Mensch eines Tages – ganz ohne göttliche Hilfe – ewig leben kann.

Das Christentum empfindet er als Beleidigung für den Verstand, als barbarisches System, das gegen die Freiheit und den Fortschritt arbeitet. Und ja, ich lebe auch gern im 21. Jahrhundert und möchte auf viele Errungenschaften nicht verzichten. Aber eines muss auch gesagt werden: Die Sehnsucht des modernen Menschen, endlich frei zu werden, geht nicht auf. Die Welt wird nicht besser, wenn sich immer mehr Menschen von Gott verabschieden. Im Gegenteil: Überall, wo der Glaube nicht ist, scheint ein Kult der Angst zu herrschen, den wir Zivilisation nennen. Der amerikanische Soziologe Jeremy Rifkin sagt: »Die ganze Welt strampelt sich ab, um nur ja nicht die Revolution des Informationszeitalters zu verpassen. Aber könnte es sein, dass die Informations- und Telekommunikationsrevolution das menschliche Leben in einem so bedrohlichen Maß beschleunigt, dass wir Gefahr laufen, unserer Gesellschaft und uns selbst schweren Schaden zuzufügen? Könnte es sein, dass gerade die technologischen Wunderwerke, die eigentlich ein Mehr an Freiheit bringen sollten, dabei sind, uns zu versklaven und in einem Netz sich immer mehr beschleunigender Verbindungen zu fangen, aus dem es kein Entrinnen gibt?«[26] Der moderne Mensch möchte selbst in die Hand nehmen, was er sich einst von Gott erhofft hat. Er möchte seine Rast- und Maßlosigkeit ungehindert ausagieren. Er möchte tun, was er will, wann er will, so oft er will. Längst ist er süchtig nach digitalen Tools, aber das machts nichts, denn die anderen sind es auch. Ein pathologisches Suchtverhalten, das vor zwanzig Jahren als Zwangsneurose therapiert worden wäre, ist gesellschaftlich akzeptierte Normalität geworden. Seltsam nur, wie er sich in einem derart gequälten Zustand als frei empfinden kann. Merkt er nicht, dass er Freiheit mit Zügellosigkeit verwechselt? Dass er alte Autoritäten abschüttelt, um sich neuen zu unterwerfen? Dass er sich von Gottes Geboten eingeschränkt fühlt, aber viel perfideren Zwängen lustvoll hingibt? Dass die permanente Steigerung seiner Bedürfnisse immer in Enttäuschung und nie in Erfüllung mündet? Dass er sich von zweifelhaften Tech-Unternehmen in intimste Bereiche seiner Existenz hineinregieren lässt? Dass er sich immer wieder neu erfindet, aber nirgendwo ankommt, wo es schön ist, ja dass seine vielgepriesene Freiheit oft nur darin besteht, seine Abhängigkeiten permanent zu wechseln?

Freiheit ist eine grandiose Sache, ich finde aber schon, dass man eine Ahnung davon haben sollte, was man mit ihr anstellen möchte. Ein Mensch, der immer nur tut, was er will, kann nicht frei sein, weil er immer *etwas* tun muss, um sich frei zu fühlen. »Wenn Gott tot ist, dann ist alles verboten«, schrieb der Psychoanalytiker Jacques Lacan. Das bedeutet: Je mehr man sich selbst als Atheisten wahrnimmt, desto stärker wird das eigene Unbewusste von Verboten beherrscht, die das Genießen sabotieren. Anstatt Freiheit zu bringen, führt der Sturz der Unterdrückungsinstanz zu neuen und strengeren Verboten.[27]

Anders der Glaube: Er schränkt die Freiheit nicht ein, sondern macht sie erst möglich, freilich eine andere Form von Freiheit als die, zwischen hundert verschiedenen Handyverträgen wählen zu können. Eine Freiheit in der Form innerer Fülle, die nicht gefunden werden muss, weil sie immer schon da ist. Eine Freiheit, die nicht überfordert, weil sie die Gier nach dem Immer-mehr überflüssig macht. Eine Freiheit, die einen erkennen lässt, dass alles, was geschieht, gut und richtig ist (auch wenn man es oft erst später versteht). »Was ich tue, verstehst du jetzt nicht; doch später wirst du es begreifen«, sagt Jesus zu Petrus, bevor er ihm am Abend vor seinem Tod die Füße wäscht. Diese Freiheit lässt sich nicht kaufen, man bekommt sie geschenkt, trotzdem ist sie nicht umsonst: Wer erfahren möchte, wie man zu sich selbst kommt, indem man von sich weggeht, muss zu einer radikalen »Kehre« der Existenz (Martin Heidegger) bereit sein, weil sich für den Gläubigen nicht nur die eigenen Prioritäten verschieben, sondern auch das Verhältnis zu anderen Menschen, zur Arbeit, zur Zeit und zum Tod.[28]

Wie sieht diese Kehre aus? Als Jesus den Zöllner Matthäus erblickt, sagt er nur einen einzigen Satz: »Folge mir nach!« Er stellt sich nicht vor und erklärt auch nicht, warum Matthäus ihm nachfolgen soll. Eine Zumutung? Absolut! Schließlich handelt es sich um keinen Vorschlag, sondern um eine Aufforderung, einen Befehl. Matthäus dürfte sich ordentlich überrumpelt gefühlt haben: Meint dieser Fremde wirklich ihn, den ungeliebten Steuereintreiber, mit dem die meisten nichts zu tun haben wollen? Und wenn ja, warum sollte er ihm folgen? Was ist das Ziel der Gefolgschaft? Gibt es überhaupt eines? Matthäus hat keine Ahnung, worauf er sich einlässt, er ist diesem sonderbaren Mann nie zuvor begegnet, trotzdem steht er auf und folgt ihm. Indem er gegen jede Wahrscheinlichkeit vertraut, führt er vor, was glauben bedeutet, nämlich das Leben, das man geführt hat, zurückzulassen, um sich auf ein neues einzulassen, das man noch nicht kennt. Caravaggio hat die Szene um 1600 gemalt: *Die Berufung des Hl. Matthäus* hängt in der Kirche San Luigi die Francesi in Rom, ein epochales Hell-Dunkel-Gemälde, das den Einbruch des Göttlichen in die banale Wirklichkeit zeigt – aus einem Menschen wird ein Heiliger.

Jesus fordert nichts Unmögliches, aber ohne Risiko geht es nicht, es wäre auch witzlos. Wer das ewige Leben geschenkt bekommen will, muss das Wagnis, am Ende mit leeren Händen dazustehen, schon eingehen. »Lass es nur zu«, sagt Jesus zu Johannes dem Täufer, als der sich aus Bescheidenheit zunächst weigert, den Gottessohn zu berühren, um ihn zu taufen; es sind die ersten Worte Jesu im Matthäus-Evangelium. Heute würde man sagen: Entspann dich! Vertrau mir! Es kann nichts passieren! Umgekehrt gilt: Wer Gott halbherzig oder aus sicherer Distanz begegnen will, kann ihn nur verpassen. Eine Wahrheit lässt sich nicht scheibchenweise erfahren. Sie schlägt ein wie ein Blitz, erschüttert die gesamte Existenz, danach ist nichts mehr, wie es vorher war. Wer glaubt, wird ein neuer Mensch.

»Vielleicht ist Glaube etwas, das dich einfach trifft«, schreibt Peter Seewald. »Wie eine schöne und nicht allzu harte Welle, die aus dem Meer auf dich zukommt. Und du überlegst nicht lange, denn du siehst, dass du nur den richtigen Augenblick erwischen musst, und dann kannst du dich von dieser Welle ein gutes Stück weit tragen lassen. Du hast die Welle nicht gefragt, und sie hat dich nicht auch nicht gefragt. Sie hat dich einfach mitgenommen.«[29]

Aus diesem Grund, schreibt Ratzinger, sei der Glaube auch nicht vorzeigbar. Als grundsätzliche Wende kann er nur von denjenigen empfangen werden, die sich tatsächlich wenden (und am Vorzeigen kein Interesse mehr haben). Die Schwelle zum Unbekannten muss überschritten werden, und ja, der Übergang kann anstrengend oder sogar erschütternd sein, aber dahinter wartet etwas Schönes und Tröstliches. Und vieles, was die Welt in Atem hält, verliert seinen Schrecken und erscheint auf einmal unwichtig oder albern, je entschlossener man Jesus nachfolgt. Irgendwann kann man sich kaum noch an die hysterischen Debatten erinnern, die einen früher so aufgewühlt haben.

Es klingt fast zu simpel, aber man muss anfangen zu glauben, um irgendwann glauben zu können. Glaube kann nicht erarbeitet, sondern immer nur empfangen werden. Genauso wenig wie man tanzt, um irgendwohin zu gelangen, glaubt man, um ein Ergebnis zu erzielen.[30] Eine Leistung ist nicht erforderlich, falscher Ehrgeiz wäre sogar hinderlich, Gott interessiert sich nicht für Zensuren oder Zeugnisse. Der Glaube ist keine Belohnung. Man wird von Gott nicht geliebt, *weil* man etwas Besonderes, sondern *obwohl* man nichts Besonderes ist. Anders als im Job oder in den sozialen Medien kommt nicht der Lauteste, Raffinierteste oder Skrupelloseste ans Ziel, sondern wer bereit ist, mit vollem Herzen in das Experiment einzutreten. »Nur indem man eintritt, erfährt man, nur indem man das Experiment mitmacht, fragt man überhaupt, und nur wer fragt, erhält Antwort.«[31]

Es ist das, was mich am christlichen Glauben fasziniert: dass er kompliziert und einfach zugleich ist. Dass man nicht nachdenken, sondern zuhören, nicht argumentieren, sondern vertrauen muss. Dass man sich ein Leben lang mit ihm beschäftigen und Gott doch verfehlen kann. Dass man sich von seiner Lebenskonstruktion lösen muss, um ein Gefäß zu werden, das so leer ist, dass Gott darin wohnen kann.[32] Das ist ja das Wunder des Glaubens: dass man sich freiwillig gefangen gibt, um in der Gewissheit, von Gott gehalten zu sein, vollends frei zu werden.[33]

Eine katholische Kindheit (II)

Ich bin im Bayerischen Wald groß geworden, Siebziger-, Acht-
zigerjahre, eine abgeschiedene, bäuerliche Gegend, im Osten
standen Wachtürme und Soldaten mit Maschinengewehren,
der Eiserne Vorhang, das Ende der freien Welt. Die Kleinstadt,
in der ich meine Kindheit verbrachte, ist fast 1200 Jahre alt, darauf war ich immer ein bisschen stolz, es gibt ein Freibad, eine
Tankstelle und ein Kino, in dem seit Jahren keine Filme mehr
laufen, weil es sich nicht mehr rentiert. Von meinem Kinderzimmer aus konnte ich die evangelische Kirche sehen, die aus-
sieht, als hätte jemand eine gigantische Senftube über ihr ausgedrückt, aber im Vergleich zur katholischen immerhin an ein
Gebäude erinnert, das zum Beten gedacht ist. Mein Gott, was
habe ich gelitten, dass ausgerechnet »meine« Kirche so spektakulär hässlich war.

Die katholische Stadtpfarrkirche Sankt Pankratius ist ein
schmuckloser Bau aus den Fünfzigerjahren, achteckiger
Grundriss, ziegelgedecktes Satteldach, spitzwinklige Fenster, die mich in ihrer Otto-Dix-haften Schrillheit ganz nervös
machten. Den Barockturm der Vorgängerkirche gibt es noch,
ein imposanter Obelisk samt Zwiebelhaube, leider sieht man
ihn nur von außen, wer in der Kirche sitzt, hat nichts von ihm.

Erst kürzlich habe ich erfahren, dass der Architekt, ein gewisser Friedrich Ferdinand Haindl, mit seinem Entwurf ein überdimensionales Zeltdach nachahmen wollte, unter dem sich die Gemeinschaft der Gläubigen versammeln kann. Hübsche Idee, hat nur leider nicht funktioniert. Ich kam mir in jeder Messe vor, als säße ich beim Zahnarzt, der Raum zu weiß, das Licht zu grell, die Atmosphäre klinisch. Wer um jeden Preis verhindern will, dass sich Menschen in einer Kirche wohlfühlen, sollte sie exakt so bauen.

Ausgerechnet in dieser Umgebung versuchte ich Woche für Woche, religiöse Gefühle zu entwickeln, was mir immer nur für ein paar Sekunden gelang, wenn ich meinen Blick auf den einzigen Gegenstand heftete, der mir verehrungswürdig erschien: eine gotische Marienstatue aus dem 14. Jahrhundert samt Krone und Jesuskind auf dem Arm, die in der weißen Halle etwas verloren herumstand. Schon damals begann ich zu tricksen, um so etwas wie einen heiligen Schauder zu erhaschen. Ich habe nicht nur, aber auch einen ästhetischen Zugang zum Glauben, ja eigentlich zum ganzen Leben, und kann nicht genug bekommen von alten abgegriffenen Gegenständen, ein ledergebundenes Buch, eine mechanische Armbanduhr, ein verwittertes Gartentor. Es ist tatsächlich so, dass ich, wenn ich niedergeschlagen bin, in Antiquitätengeschäfte gehe, um mir Biedermeierschränkchen, österreichische Silbertaler oder japanische Holzschnitte anzuschauen. Es ist, als würde mich die Erfahrung von gesammelter Zeit mit Zuversicht und Lebenslust fluten, danach geht es mir jedenfalls besser.

Auch dafür schätze ich den christlichen Glauben: dass in ihm so viel Schönheit steckt. Manchmal drücke ich die gusseiserne Klinke einer Kirchenpforte nach unten und spüre für einen

Augenblick, wie alles mit allem zusammenhängt, die Vergangenheit und die Zukunft, die Freude und der Schmerz, das Leben und der Tod. Ach, ich leide schrecklich darunter, dass so vieles, was man früher anschauen und anfassen konnte, nur noch als verborgener Datensatz existiert, der sich in immer kleiner werdenden Geräten versteckt. Es ist, als würden die Gegenstände ihren Charakter einbüßen, als würden sie aufhören, Geschichten zu erzählen.

Dafür erfasst mich eine namenlose Erregung, sobald ich mich einer Barockkirche oder gotischen Kathedrale auch nur nähere. Ein unwiderstehlicher Sog zieht mich in den heiligen Raum, in dem ich mich augenblicklich mit allen verbunden fühle, die vor mir versucht haben, gute Christen zu sein. »An sakralen Orten«, schreibt Peter Seewald, »lassen sich besondere Schwingungen wahrnehmen. In den kunstvollen Bauten unserer Gotteshäuser scheinen uns vorhergehende Generationen so etwas wie Rettungsinseln hinterlassen zu haben, um sich in einer Flut von Unrat und Unglauben daran festzuklammern.«[34]

Es gibt für mich wenig Schlimmeres, als am Samstagnachmittag durch eine Fußgängerzone zu laufen. Die Menschen mit ihren Tüten, das Gedränge auf den Rolltreppen, die endlosen Schlangen vor den Vodafone-Filialen. Aber manchmal geht es nicht anders, dann brauche ich eine neue Winterjacke und kämpfe mich durch die Menschenmassen, ohne nach links oder rechts zu schauen, um den Parcours des Wahnsinns so schnell wie möglich hinter mich zu bringen. Hierbei hat es sich bewährt, zwischendurch in eine Kirche zu flüchten, meistens entscheide ich mich für die Asamkirche in der Sendlinger Straße oder St. Peter am Rindermarkt, die älteste erwähnte Pfarrkirche der Stadt aus dem 13. Jahrhundert. Eigentlich ist es nur ein Schritt, raus aus der Welt der Waren, rein in die Sphäre des Heiligen, trotzdem kommt es mir jedes Mal vor, als hätte ich Tausende von Kilometern zurückgelegt. Eben noch war es laut und hektisch, auf einmal herrscht eine ruhige, andachtsvolle Atmosphäre. Im Winter ist es wärmer als draußen, im Sommer angenehm kühl, es riecht nach kaltem Weihrauch und alten Steinen, zwischen denen sich die Zeit selbst konserviert zu haben scheint, als wäre ich durch ein Wurmloch in eine andere Dimension geflogen.

Drinnen zieht es mich nach vorne zum Altar, zwischendurch bleibe ich immer wieder stehen, lasse den Blick durch den Kirchenraum wandern, weiß nicht, wo ich zuerst hinschauen soll, so schwindelig wird mir zwischen all den Heiligenfiguren, Marmorsäulen und Deckenfresken. Engel kämpfen mit Schwertern und Lanzen gegen Dämonen, pummelige Putten hängen von Beichtstühlen, lange vergessene Erzbischöfe ruhen in steinernen Sarkophagen. Hier eine sternenbekrönte Madonna, dort ein versilbertes Stuckrelief, ein dramatischer Spitzbogen, eine prächtige Fensterrosette. Ich fühle mich mit Schönheit infiziert, spüre einen heiligen Schauder, ein sanftes Beben.

Welche Menschen mögen vor fünfhundert Jahren hier gesessen sein? Wofür mögen sie gebetet haben? Sind ihre Gebete noch irgendwo? Ruhen sie zwischen den Steinen? Können Gebete überhaupt vergehen? Die Kathedrale von Notre-Dame sei kein Bauwerk, sondern die kalksteinerne Verkörperung des Wortes Gottes, schreibt der französische Schriftsteller Sylvain Tesson. Davon habe ich in der Kirche meiner Kindheit leider nie etwas gespürt, was auch daran lag, dass mir meine Eltern früh die Dome von Wien, Köln und Siena sowie die Wieskirche bei Steingaden gezeigt haben, dass ich also schon in jungen

Jahren eine Vorstellung davon hatte, wie Kirchen auch aussehen können.

Trotzdem erinnere ich mich gut, wie die Menschen jeden Sonntagmorgen aus allen Himmelsrichtungen in die Pfarrkirche strömten. Die einen zu Fuß, die anderen mit dem Auto aus den umliegenden Dörfern – Regenpeilstein, Mitterkreith, Hinterhaunried, Kronwitt. Eine von Glockenläuten untermalte Choreografie der Frömmigkeit, und natürlich waren da auch scheinheilige Heuchler dabei – ein neuer Pelzmantel ließ sich nirgendwo so aufsehenerregend präsentieren wie in der Sonntagsmesse –, aber ich meine, es lag eine Vorfreude, ein ahnungsvolles Flirren in der Luft. Sogar mein bester Freund, der mit Religion nun wirklich nichts am Hut hatte, kam jeden Sonntag um zwei Minuten vor zehn auf den Kirchplatz geradelt, nicht um dem lieben Gott, sondern um meiner Cousine zu huldigen, aber davon rede ich ja, das schönste Mädchen der Stadt saß eben auch in der Kirche.

Eigentlich gingen alle, die ich kannte, am Sonntag in die Kirche. Die Kinder aus den sogenannten »besseren Familien«, die mit dem Schulbus in die Kreisstadt fuhren, um Cicero zu übersetzen, aber auch die Rumtreiber, Sitzenbleiber und Lehrbuben, die schon mit dreizehn Haare an den Beinen hatten und eine Bierflasche mit dem Feuerzeug aufmachen konnten. Ehrlich gesagt: die vor allem. War ich ein begeisterter Kirchgänger? Natürlich nicht. Sang ich die Lieder mit? Um Gottes willen – ich wollte nicht ausgelacht werden. Trotzdem wuchs mir die wiederkehrende Abfolge aus Gebeten und Formeln mit der Zeit ans Herz. Allein zu wissen, wann ich stehen, sitzen oder knien sollte, erfüllte mich mit Stolz und gab mir das Gefühl dazuzugehören. Die Messe übte eine beruhigende Wirkung auf mich aus. Sie war ein Gerüst, an dem ich mich festhalten konnte, eine Struktur, die sich verlässlich anfühlte, und zwar nicht, weil ich über ihren tieferen Sinn nachgedacht hätte, sondern einfach nur dadurch, dass ich anwesend war.

Wenn Menschen heute aus der Messe kommen, ziehen sie ihr Handy aus der Tasche, schalten den Flugmodus aus und wischen auf dem Display herum. Damals stand man vor und nach dem Gottesdienst in Gruppen zusammen, die alten Männer, die jungen Frauen, die Fußballer, die Handwerker, die Teenager, dazwischen spielten die Kinder Fangen. Man bildete einen Kreis und steckte die Köpfe zusammen, diskutierte, plauderte, tuschelte, aber anders als heute nicht über die, die in der Kirche gewesen waren, sondern über die, die es wieder mal nicht geschafft hatten, weil sie in der Dorfdisco oder im Vereinsheim hängengeblieben waren. Innerhalb weniger Jahrzehnte haben sich die Dinge in ihr Gegenteil verkehrt: War man als Kirchgänger früher die Norm, ist man heute ein Rebell.

Danach zog man weiter in eines der umliegenden Bauernwirtshäuser, wo sich unter Hirschgeweihen dieselben Menschen wie zuvor in der Kirche gegenübersaßen, auf dem Teller Jägerschnitzel mit Dosenpilzen und quietschenden Bohnen, als Nachspeise gemischtes Eis mit Sprühsahne. Da wie dort hatte sich im Laufe der Jahre eine Ordnung herausgebildet: im Zentrum der Stammtisch mit der Messingglocke, in den Ecken die fluchenden Kartenspieler mit den bunten Münzschälchen, dazwischen die Familien samt Großeltern, nicht selten fehlte dem Opa ein Bein. Erst in die Messe, dann ins Wirtshaus – die Kombination fand ich immer schlüssig. Da wie dort kann man sich eine Weile aufhalten und danach gestärkt in den Alltag zurückkehren. Bis heute packt mich ein Gefühl von Sinnhaftigkeit, sobald ich neben einer Kloster- oder Wallfahrtskirche einen Biergarten entdecke, dann bete ich zehn Minuten und setze mich danach eine Stunde in den Halbschatten. Ist das katholisch? Keine Ahnung. Aber wie nach einer Wanderung schmeckt das Essen nach einer Messe intensiver. Die Aromen lassen sich präziser zergliedern, als hätte die feierliche Andacht die Sinne geschärft.

Es war diese dörfliche Gemeinschaft, in der ich mich aufgehoben fühlte, gehalten von einer Dramaturgie, die sich über Jahrhunderte geformt und bewährt hatte: die Sonn- und Feiertage, die Prozessionen, die Weihnachts- und Osterfeste, die Begräbnisse und Leichenfeiern. An Festtagen waren die Straßen geschmückt, es roch nach Bratwürsten, irgendwo spielte Blasmusik, manchmal gab es eine Schiffschaukel. Und ja, die Sonntage waren oft gespenstisch still, ohne Netflix und WhatsApp, doch in den zähen Stunden lag ein verborgener Zauber, eine süße Traurigkeit, nach der ich mich längst zurücksehne, weil es sie nicht mehr gibt. Ich schaute Filme mit Peter Alexander oder ging mit den Großeltern Entenfüttern am Fluss, und während mir mein Alltag heute oft zerrissen und zerhackt erscheint, fühlte ich mich damals eingebettet in einen Kreislauf, in dem alles seinen Platz und seine Zeit hat.

Von heute aus betrachtet mag meine Kindheit muffig oder hinterwäldlerisch anmuten – ich kann selbst kaum glauben, dass ich mal so gelebt habe –, aber in Wahrheit war sie vor allem frei und unbekümmert, da waren kein Druck, keine Angst, keine finsteren Gedanken. Mein Leben hatte Sinn und Rhythmus, einen Sockel und ein Dach, und wenn wir an Allerheiligen am Grab der Großeltern standen, mein Vater im bodenlangen Mantel und ich fröstelnd im Nieselregen, wünschte ich mich innerlich weg, aber spürte zugleich, dass es wichtig war, genau jetzt hier zu stehen und daran erinnert zu werden, woher ich komme und wohin ich gehe, dass also auch ich: Staub bin. Dieser Rhythmus hielt lange an. Es hat eine Weile gedauert, bis meine Kinderwelt erste Risse bekam. Aber irgendwann hörte auch ich auf, mit meinen Eltern *Wetten dass...?* zu schauen, und gab einer diffusen Sehnsucht nach, von der ich lange nicht wusste, wie ich sie deuten und womit ich sie stillen konnte. Weil es alle so machten und mir nichts Besseres einfiel, versuchte ich es mit viel Bier, lauter Musik und hilflosen Versuchen, ein Mädchen zu küssen. Es sind die Jahre, in denen ich mit dröhnendem Kopf neben einem Plastikeimer aufwachte, den meine Mutter »vorsichtshalber« neben das Bett gestellt hatte. Trotzdem schlüpfte ich fast immer in meine verrauchten Klamotten, wankte mit einem modrigen Geschmack im Mund in die Kirche und war jedes Mal verblüfft, wie ich mich anfangs kaum auf den Beinen halten konnte, aber als das Evangelium erstmal überstanden war, von irgendwoher eine Zuversicht in meinen Körper strömte, sodass ich mich nach der Predigt schon frischer und nach der Kommunion regelrecht beschwingt fühlte. Ich muss damals schon geahnt haben, wovon ich heute überzeugt bin: dass Selbstüberwindung der Anfang von etwas Strahlendem sein kann.

+++

In den Jahren danach habe ich Gott oft vernachlässigt, aber nie vergessen. Mal zweifelte ich an der Kirche, dann wieder an Gott selbst. Mal erschien mir Nietzsches These vom Christen als schwachem Herdentier plausibel, dann wieder faszinierten mich fragwürdige Bands aus Skandinavien mit umgedrehten Kreuzen auf den Plattencovern. Ich las Novalis, Eichendorff und Hölderlin, verstand vieles falsch und manches gar nicht, aber fühlte mich von Mühlrädern und Mondlandschaften so angezogen, dass ich am liebsten selbst losgezogen wäre, um die Blaue Blume zu finden. Die Loslösung von den Eltern bedeutete auch eine Distanzierung vom Glauben, und obwohl ich während meiner Studienzeit in England keine einzige Messe besuchte, stand ich ehrfürchtig in den Kathedralen von Durham und York – das Band riss nie ganz ab.

Im Moment drängt der Glaube mit Wucht zurück in mein Leben. Es ist, als würde alles ineinanderfließen und eine Ordnung, ein Muster ergeben, wo zuvor Chaos und Unsicherheit waren: meine Kindheit, meine Reisen, meine Siege, meine Niederlagen, meine Abschiede. Da war einfach immer diese Sehnsucht nach Schönheit, Wahrheit und Liebe, und ich habe bis heute keinen besseren Weg gefunden, sie zu stillen. Was ich auch probiert habe, Sport, Sex, Drogen, immer hat irgendwas gefehlt. Oft hat es sich grandios angefühlt, aber immer nur für kurze Zeit, immer kam irgendwann der Punkt, an dem es schal wurde, wie ein abgestandenes Glas Bier. Anders der Glaube, der mich nicht nur seit fast fünfzig Jahren durchs Leben begleitet, sondern sich, je älter ich werde, immer schöner und richtiger anfühlt.

Mein Glaube macht mein Leben sinnlicher und festlicher, verleiht ihm Beständigkeit, einen letzten Grund, für den es sich zu leben lohnt. Er ist immer da, wenn eine Herausforderung zu meistern, ein Schmerz zu ertragen, ein Verlust zu überwinden ist. Seitdem ich begriffen habe, dass Gott überall ist, wo etwas aus Liebe gesagt oder getan wird, empfinde ich seine Gebote nicht mehr als lästige Pflicht, sondern als kostbares Geschenk. Die Gewissheit, wahrgenommen zu werden, ohne mich darstellen, beweisen oder rechtfertigen zu müssen, ist ein großes Glück. Mein Leben fühlt sich gelassen und sicher an, als wäre ich, nachdem ich mehrmals falsch abgebogen bin, endlich auf dem richtigen Weg und müsste nur noch geradeaus fahren, um irgendwann anzukommen. Kennen Sie das? Man läuft einen Halbmarathon und ist noch nicht ganz am Ziel, ein paar Kilometer fehlen noch, trotzdem gibt es diesen Punkt, an dem man spürt, dass einem ab jetzt nichts mehr passieren kann, dass man nur noch durchhalten muss – so fühlt man sich an der Seite von Jesus Christus, nur auf das ganze Leben bezogen und eigentlich auch auf den Tod.

Ich fühle mich wohl in der Gegenwart Gottes, oft wohler als unter Menschen. Was lange wichtig schien, rückt in den Hintergrund, dafür drängt Vernachlässigtes oder Übersehenes nach vorne. Ich reise immer noch gerne, muss aber nicht mehr unterwegs sein, um mich lebendig zu fühlen. Manchmal beobachte ich eine Blaumeise und bin so glücklich, dass ich die Zeit darüber vergesse. Ich kenne die Verlockung des Immer-mehr. Noch ein Streaming-Kanal. Noch ein Paar Sneakers. Und nein, es ist nicht so, dass ich auf alles verzichte, es geht nicht darum, das Immer-mehr in ein zwanghaftes Immer-weniger umzuwandeln, sondern darum, das richtige Maß zu treffen.[35] Wann ist es genug? Was brauche ich nicht? Was ist übertrieben? Was bloße Angeberei? Manchmal surfe ich im Netz und freue mich über alles, was mich nicht interessiert. Die Schaukämpfe auf den Empörungskanälen nehme ich zur Kenntnis, aber sie interessieren mich nicht. Nur noch selten ärgere ich mich darüber, was andere sagen oder schreiben, zornig werde ich überhaupt nicht mehr.

Ich bin weniger streng mit mir und mit den anderen. Lieber bitte ich Gott um Vergebung für meine Sünden, gehe in die Messe, besuche die Toten.

»Es gibt unendlich viel Hoffnung, nur nicht für uns«, schrieb Franz Kafka. Was für ein grandios deprimierender Satz! Trotzdem geht er in meinem Kopf anders: Es gibt unendlich viel Hoffnung, *sogar* für uns. Manchmal sehe ich keinen Ausweg, so verstrickt in Widersprüche erscheint mir die Welt, so unfähig der Mensch, das zu tun, was getan werden müsste. Als wären alle Türen in eine hellere Zukunft verschlossen. Als würde die Welt schon lange nicht mehr gestaltet oder auch nur am Laufen gehalten, sondern nur noch am Zusammenbrechen gehindert. Ganz ehrlich, dürfte ich nicht an Gott glauben, ich hätte große Angst vor der Zukunft, nein, ich wäre ganz und gar hoffnungslos. Aber ich glaube an Gott, und das macht alles neu und anders, dreht die Vorzeichen um, verwandelt die Angst in Hoffnung.

Ich glaube an Gott, weil ich nichts aufregender finde als eine Reise, von der ich nicht weiß, wohin sie mich führt und wie sie mich verändert. Ich glaube an Gott, weil ich die Gewissheit, unter allen Umständen gerettet zu sein, weil Jesus Christus für mich gestorben und auferstanden ist, als großen Trost empfinde. Ich glaube an Gott, weil ich alles, wofür es eindeutige Lösungen gibt, ganz und gar langweilig finde. Ich glaube an Gott, weil ich mir nichts Größeres vorstellen kann, als dem Geheimnis eines Mannes nachzuleben, der die Welt vom Kopf auf die Füße gestellt hat, indem er sein Leben hingegeben hat.

Es ist tatsächlich so, dass ich mir immer weniger vorstellen kann, dass es Gott *nicht* gibt. Seine Existenz erscheint mir plausibler als seine Nicht-Existenz. Und dann gibt es Tage, an denen wird mir alles zum Gottesbeweis: das unverhoffte Lächeln eines Fremden auf der Straße, ein Schwalbenschwarm, der wie aus dem Nichts die Richtung wechselt, ein Kind, das lachend einer Seifenblase hinterherjagt. Dann meine ich ihn zu spüren, als Hauch oder sanftes Zittern, wenn beim Waldspaziergang ein Reh aus dem Dickicht bricht und mir für zwei Sekunden in die Augen schaut, oder wenn der letzte Ton einer großen Sinfonie verklingt, der Saal den Atem anhält und sich für einen Moment ein Spalt zu einer anderen, unsichtbaren Dimension auftut. Nein, es muss kein Bach-Choral sein, manchmal sehe ich einen blühenden Apfelbaum – und glaube.

Die Alte Messe

Ein Sonntagabend in Rom, Ende Oktober. Als ich in Trastevere aufbreche, sind die Gassen voller Touristen. Die Abendsonne blinkt durch die Platanen, der Himmel ist wolkenlos, die Luft noch warm. Auf der Ponte Sisto, einer steinernen Brücke aus dem 15. Jahrhundert, wartet eine Wahrsagerin auf Kundschaft, ein Straßenmusiker versucht sich an *Nothing else matters*. Auf der anderen Tiberseite geht es zweihundert Meter die Via dei Pettinari entlang, eine düstere Gasse, kaum Tageslicht, schwarzes Kopfsteinpflaster, dann rechts um die Ecke, fünf Marmorstufen nach oben, die Pforte steht offen – ich bin am Ziel.

Die Chiesa della Santissima Trinità dei Pellegrini gehört nicht zu den berühmtesten Kirchen Roms, aber sie ist von atemberaubender Schönheit: roter Marmor, korinthische Säulen, verrußte Heiligenbilder. Die Atmosphäre ist mystisch, fast entrückt, trotzdem lebendig. Diese Kirche, das spürt man sofort, ist kein toter Ort. Ein geheimnisvoller Sog zieht den Besucher in den heiligen Raum, der viersäulige Hochaltar schimmert in honigfarbenem Licht, darüber das herausragendste Kunstwerk der Kirche, eine Darstellung der Heiligen Dreifaltigkeit von Guido Reni aus dem Jahr 1625 – der Meister soll es in siebenundzwanzig Tagen gemalt haben.

Anfang des 19. Jahrhunderts beteten hier 200 000 Pilger im Jahr, die im Hospizgebäude gegenüber untergebracht waren. Heute verirren sich kaum Touristen hierher, die meisten konzentrieren sich auf die Prachtkirchen, den Petersdom, die Lateranbasilika, Santa Maria Maggiore. Das hat auch Vorteile: Während Messen dort oft in einer Seitenkapelle zelebriert werden, damit die Touristen nicht beim Fotografieren gestört werden, kommen die Besucher hier tatsächlich nur zum Beten. Keine Reisegruppe weit und breit, keine Trekkingsandalen, niemand posiert vor einer Heiligenstatue.

Ich mache eine Kniebeuge, bekreuzige mich, setze mich in eine der hinteren Bänke. Außer mir sind vielleicht fünfzig Menschen gekommen: alte Mütterchen mit Spitzenschleiern, junge Frauen, unter deren knöchellangen Röcken modische Turnschuhe hervorlugen, Geschäftsmänner mit Laptoptasche, sonnengebräunte Handwerker mit tätowierten Oberarmen, Familien mit Kindern, ein blondgescheitelter Junge mit Clubkrawatte liegt schlafend auf einer Bank. Als ein junges Paar mit seiner Tochter die Kirche betritt, wird es kurz unruhig: Das Mädchen scheint ein bekanntes Gesicht – seine Großmutter? – entdeckt zu haben, läuft auf klappernden Sandalen zu ihr, stolpert, rappelt sich auf, macht eine Kniebeuge, bekreuzigt sich, läuft weiter. Die Szene ist herzergreifend, aber kaum jemand bemerkt sie. Fast alle sind ins Gebet versunken, einige knien auf dem nackten Marmor, den Rosenkranz zwischen den gefalteten Händen.

Nun geht ein Messdiener im bodenlangen Chorrock eine Seitenkapelle nach der anderen ab, tauscht Altardeckchen aus, zündet Kerzen an, zupft welke Blüten aus den Gladiolensträußen. Ein schöner junger Mann mit warmen Augen und hohen Wangenknochen. Wie kann es sein, frage ich mich, dass er seinen Sonntagabend in einer Kirche, nein, in *dieser* Kirche verbringt? Warum sitzt er nicht drüben auf der Piazza Trilussa und macht den Touristinnen schöne Augen? Warum sitzt er nicht mit Freunden in einer der zahllosen Trattorien, die Sonnenbrille im gegelten Haar? Gleich darauf schäme ich mich: Was habe ich mir gedacht? Dass schöne Menschen keine Sehnsucht nach Gott haben? Tatsächlich wird er bald seine Gelübde ablegen und zum Priester geweiht werden. Aber was mag ihn an diesen Ort geführt haben? Liebe zu Gott? Oder nur Enttäuschung über die Welt?

Ich beobachte ihn eine Weile, irgendwann kann ich nicht mehr wegschauen, so präzise, so flink erledigt er seine Aufgaben, trotzdem wirkt er nicht gehetzt, eher besonnen und konzentriert. Ich erinnere mich, wo ich diese andächtige Zielstrebigkeit schon einmal gesehen habe: in einer französischen Benediktinerabtei. Auch dort schienen die Mönche niemals zu trödeln oder auf etwas zu warten, im Gegenteil, sie bewegten sich flott und zielgerichtet, als hätten sie keine Zeit zu verlieren.

Zehn Minuten später dreht sich der Messdiener ein letztes Mal um die eigene Achse, wirft einen prüfenden Blick Richtung Altar, aber alles scheint erledigt; das Messbuch liegt bereit, die mannshohen Kerzen brennen, und so huscht er nach einer letzten Kniebeuge zurück ins Dunkel der Sakristei. Es ist der Moment, in dem sich eine lebendige Stille ausbreitet. Niemand flüstert jetzt noch oder schaut auf sein Handy, alle Blicke ruhen auf dem Altarkreuz, eine helle Glocke erklingt: Es beginnt die Alte Messe in der Chiesa della Santissima Trinità dei Pellegrini in Rom.

Ich wiederhole mich, aber es ist wichtig: Ich bin kein Theologe, ja noch nicht einmal ein besonders frommer Mensch.

Mein Wissen über meinen Glauben weist fragwürdige Lücken auf. Von Liturgiegeschichte weiß ich wenig, von Katechetik und Kirchenrecht überhaupt nichts. Mein Zugang zum Glauben war immer naiv und instinktiv, nicht analytisch oder akademisch. Natürlich kenne ich den Aufbau der Heiligen Messe, die wichtigsten Gebete sind mir vertraut, das Kyrie, das Gloria, das Schuld- und das Glaubensbekenntnis, das *Vaterunser*, aber sobald es um liturgische Details geht, werde ich unsicher.

Wie sich die Heilige Messe seit ihren Anfängen vor zweitausend Jahren gewandelt hat und welche Veränderungen organisch und welche gewaltsam vor sich gegangen sind, damit habe ich mich nie ausführlich befasst. Ich kenne Pontifikal-, Hoch- und Stiftsämter, aber präzise erläutern, aus welchen Gründen diese Messe so und jene anders abläuft, könnte ich nicht. Eines aber weiß ich genau: Seit mich mein katholischer Freund vor einigen Jahren auf die Messe im alten Ritus aufmerksam gemacht hat, hat mein Glauben neuen Schwung erfahren. In ihr habe ich etwas gefunden, wonach ich zuvor lange gesucht habe, ohne mir dessen bewusst zu sein. Dass mir etwas gefehlt hat, habe ich erst gemerkt, als es auf einmal da war. Es ist, als hätte ich in dieser Messe das Geheimnis meines Glaubens erst richtig begriffen.

Was ist die Alte Messe? Es handelt sich um die Messfeier im Römischen Ritus gemäß dem Messbuch von 1962. Eine Tradition, die bis in die Anfänge der römischen Kirche zurückreicht, die Zeit Papst Gregors (540–604 n. Chr.), bevor sie durch die Liturgiereform des Zweiten Vatikanischen Konzils (1962–1965) umgestaltet, ihre Anhänger sagen: verschandelt wurde. Seitdem wird sie von Traditionalisten als einzig wahre Messfeier verherrlicht und von allen anderen als Rückfall ins Mittelalter und

Tummelplatz für Fortschritts- und Demokratiefeinde verteufelt.

Ihr berühmtester Anhänger war der französische Erzbischof Marcel Lefebvre (1905 bis 1991), der, um die Messe im alten Ritus bewahren zu können, 1969 die Priesterbruderschaft St. Pius X. gründete und zwanzig Jahre später exkommuniziert wurde, nachdem er ohne päpstliche Genehmigung vier Bischöfe geweiht hatte. Seitdem steht die Alte Messe – je nachdem, welcher Papst gerade das Sagen hat – mal mehr, mal weniger unter Beschuss. Nachdem sie unter dem traditionsbewussten Papst Benedikt XVI. rehabilitiert worden war, wurde sie von Papst Franziskus wieder eingeschränkt. Sein Argument: Der Weg der Kirche dürfe nicht darin liegen, das Wahre im Gestern zu suchen. Stand jetzt darf sie nur unter eng gefassten Auflagen und mit Erlaubnis des jeweiligen Bischofs gefeiert werden, in Deutschland in gerade mal hundertfünfzig Kapellen und Kirchen. Mit anderen Worten: Die Alte Messe ist eine Randerscheinung, aber eine kostbare.

Ich erinnere mich lebhaft an meine erste Alte Messe, so hilflos, so überfordert habe ich mich gefühlt. Einerseits zog mich die übernatürliche Atmosphäre an, der viele Weihrauch, die prächtigen Gewänder, der Gregorianische Choral. Andererseits kam es mir vor, als hätte mich eine Zeitmaschine ins Jahr 1372 befördert, ohne mich vorab darüber zu informieren, was mich erwarten würde. Einerseits ergriff mich das Geschehen in einer Intensität, wie ich es nur von Wanderungen im Hochgebirge oder besonders gelungenen Konzerten kannte. Andererseits fühlte ich mich unsicher und befangen, wie ein Eindringling, der an diesem Ort nichts zu suchen hat. Da vorne stand eben kein Priester, dem man eine Weile zuhört und dann geht man nach Hause und schaut den *Presseclub*. Nein, was ich sah und hörte, war von einer rätselhaften Heiligkeit durchdrungen, die den gesamten Kirchenraum und alle Menschen darin zu erfassen und aneinanderzubinden schien. Ich hatte das Gefühl, als würde die Zeit aufhören zu vergehen.

Diese Messe war keine Variante jener Gottesdienste, wie ich sie aus meiner Kindheit oder Sankt Maximilian in München kannte, wo Deutschlands berühmtester Pfarrer Rainer Maria Schießler die Menschen mit warmherzig-unterhaltsamen Predigten in die Kirche lockt. Diese Messe war das Gegenteil, nicht charmant, nicht liebenswert, nicht kurzweilig, sondern spröde, unverständlich, unerbittlich. Ich weiß noch, wie ich minutenlang auf dieser etwas wackeligen Holzbank kniete und vor allem dafür betete, endlich wieder aufstehen zu dürfen. Man kann es nicht anders sagen: Diese Messe war ein Kulturschock, ich konnte nicht fassen, dass es so etwas im 21. Jahrhundert überhaupt noch gibt.

Dazu kam, dass ich um die Vorbehalte gegenüber dieser Messe wusste – in der *Zeit* hatte ich gelesen, dass sie altes, autoritäres Gedankengut in die Kirche der Neuzeit schmuggle –, so dass ich halb skeptisch, halb schaulustig die anderen Besucher musterte: In welche Gesellschaft war ich hier geraten? Was an dieser Messe faszinierte mich so? Was sagte es über mich aus, dass sie mich so faszinierte? Verstand ich sie falsch? Wusste ich zu wenig über sie? Ging ich ihr auf den Leim? Unterschätzte ich womöglich die Gefahr, die von ihr ausging? Und wenn ja, worin könnte diese Gefahr bestehen? Ich war verunsichert, aber so ist das, wenn man etwas nicht versteht, weil man sich nicht damit auseinandergesetzt hat: Man kann es nicht deuten, sein Sinn erschließt sich nicht, das ist bei einer Messfeier nicht anders als bei einem Baseballspiel oder einer Barockoper. Und wer von der Alten Messe nichts weiß, kann ihr nur fassungslos beiwohnen, am Ende wird man sie mit großer Wahrscheinlichkeit ablehnen. Was irritiert an dieser Messe? Vor allem ihre Nüchternheit, ihr unpersönlicher Charakter. Die Gemeinde spielt keine Rolle. Der Priester steht praktisch durchgehend mit dem Rücken zu ihr und schaut selbst dann noch auf den Boden, wenn er sich gelegentlich umdreht, um ein kaum hörbares »Dominus vobiscum« zu murmeln. Ein paar flüchtige Blicke beim Ein- und Auszug, das war's an menschlichem Miteinander, mehr Kontakt zwischen dem Priester und den Gläubigen ist nicht vorgesehen; kein aufmunterndes Lächeln, keine liebevolle Geste, nicht mal ein Friedensgruß. Das Geschehen am Altar spielt sich in einer gänzlich anderen Sphäre ab. Ob in tiefer Vergangenheit oder ferner Zukunft, schon das lässt sich gar nicht mit Gewissheit sagen.

Wenn ich wenigstens etwas verstanden hätte, aber nein, die Alte Messe wird in lateinischer Sprache zelebriert, und obwohl ich einige Semester Latein studiert habe, waren meine Kenntnisse hier wertlos, weil die heiligen Texte nicht gesprochen, sondern gemurmelt werden. Dazu kam, dass ich den Priester zwar fleißig Kniebeugen machen und seine Hände ausbreiten sah, aber zu keinem Zeitpunkt erkennen konnte, was er genau tat und mit welchen Gegenständen er hantierte; das Geschehen am Altar spielte sich im Verborgenen ab. Sonderbar, dachte ich, da geht man in die Messe, um Gott zu begegnen, und dann sieht man nichts, hört man nichts, versteht man nichts.

Irgendwann dämmerte es mir: Ich kam mir in dieser Messe nicht nur überflüssig vor, ich war es tatsächlich. Es bestand kein Zweifel, dass sie ohne Besucher, in einer menschenleeren Kirche, vollkommen identisch zelebriert worden wäre, weil ihr

Sinn, anders als bei einem Theaterstück, das für ein Publikum aufgeführt wird, in ihr selbst liegt. Sie symbolisiert nichts, repräsentiert nichts und verweist auf nichts, sie *ist* die Sache, um die es geht. Das Heilige wird in ihr nicht dargestellt oder beschworen, es ist selbstverständlich anwesend. Entscheidend ist, was geschieht, und nicht, was es bedeutet; entscheidend ist vor allem: *dass* es geschieht. Diese Zeremonie ist keine Show und keine Performance, sondern ein eintausendfünfhundert Jahre alter, von Generation zu Generation weitergegebener Ritus, dessen Sinn allein in der Vergegenwärtigung Jesu Christi besteht. Hier war ich allenfalls Zeuge, ein geduldeter Gast. Ich durfte dabei sein, aber eine Rolle spielte ich nicht, und persönlich gemeint war ich auch nicht.

Die Alte Messe ist betörend schön, aber auch eine Überforderung, an der man nur scheitern kann. Andererseits: Ist das nicht die Definition des christlichen Lebens schlechthin? Dass man scheitert und trotzdem gewinnt, weil man das Heil zwar nicht verdient, aber geschenkt bekommt? Ich habe jedenfalls mehrere Jahre gebraucht, um diese Messe halbwegs zu begreifen und zu verstehen, warum ich sie vermisse, wenn ich sie eine Weile nicht besucht habe. Dennoch tauchen immer neue Details auf, eine Geste oder Gebärde, die sich mir einfach nicht erschließen. »Sähen wir einen Engel in aller Klarheit, wir würden vor Wonne sterben«, soll die Heilige Brigitta von Schweden gesagt haben. Könnte es mit dieser Messe nicht genauso sein? Dass sie niemals vollständig begriffen werden kann, weil sich das Heilige nicht vollständig entschlüsseln lässt?

In seinen Erinnerungen beschreibt Papst Benedikt XVI. seine Faszination für die Alte Messe (die in seiner Jugend die normale, weil einzig übliche Messe war) so: »Immer klarer wurde mir, dass ich da einer Wirklichkeit begegnete, die nicht irgend-jemand erdacht hatte, die weder eine Behörde noch ein großer einzelner geschaffen hatte. Dieses geheimnisvolle Gewebe von Text und Handlungen war in Jahrhunderten aus dem Glauben der Kirche gewachsen. Es trug die Fracht der ganzen Geschichte in sich und war doch zugleich viel mehr als Produkt mensch-licher Geschichte. Jedes Jahrhundert hatte seine Spuren ein-getragen: Die Einführungen ließen uns erkennen, was aus der frühen Kirche, was aus dem Mittelalter, was aus der Neuzeit stammte.«[36]

Die Alte Messe ist, und darin liegt das Geheimnis ihrer Fas-zination, das Gegenteil der Lebenswirklichkeit des frühen 21. Jahrhunderts: Anbetung statt Ablenkung, Unterwerfung statt Selbsterhöhung, runter auf die Knie statt Brust raus. Nichts sein dürfen, um Gott alles sein zu lassen. »Er muss wachsen, ich muss abnehmen«, sagt Johannes der Täufer über Jesus – hier geschieht es. Es beginnt schon mit dem Einzug des Priesters, der nicht, wie heute oft üblich, betont salopp oder mit einem Ministranten plaudernd das Allerheiligste betritt. Nein, sein Gang ist ernsthaft und getragen, immerhin wird er gleich sei-nem Gott gegenübertreten. Als Besucher dieser Messe kommt man in kein anderes Land, in dem die Menschen ein bisschen anders aussehen oder sprechen, man landet auf einem fremden Planeten in einer fernen Galaxie. Es ist, als lege sich eine zweite Gegenwart über die Wirklichkeit.

Als überpersönliche Erfahrung, deren Geheimnis das Ge-schehenlassen ist, geht eine erlösende Kraft von ihr aus. Weil sie keine Rücksicht auf individuelle Befindlichkeiten nimmt, weil sie nicht danach fragt, was ihre Besucher auf dem Herzen haben, sondern sich zuverlässig nach dem gleichen Schema entrollt, wird ihre Choreografie zu einem schützenden Dach, unter dem man sich eine Weile geborgen fühlen kann. Nichts geschieht aus Zufall oder Berechnung, jedes Detail hat seine Bedeutung: In welchen Ärmel schlüpft der Priester zuerst? Wann öffnet, wann schließt er das Heilige Buch? Wann legt er die Stola an, wann nimmt er sie ab? Nicht agieren, nicht einmal reagieren, sich einfach nur tragen lassen von einem Mysterium, von dem manche sagen, dass es von Engeln stammt. »Als Teilnehmer der Heiligen Messe will ich gerade nicht tätig sein, denn ich habe allen Grund, mir und meinen geistigen und sinnlichen Antrieben zu mißtrauen«, schreibt Martin Mosebach.[37]

Ich habe den berühmten Opern- und Liedsänger Christian Gerhaher einmal gefragt, ob er beim Singen trauriger Melodien mit den Tränen kämpfen müsse. Damals erklärte er mir, dass Tränen auf einer Bühne nichts verloren hätten. Ein Sänger, der auf der Bühne in Tränen ausbreche, sei nicht nur eine Belästigung für sein Publikum, sondern auch hochgradig gefährdet. Auf der Bühne heulen, das komme schlichtweg nicht in Frage, schließlich übe man einen Beruf aus, befände sich also in einer künstlichen Situation. Und ich solle ihn nicht falsch verstehen, solange er die Kontrolle behalte, dürften da schon Gefühle sein, aber nur unter der Voraussetzung, dass sie nicht aus ihm, sondern aus dem Stück kämen. Sein persönliches Empfinden sei unwichtig, ja störend, weil es allein auf die Idee ankomme, die in einer Musik aufscheine, und nicht auf sein Verhältnis zu ihr. Am Ende zitierte er den Dirigenten Otto Klemperer: »Emotionalität ist erwünscht, Sentimentalität nicht.«

Theologen mögen den Kopf schütteln, aber für mich beschreiben diese Sätze, was in der Alten Messe passiert: Auch in ihr geht es nicht um persönliches Empfinden, sondern allein um das Geschehen am Altar, den Opfertod Jesu. Als Besucher ist man nicht gerührt, sondern ergriffen, und zwar nicht von den eigenen Gefühlen, sondern von der Größe Gottes, die man, während man sie im Alltag so oft übersieht, nun in ihrer ganzen überwältigenden Kraft zu spüren bekommt. Diese Messe ist von einem stillen Ernst getragen und weist weit über die soziale Wirklichkeit oder moralische Fragen hinaus. Meinungen, Ansichten oder Identitäten spielen keine Rolle, selbst die Person des Priesters ist gänzlich uninteressant. Wer ist dieser Mensch? Wie geht es ihm? Ist er zerstreut oder konzentriert bei der Sache? Diese Fragen spielen keine Rolle, weil er, sobald die Messe beginnt, seine Persönlichkeit aufgibt und nur noch als »zweiter Christus« anwesend ist.

Ein Schellenzeichen ertönt, die Wandlung beginnt: Nun reckt der Priester, immer noch mit dem Rücken zur Gemeinde, viele Sekunden lang die konsekrierte Hostie in die Höhe, während der hinter ihm kniende Messdiener den Saum seines Messgewandes ergreift und sachte anhebt: Der Leib Christi kann nun angebetet werden. Ein Moment von ergreifender Intensität. Reine Gegenwart. Messianische Stille. So fühlt sich Ewigkeit an. Selbst die Kinder blicken ehrfürchtig zum Altar, ohne dass sie jemand dazu aufgefordert hätte. Es ist der heiligste Moment der Messe, der in Großstadtgottesdiensten oft schlampig zelebriert wird, manchmal knien die Besucher nicht einmal mehr, während der Priester die Wandlungsworte herunterrasselt. Dann ertönt das Schellenzeichen ein zweites Mal, und der Priester reckt den Kelch mit dem Blut Christi in die Höhe. Wieder ergreift der Messdiener den Saum seines Messgewandes. Wieder sekundenlange Stille. Spätestens jetzt hat auch der Letzte begriffen: Jemand stirbt, nein, es stirbt der Sohn Gottes.

Zwanzig Minuten später – in der Alten Messe folgt auf den Schlusssegen noch das Schlussevangelium – trete ich ins Freie. Es ist dunkel geworden in Rom, der Himmel schimmert purpurfarben, dramatische Wolkenfetzen türmen sich über der leuchtenden Kuppel des Petersdoms. Auf der Ponte Sisto gibt es fast kein Durchkommen, die Wahrsagerin hat ihr Tischchen geräumt, um Platz für die vielen Straßenmusiker und Touristen zu machen, die sich laut lachend gegenseitig fotografieren. Das echte Leben hat mich wieder, denke ich. Oder stimmt das vielleicht gar nicht, und ich habe die Wirklichkeit gerade verlassen, um in die Täuschung, die Illusion zurückzukehren?[38]

+++

Vielleicht versteht man die Alte Messe besser, wenn man sie mit ihrem Gegenteil vergleicht: einem Gottesdienst von Rainer Maria Schießler in der Kirche St. Maximilian im Münchner Glockenbachviertel, hundert Meter von meiner Wohnung entfernt, ich muss nur aus dem Fenster schauen, um ihre beiden abgeflachten Doppeltürme zu sehen.

Das 21. Jahrhundert kennt keine prominenten Geistlichen mehr, aber der Bestsellerautor, Medienliebling und Tabubrecher Rainer Maria Schießler ist eine Ausnahme. Wer seinen Namen googelt, bekommt mehrere Fragen vorgeschlagen. Gleich die erste: Ist Rainer Maria Schießler verheiratet? Was bedeutet: Der Mann ist katholischer Priester, aber anders, als sich die Herrschaften im Vatikan das so vorstellen. Nicht nur hat er so was Ähnliches wie eine Freundin, er hatte auch jahrelang eine eigene Talkshow, der Bayerische Rundfunk produzierte eine sechsteilige Serie über sein Leben, die *Bild* nennt ihn »Kultpfarrer«, seine Bücher heißen *Himmel, Herrgott, Sakrament* oder *Jessas, Maria und Josef.* In München kennen ihn viele, im Glockenbachviertel alle, und wenn er am Sonntagnachmittag im Trachtenjanker durch die Stadt radelt, winken ihm die Leute zu und freuen sich, dass sie den berühmten Pfarrer getroffen und vielleicht sogar kurz mit ihm geplaudert haben.

Einmal im Jahr hält er eine »Viecherlmesse«, dann kommen die Menschen mit ihren Hunden, Katzen und Schildkröten, um sie von ihm segnen zu lassen. Das Gleiche macht er mit Autos, Motorrädern, Bobbycars und, lange bevor der Vatikan seine Regeln dazu gelockert hat, homosexuellen Paaren. »Im Glauben muss man gar nichts«, hat er mal gesagt, »Glaube ist nur Freiheit.« Das dürfte der Papst anders sehen, aber das ist ihm egal, er predigt in München, der Papst predigt in Rom, dazwischen liegen tausend Kilometer und ein paar ziemlich hohe Berge. Im Übrigen fühle er sich sowieso nicht wie ein Angestellter des Ordinariats, eher sehe er seine Aufgabe darin, Menschen eine Heimat zu geben. Christlich leben, das heiße für ihn: »Es gibt keine Not, für die ich nicht verantwortlich wäre und für die ich mich nicht einsetzen müsste.«

Schießler predigt Nächstenliebe und Lebensfreude, nicht nur in der Kirche, sondern auch im Fernsehen, im Radio, im Internet, sogar im Hofbräuhaus hat er schon eine Messe gefeiert, immer nach dem Motto: »Gott zwingt nicht, er begeistert.« Bei ihm dürfen Kinder in der Ostermesse Eier unter dem Altar suchen, an Weihnachten schenkt er nach der Christmette Sekt aus, schließlich gibt es einen Geburtstag zu feiern, vor einigen Jahren machte er öffentlich, dass er mit seiner Haushälterin Gunda zusammenlebe, selbstverständlich zölibatär, aber dass er sie liebhabe, das lasse er sich nicht verbieten. Für ihn sei das immer eine riesige Aufgabe gewesen, auf der einen Seite der Lebensentwurf als Priester, auf der anderen nicht zum seelischen Krüppel zu werden. Zwar lebe man nicht zusammen wie Mann und Frau, es gebe zwei Wohnungen, aber ein Dienstverhältnis sei es auch nicht, Gunda sei weder seine Haushälterin noch seine Freundin, eher eine Seelenverwandte, ein Mensch, bei dem alles passe, ein Geschenk, eine Gnade.

Schießler ist charmant, unangepasst, widerspenstig; ein Rebell, aber innerhalb des Systems. »Auftreten statt austreten« lautet sein Motto. Er weiß genau, was er sagen darf und was nicht, seinen Job möchte er nämlich schon behalten. Dass ein aufmüpfiger Priester wie er vom bischöflichen Ordinariat mit Skepsis beobachtet wird, ist klar, aber je größer sein Erfolg, je begeisterter die Menschen, je voller seine Kirche, desto kleinlauter die Kritik. Selbst der frühere Erzbischof von München und Freising Friedrich Kardinal Wetter hat sich schon lobend über einen seiner Bestseller geäußert, nur über das Kapitel »Jungfräulichkeit« müsse man nochmal sprechen. Hintergrund: Schießler hält die Vorstellung der jungfräulichen Empfängnis für falsch, die »junge Frau« sei erst in der griechischen Übersetzung zur »Jungfrau« geworden.[39]

Als er während der Corona-Pandemie gefragt wurde, welchen Rat er als Medienprofi dem Papst geben würde, meinte er: »Ich würde mit Franziskus über seinen Auftritt vor ziemlich genau einem Jahr im ersten Corona-Lockdown reden. Da hat er in den Abendstunden vor dem Petersdom eine Ansprache gehalten. Die Bilder waren schon mal toll. Der Papst ganz allein auf dem leeren Petersplatz. Das war so ausdrucksstark. Aber warum muss er dann eine halbe Stunde etwas vorlesen? Er hätte frei aus dem Herzen reden können. Papst Franziskus hat mit seinen 84

Jahren so viel zu erzählen. Er hätte sich hinstellen und der Welt mit spontanen Worten Mut machen können. Alle hätten ihm zugehört, ob Christen oder nicht.« Weil er immer frei aus dem Herzen redet, ist seine Kirche fast immer voll. Vor einigen Jahren war St. Maximilian mit vierzig bis sechzig Eintritten pro Jahr sogar die erfolgreichste Pfarrei Deutschlands, und das, obwohl in den überteuerten Altbauwohnungen drum herum vor allem Leute leben, die mit der katholischen Kirche traditionell eher wenig anfangen können: Medien- und Agenturmenschen, urbane Elite, Turnschuhe, Designerhandtasche, Elektro-SUV. Mit seinem unorthodoxen Stil hält Schießler Menschen in der Kirche, die ohne ihn austreten würden. Menschen, die an Gott glauben, aber mit den rigiden Vorstellungen im Vatikan nichts anfangen können. Menschen, die für Gendersprache sind, aber auf die Heilige Messe nicht verzichten wollen. Ihnen ermöglicht er einen Glauben, der zu ihrem Leben passt, und eine Kirche, die nicht mahnend, sondern verständnisvoll, nicht von oben herab, sondern auf Augenhöhe zu ihnen spricht. Eine Kirche, die von Gott erzählt, aber für die Menschen da ist, die nicht ausschließt, sondern einlädt, nicht fordernd, sondern fürsorglich ist.

Vor der Sonntagsmesse sitzt Schießler in Hemd und Jeans neben dem Altar und plaudert mit den Besuchern, erst kurz bevor es losgeht, zieht er sich zurück, um das Messgewand anzulegen. Beim Einzug streckt er Freunden und Bekannten die Hand entgegen, vorne angekommen dreht er sich um und sagt mit strahlendem Lächeln im Gesicht: »Herzlich Willkommen zum Gottesdienst, nehmt bitte Platz!« Während der Predigt spricht er Menschen immer wieder direkt an, führt kurze Gespräche oder erzählt, was ihm gerade durch den Kopf geht oder am Wochenende passiert ist. Er macht das, man kann es nicht anders sagen, grandios, ohne Notizen oder Skript, in wärmstem niederbayerischem Dialekt, als würde er mit Freunden im Wirtshaus sitzen. Seine Kommunionskinder stellt er einzeln vor, zu jedem hat er eine Anekdote vorbereitet, jedes darf sich persönlich gemeint fühlen. Und auch seine Kirche sieht jede Woche anders aus, er lässt sich viel einfallen, und irgendeine Fotowand oder Bastelarbeit steht eigentlich immer herum.

Bundesliga, Bauchfett, Bundestagswahlen – es gibt keinen Aspekt des Lebens, den er nicht schon über Bande in den Gottesdienst eingebaut hätte. Als leidenschaftlicher Löwen-Fan stichelt er regelmäßig gegen den großen Rivalen Bayern München, eine Art Leitmotiv: »Immer, wenn die Bayern verlieren, denke ich: Es gibt einen Gott!« Sogar ein Buch hat er über die Gemeinsamkeiten von Glauben und Fußball geschrieben: Beide funktionierten nicht, wenn man keinen Spaß an der Sache habe, bei beiden gehe es um Freude und Schmerz, beide seien im Grunde zwecklos. Ob seine Mannschaft die Meisterschaft gewinne oder ob man fünfzig Rosenkränze bete, meistens mache das keinen Unterschied, das Leben laufe einfach weiter und trotzdem erfülle es die Menschen.

Manchmal erinnern seine Messen an Kabarettabende, mit dem Unterschied, dass es einen Tick öfter um Gott als um Markus Söder geht. Schießler nimmt nicht in Kauf, dass in seiner Kirche gelacht wird, er tut alles dafür; oft wird zwischendurch geklatscht. Natürlich wisse er, dass Jesus im Evangelium kein einziges Mal lachend beschrieben sei, aber was solle das beweisen? Dass der Sohn Gottes ein Miesepeter war? Das könne er sich nicht vorstellen. Schließlich stehe in der Bibel auch nicht, dass sich Jesus die Haare gekämmt oder die Zähne geputzt habe.

Wenn Jesus mit seinen Jüngern zusammengesessen sei, sei es nicht anders zugegangen als auf dem Oktoberfest, eine Riesengaudi sei das gewesen, davon sei er überzeugt. Und wenn einer lache, heiße das doch nicht, dass er den Glauben nicht ernst nehme, sondern dass er mit Freude und mit Freunden so leben wolle, wie Jesus es vorgemacht habe, nämlich sinnlich und festlich und mit offenem Herzen.

Manchmal stelle ich mir vor, wie mein katholischer Freund auf eine Schießler-Messe reagieren würde. Würde er wutschnaubend aus der Kirche stürmen? Oder würde er das Geschehen äußerlich gefasst wie eine persönliche Passion über sich ergehen lassen? Dass er nicht begeistert wäre, weiß ich, Gottesdienste, in denen Leute klatschen und lachen, mag er nicht. Und obwohl ich sein Unbehagen nachvollziehen kann, obwohl ich weiß, was ihn stören und was ihm fehlen würde, sehe ich die Sache weniger streng, weil ich glaube, dass eine Heilige Messe schon banal wirken, aber niemals banal sein kann, weil überall, wo das Abendmahl gefeiert wird, kein Platz für Banalität ist.

Ich gebe zu, dass ich skeptisch war, als ich vor Jahren ins Münchner Glockenbachviertel zog. Ein Pfarrer mit Freundin, der in der Messe Witze reißt, das erschien mir nicht nur kurios, sondern eitel und unangebracht. Wenn ein katholischer Pfarrer in diesen Zeiten so viele Menschen begeistert, muss es einen Haken geben, dachte ich. Entweder verwässert er die Botschaft oder vergisst, dass nicht er, sondern Gott angehimmelt werden sollte. Und so holten mich die Glocken von Sankt Maximilian zwar jahrelang jeden Sonntag aus dem Bett, trotzdem ging ich lieber zur Abendmesse in die Theatinerkirche.

Und dann lernte ich Schießler persönlich kennen, ein Interview für die *Süddeutsche Zeitung*. Ich mailte ihm, ob er Lust habe, er mailte zurück, das sei doch selbstverständlich, ich solle im Pfarrhaus vorbeikommen, schließlich seien wir so was wie Nachbarn. Das Ganze war wahnsinnig unkompliziert, und einige Tage später sprachen wir in einer Art Hobbyraum darüber, wie Menschen zu Gott finden können, auch solche, die es gar nicht vorhaben – sein Lebensthema. Zum Beispiel, sagte er, müsse man aufhören, den Glauben unter einem Leistungsaspekt zu sehen. Auf keinen Fall dürfe man sich unter Druck setzen. Glaube könne man nicht messen, man könne auch nicht besser oder schlechter, mehr oder weniger glauben. Wenn jemand Hunger habe, schicke er ihn doch auch nicht ins Drei-Sterne-Restaurant, nein, dann sage er: Schau dir an, was um dich herum passiert, sei neugierig, sei empathisch, Gott komme schon dazu – beziehungsweise sei immer mit dabei.

Bei Beerdigungen frage er die Angehörigen grundsätzlich, wie der Verstorbene so gewesen sei, um am Grab keine Floskeln von sich geben zu müssen. Die meisten sagten dann so was wie: »In der Kirche war er nicht so oft, aber gläubig war er schon.« Weil mit solchen Phrasen wenig anzufangen sei, bohre er hartnäckig weiter, und irgendwann kämen sie dann schon auf das Wesentliche zu sprechen: »Er war gern in der Natur, hat Tiere geliebt, gern gegessen und gefeiert, eigentlich war er immer für uns da.« Na also, denke er dann: geht doch. Glaube habe nämlich nichts mit Formeln zu tun, im Gegenteil, einen gläubigen Menschen erkenne man daran, wie er mit der Welt umgehe. Er habe doch auch nur zu Gott gefunden, weil ihm seine Eltern diesen Glauben vorgelebt hätten. Das seien einfache Menschen gewesen, aber sie hätten ihm gezeigt, was es heiße, Verantwortung für die Schöpfung und seine Mitmenschen zu übernehmen. »Gott will, dass ich in dieser Welt glücklich bin«, sagt Schießler. »Mit

Gotteserfahrungen ist es wie mit der Liebe: Man kann sie nicht suchen, sie finden dich.«

Natürlich hat er mich damals gekriegt – und er hat mich bis heute. Zwar finde ich immer noch, dass es in einer Messe nicht salopp oder lustig zugehen sollte, schließlich handelt es sich nicht um ein Volksfest, trotzdem besuche ich nicht regelmäßig, aber gelegentlich eben doch: eine Schießler-Messe. Und ja, ich vermisse den Glauben als erschütternde Grenzerfahrung und rolle gelegentlich mit den Augen, wenn die Pointen mal wieder kein Ende nehmen, aber es lässt sich nicht leugnen: Der Mann schließt die Menschen auf für den Glauben, indem er das Evangelium ganz unverkrampft in unsere Zeit übersetzt. Man schöpft Hoffnung, wenn man ihm zuhört, danach geht man nach Hause und spürt, dass es etwas Gutes in der Welt gibt, für das es sich zu kämpfen lohnt. Ich bin aus jedem seiner Gottesdienste verändert herausgekommen, mal getröstet, mal wachgestoßen, aber immer wild entschlossen, anders zu leben und nicht aufzuhören, von Jesus Christus zu erzählen.

Was Schießler von der Alten Messe hält? Keine Ahnung. Ich habe ihn nicht gefragt, aber ich befürchte: nicht so viel. Wahrscheinlich empfindet er sie wie die meisten als fragwürdigen Fetisch für Ewiggestrige, die sich die Stirn am Mainstream blutig schlagen wollen. Das ist nicht ganz falsch, weil die Alte Messe tatsächlich in erzkonservativen Kreisen geschätzt (und von einigen für einen snobistischen Zugang zum Glauben instrumentalisiert wird). Dennoch wird ihr diese Kritik nicht gerecht, weil sie nun mal kein politisches Statement, sondern eine Opferfeier darstellt. Und deswegen finde ich es in hohem Maße bedauerlich, wie unversöhnlich sich die Anhänger der alten und neuen Messform gegenüberstehen: links die Reformer, rechts die Traditionalisten, links die strahlende Zukunft, rechts die finstere Vergangenheit, und alle denken, besser und wahrer als die jeweils anderen zu glauben.

Vielleicht ist nicht jedes Argument gegen die Alte Messe unbegründet, aber warum sie so aggressiv bekämpft wird, dass viele sogar ihr Verbot fordern, erschließt sich mir nicht, immerhin soll sie keine Pflichtveranstaltung werden, sondern als Möglichkeit erhalten bleiben, um eine jahrhundertealte Tradition nicht abreißen zu lassen. Es muss an der allgemeinen Verunsicherung der Kirche liegen, die nicht mehr zu wissen scheint, wie und was sie eigentlich sein will. Wir erinnern uns: Nur wer fest im Glauben steht, kann tolerant gegenüber Anders- und Nichtgläubigen auftreten. Dies gilt auch für die unterschiedlichen Messformen: Wer selbstverständlich im Glauben steht, könnte die traditionelle Messe als Ausnahme von der Regel souverän gelten lassen, ohne sich von ihr bedroht zu fühlen. Es muss doch einen Grund geben, warum sie sich nicht nur in elitären Zirkeln, sondern auch unter sogenannten einfachen Menschen immer größerer Beliebtheit erfreut, warum sie in unruhigen Zeiten für viele eine Art Refugium zu sein scheint. Der Versuch, sie zu unterdrücken, macht sie jedenfalls erst recht interessant, denn offenbar geht eine große Kraft von ihr aus.

So schreibt eine junge Frau namens Sophie in ihrem Blog *Literatur und Leben* über die Alte Messe in Santa Trinità: »Man muss keine Bücher lesen, um die Alte Messe zu besuchen, und erst recht muss man sich keiner bestimmten Fraktion in der Kirche zugehörig fühlen. Man muss weder Nostalgiker sein, noch braucht man Avantgarde-Bewusstsein. Die Alte Messe ist für alle da, nicht nur für die Gebildeten. Auch für sensible junge Frauen, für einfache Leute, für Kinder. Gott hat jedem ein Gespür für das Heilige geschenkt, auch wenn es oft verschüttet ist. Das Schöne kann man jedem zumuten, und das, was immer gültig ist, war und sein wird, muss niemandem erklärt werden.«[40]

Ich möchte die heute übliche Messfeier nicht schlechtreden, dafür habe ich zu viele erlebt, die schön und würdevoll waren. Ich sehe nicht nur ihre Vorzüge, ich besuche sie auch regelmäßig. Weil aber auch ich schon für meine Begeisterung für die Alte Messe angegriffen wurde – angeblich hätte eine meiner Reportagen über einen Klosteraufenthalt in einer Art »theologischen Verführung« gezeigt, welch »ästhetischer religiöser Genuss« in einem fragwürdigen Milieu entstehen könne –, möchte ich meine Faszination genauer beschreiben, um Vorurteile zu entkräften und dazu einzuladen, sie kennen zu lernen. Man kann sie nämlich auch besuchen, wie man einen Zoo oder eine Ausstellung besucht, einfach weil man neugierig darauf ist, wie kurios und vielfältig die Welt ist, in der wir leben; danach kann man sie – falls nötig – immer noch rechts liegen lassen.

Wofür schätze ich die Alte Messe? Sie zeigt mir, wie meine Großväter und auch noch mein Vater gebetet haben, der bis heute bei jeder passenden (und unpassenden) Gelegenheit ihre lateinischen Gebete herunterrasselt. Sie führt vor, welch große Nähe in der Diskretion liegen kann, ja dass ohne Distanz echte Nähe gar nicht möglich ist, nur Abstandslosigkeit. Viel wichtiger aber: Ich fühle mich in dieser Messe Gott so nahe wie nirgendwo sonst. Es ist schwer in Worte zu fassen, man muss es selbst erleben, aber es gibt in ihr Momente von so ergreifender Intensität, dass man gar nicht anders kann, als auf die Knie zu sinken. Mit dem englischen Dichter William Blake gesprochen: »Es gibt Dinge, die sind unbekannt, und es gibt Dinge, die sind bekannt, dazwischen gibt es Türen« – die Alte Messe ist so eine Tür.

Der Philosoph Robert Spaemann hat einmal in einem Interview erzählt, wie er nach seiner ersten Alten Messe in einer Industriebaracke in Stuttgart in Tränen ausgebrochen sei. Man solle ihn nicht falsch verstehen, er habe nichts gegen die neue Messe, in den Sechzigerjahren sei er sogar ein Befürworter der Liturgiereform gewesen, aber damals in Stuttgart sei ihm schlagartig klar geworden, wie ein Gottesdienst auch aussehen könne. Danach habe er abwechselnd mal die eine, mal die andere Messe besucht – genauso mache ich es auch. Das Alte bewahren, ohne sich von der Gegenwart zu entkoppeln, für mich klingt das nach einer salomonischen Lösung, einem gangbaren Weg. Trotzdem mache ich mir keine Illusionen: Die meisten werden mit der Alten Messe nichts anfangen können, einige werden ratlos, andere befremdet sein, aber das ist nicht schlimm; es reicht anzuerkennen, dass sie für andere sehr wohl eine Bedeutung hat.

Umgekehrt gilt: Wer die Anstrengung auf sich nimmt, sich diese Zeremonie zu erkämpfen, wird Erfahrungen machen, die es anderswo nicht zu machen gibt, weil sie an diesen Ritus geknüpft sind; das kann man auch aufregend finden. Die Alte Messe ist eine harte Nuss, aber ihr Kern ist süß, und viele, die ihn gekostet haben, wollen nicht mehr auf ihn verzichten. Und deswegen möchte ich diese Messe lieben dürfen, ohne in eine finstere Ecke gestellt zu werden, weil ich politisch liberal, aber liturgisch konservativ bin. Für mich ist sie nichts Geringeres als ein Menschheitsschatz, und ich würde mich freuen, wenn sie für alle, die in ihr eine spirituelle Heimat gefunden haben, weiterexistieren dürfte.

Ich besuche unterschiedliche Gottesdienste, weil ich unterschiedliche Bedürfnisse habe, und immer, wenn ich mir von der Alten Messe für meinen Mangel an Demut ein paar Ohrfeigen abgeholt habe, lege ich mich danach ins Schaumbad einer Schießler-Messe, um meine Wunden zu lecken. Genau wie ich morgens *Reign in Blood* von Slayer und abends Klaviersonaten von Schubert höre, finde ich Gott mal in der Strenge und mal in der Güte, möchte ich mal erschaudern und dann wieder in den Arm genommen werden. Es ist eine lästige Krankheit unserer Zeit, dass Dinge, die sich ergänzen oder bedingen, permanent gegeneinander ausgespielt werden, nicht nur in der Kirche, sondern auch in der Politik. Immer mehr Menschen rotten sich zu homogenen Interessengruppen zusammen und schreien sich aus sicherer Entfernung an, statt sich zusammen an einen Tisch zu setzen und gemeinsam darüber nachzudenken, ob die jeweils andere Seite vielleicht auch recht haben könnte, wenigstens ein bisschen. In einer Gesellschaft, der jedes gemeinsame Wollen abhandengekommen ist, muss die persönliche Identität immer weiter verfeinert und neurotisch verteidigt werden – leider stehen am Ende dann nicht Freiheit und Frieden, sondern ein heilloses Durcheinander, permanente Empörung, ein kakophonisches Stimmengewirr.

Ich erinnere mich gut an meine letzte (zweieinhalbstündige) Alte Messe in Santa Trinità in Rom. Es war Palmsonntag, der erste Tag der *settimana santa*. Ich betrat die Kirche, schaute erst nach oben, dann nach links und nach rechts, und war geschockt: das Kreuz, das Altarbild von Reni, die Gemälde über den Seitenaltären waren allesamt verhüllt und unter violettem Tuch verborgen. Eine Lücke, so radikal, so klaffend, dass sie körperlich schmerzte. Ein Gefühl, als würde man ein Buch aufschlagen, auf das man sich lange gefreut hat, und dann sind alle Seiten weiß, und man blättert weiter, immer schneller und hektischer, zuletzt fast panisch, aber da ist nichts, nur Leere und Sprachlosigkeit – die Karwoche hatte begonnen.

Zugleich war Santa Trinità bis auf den letzten Platz besetzt. Wie Wegelagerer kauerten die Gläubigen vor dem Eingang, im Mittelgang, vor den Seitenaltären, eigentlich überall, wo ein Fleckchen Marmorboden frei geblieben war. Familien, Paare, auffallend viele junge Menschen, eine Gruppe Pfadfinderinnen mit weinroten Baskenmützen. Manche hielten einen Olivenzweig in Händen, andere standen in Zweier- und Dreiergruppen zusammen, starrten gemeinsam auf ein Handydisplay, um die Übersetzung der lateinischen Messe mitzulesen. Viele beteten inbrünstig auf Knien, Babys dösten in den Armen ihrer Mütter, ein junger Vater tauchte das Händchen seines Sohnes in ein Weihwasserbecken und zeigte ihm, wie das geht: sich bekreuzigen. Ich sah diese Menschen und wusste wieder, was ich an dieser Messe so liebe: Sie erschreckt *und* tröstet mich. Sie erschüttert *und* befreit mich. Sie macht mir Angst *und* Hoffnung. Ich habe tatsächlich erst durch sie mit voller Wucht begriffen, worum es in meinem Glauben eigentlich geht, dass man keine Oblate in den Mund geschoben bekommt, sondern den Opfertod Jesu miterlebt, nicht symbolisch, sondern leibhaftig und jedes Mal aufs Neue.

Im Bistum Paderborn wurden Kinder, die seit Jahren die Alte Messe besuchen, gefragt, was ihnen daran besonders gefalle. Die Alte Messe sei feierlicher und geheimnisvoller, sagten sie. Der Altar sei besonders hergerichtet, der Priester trage besondere Gewänder, die Gregorianischen Gesänge seien besonders schön. Dass man nichts verstünde, fänden sie nicht schlimm, ihnen gefiele der Klang des Lateinischen, außerdem gebe es Übersetzungen. Schöner lässt es sich eigentlich nicht ausdrücken: Auch ich empfinde die entrückte Atmosphäre dieser Messe als wohltuendes Geschenk, überhaupt scheinen Kinder oft viel selbstverständlicher als Erwachsene Ehrfurcht empfinden zu können, ohne ihre Erfahrungen reflexhaft bewerten oder in Frage stellen zu müssen.

Ja, das Mit-dem-Rücken-zur-Gemeinde-Stehen des Priesters ist gewöhnungsbedürftig. Aber sitzt ein Busfahrer nicht auch mit dem Rücken zu seinen Fahrgästen, um das Entscheidende, nämlich die Straße, nicht aus den Augen zu verlieren? Nun, das Entscheidende in einer Messe ist die Realpräsenz Jesu Christi – und die vollzieht sich nun mal am Altar. Der Priester moderiert keine Talkshow, er steht vor Gott. Und ja, man kniet viel in der Alten Messe, gleich zu Beginn minutenlang, dazwischen immer wieder, während der Wandlung sowieso, irgendwann schmerzen die Kniescheiben. Auf der anderen Seite: Es handelt sich um eine Passion – soll man sie im Ohrensessel durchstehen? Es gibt Menschen, die Erwachsene auf Knien lächerlich finden. Sich unterwerfen, sagen sie, sei ein Zeichen von Schwäche. Aber eine Frage sei erlaubt: Wenn es Gott wirklich gibt, wie, wenn nicht auf Knien, sollte man sonst vor ihn treten? Etwa schlurfend? Oder schlendernd? Womöglich mit Kaugummi im Mund?

Ja, die wenigsten beherrschen die lateinische Sprache. Aber ist es so schlimm, wenn man eine Messe nicht mit dem Verstand, sondern mit dem Herzen betet? Muss man wirklich verstehen, was im Einzelnen gemurmelt wird (wer die Liturgie kennt, weiß es natürlich trotzdem), wenn man auch auf eine tiefere, unbewusstere Art am Geschehen teilnehmen kann? Eine Erfahrung, die Navid Kermani einmal am Beispiel eines orthodoxen Gottesdienstes in Äthiopien beschrieben hat: »Nicht einmal die

Gläubigen selbst verstehen, was sie da singen; die Bibel wird in der alten Kirchensprache Ge'ez vorgetragen, die nur die Geistlichen beherrschen. Entscheidend ist, dass der Wortlaut stimmt, egal ob der Mensch versteht oder nicht. Auf einer anderen Ebene als der des Verstandes versteht er bestimmt, wenn er von früh bis spät den Gesang hört, das Licht sieht, wie es jeden Moment anders ins Dunkel fällt, den Weihrauch riecht, auf die Knie fällt, in tausend Jahre alten, über tausend Jahre hinweg geheiligten Räumen sich aufhält. Die Gemeinschaft spürt und ebenso, dass er am Ende alleine vor dem Schöpfer stehen wird.«[41]

Dazu kommt, dass ich diese Messe nicht als altertümlich, sondern, im Gegenteil, als erstaunlich modern wahrnehme. In ihrer zeitlosen Archaik wirkt sie rätselhaft und vertraut zugleich, von heiligem Ernst und schwebender Leichtigkeit, präzise choreografiert, trotzdem unverkrampft. Die Atmosphäre ist frei und ungezwungen, niemand wird zischend zur Andacht gemahnt, bürgerliche Konventionen und Äußerlichkeiten spielen keine Rolle, ja es geht äußerst lebendig und manchmal richtig chaotisch zu: Besucher kommen und gehen, verschwinden im Beichtstuhl und tauchen wieder auf, alle paar Minuten durchbricht ein Scheppern die andächtige Stille, dann hat wieder ein frommes Kind eine Münze in den Opferstock geworfen und kniet nun mit gefalteten Händen vor der Heiligen Jungfrau. Die Eltern eines schreienden Neugeborenen werden weder mit bösen Blicken bedacht, noch machen sie Anstalten, den Schreihals vor die Tür zu tragen. Nein, das Kind soll im heiligen Raum verweilen, auch in seinem Gebrüll scheint ein göttlicher Funke zu wohnen, ist doch auch Gott im Stall von Bethlehem nicht nur Mensch, sondern Kind geworden. Vielleicht kann man so sagen: Das Heilige ist in dieser Messe so selbstverständlich anwesend, dass es nicht durch demonstrative Frömmigkeit bezeugt werden muss, Stör- und Nebengeräusche können ihm nichts anhaben. Gerade weil sich das Geschehen im Verborgenen abspielt, offenbart sich das Göttliche umso dramatischer. Man sieht, weil man nichts sieht, und im Nicht-Sehen wächst der Glaube. Es ist wie mit den verhüllten Kunstwerken von Christo und Jeanne-Claude: Als sie nicht mehr zu sehen waren, waren sie da wie nie zuvor.

Die Alte Messe ist der *Ring des Nibelungen* unter den Messen. Man braucht Ausdauer, Geduld und eine große Portion Offenheit. Sie lässt sich weder im Vorbeigehen feiern noch entschlacken oder modernisieren. Es gibt nur zwei Möglichkeiten: Man akzeptiert sie, oder man lehnt sie ab, ein Kompromiss ist nicht möglich. Das Wunder aber besteht darin, dass diese Messe, wie eine große Sinfonie, immer schöner und wahrer wird, je öfter man sie feiert.

Das ganz Andere

Ich bin ein Genießer und Herumtreiber, manche sagen: ein flatterhafter Mensch. Ich liebe das Sinnliche und Schöne, auch gutes Essen. Das kann Sterneküche sein, muss aber nicht. Eismeerforelle mit Sojakristall oder Bockwurst mit Senf – schmeckt mir beides. Mein Vater behauptet, dass ich zu viel Geld für Essen ausgebe, was ich rührend finde, weil er keine Ahnung hat, wie viel es wirklich ist.

Ich mag Reisen ohne feste Route. Wenn ich nicht weiß, wie es weitergeht oder wo ich die Nacht verbringen werde. Ob Mumbai oder Wuppertal, Dschungel oder Schwarzwald, Hauptsache rumfahren, rumschauen und immer wieder spüren, dass alles auch ganz anders sein könnte. Ich mag die Unsicherheit, wenn die Dinge nicht so laufen wie gewohnt. Ich mag die Verletzlichkeit, wenn jeden Moment etwas passieren kann, womit ich nicht gerechnet habe. Ich mag es, wenn ich auf der Hut sein muss, weil die Routinen der westlichen Welt nicht mehr greifen. Je weiter weg das Vertraute, je fremder die Umgebung, desto freier fühle ich mich, manchmal bin ich richtig euphorisch.

Ich bin ein unvernünftiger Mensch, das kann auch gefährlich sein. Einmal bin ich in Ghana in einen tropischen Fluss gesprungen und tauchte neben einer grünen Wasserschlange wieder auf, von der Einheimische später meinten, sie hätte mich töten können. Sobald ich etwas Geld in der Tasche habe, gebe ich es aus. Dann fliege ich übers Wochenende nach Kairo, verbringe den Sonntagabend in einem Hotel-Spa, das ich mir eigentlich nicht leisten kann, oder setze zwanzig Euro auf ein Volleyballspiel der Damen-Nationalmannschaft. Gerade habe ich mir von einem Straßenhändler in Rom einen Schlüsselanhänger andrehen lassen, ein Plastikpapagei, der krächzende Geräusche macht, ich habe ihn Abraxas getauft.

Manche Menschen finden mich unreif oder chaotisch, dabei bin ich nur spontan und abenteuerlustig. Niemals würde ich eine Wetter-App auf mein Handy laden, lieber beobachte ich den Himmel und hoffe, dass alles gutgeht, was es komischerweise auch immer tut. Meinen Regenschirm habe ich in den Nullerjahren verloren, ein Bügeleisen besitze ich nicht, mein Kühlschrank ist fast immer leer, und wenn ich doch mal einen Himbeerjoghurt entdecke, ist das Haltbarkeitsdatum abgelaufen. Vor Kurzem fragte ich einen Freund (und überzeugten Atheisten), ob er dem lieben Gott mal wieder eine Chance geben wolle. Wenn er seine Seele retten wolle, werde es langsam Zeit, er könne mich gern in die Messe begleiten. Darauf meinte er, wenn es das Paradies wirklich gäbe, komme er sowieso vor mir rein. Und was soll ich sagen? Wahrscheinlich hat er recht.

Die »Schwachheiten der Seele«, die »Ausschweifungen der Wollust«, die »Reize der Weiblichkeit« – so hat der französische Schriftsteller François-René de Chateaubriand den Urgrund des Bösen definiert – sind mir nicht fremd.[42] Den meisten Versuchungen in meinem Leben habe ich nicht widerstanden. Ganz sicher habe ich mehr Zeit in Kneipen als in Kirchen verbracht. Ich bin unordentlich und undiszipliniert, gehe zu spät ins Bett, stehe zu spät auf und parke so oft im Halteverbot, dass manchmal gleich mehrere Knöllchen unter dem Scheibenwischer klemmen. Ich bin wahnsinnig neugierig, möchte alles ausprobieren, auch fragwürdige und verbotene Dinge. Manchmal fahre ich mit offenem Fenster durch die Stadt und brülle *Heroes* von David Bowie mit, dann wieder wache ich nachts auf und denke: Mein Gott, was hast du getan? Und was ich eigentlich sagen will: Wer mich nicht kennt, käme nie auf die Idee, dass ich ein religiöser Mensch bin.

So, geschafft!

Es ist ein bisschen peinlich, sich als Tugendprotz, aber noch viel peinlicher, sich als Draufgänger zu beschreiben; ein bisschen wie ein CSU-Politiker, der im Fernsehen damit prahlt, dass er mit dreizehn auch mal an einem Joint gezogen hat. Aber erstens hat ein Freund die Passage abgenickt, sie entspricht der Wahrheit, und zweitens muss ich doch irgendwie klarmachen, dass hier kein Religionslehrer oder Priesteranwärter, sondern ein ganz gewöhnlicher Sünder spricht, der seinen Glauben als wertvolles Korrektiv für ein ansonsten lustvolles Leben empfindet. Es ist nämlich so, dass mich mein Glaube immer wieder zurück ins Gleichgewicht schubst. Er beflügelt mich, wenn ich niedergeschlagen bin, und bremst mich, wenn ich übermütig bin. Immer gibt er mir das unvergleichliche Gefühl, wahrgenommen zu werden, ohne auf mich aufmerksam machen zu müssen, zum Beispiel, indem ich das Internet mit Sätzen vollschreibe, die mir gerade zufällig durch den Kopf gehen. Mein katholischer Freund sagt, dass beides zusammengehört, das Katholische und das Sinnliche, das Strenge und das Liederliche, das Exerzitium und die Ekstase. Und ja, ich habe den Eindruck, dass gläubige Menschen intensiver leben und beides, das Glück und das Unglück, den Rausch und die Reue danach, unmittelbarer, irgendwie ungefilterter erleben.

Es gibt Menschen, denen man ihre Frömmigkeit auf den ersten Blick ansieht. Man schaut ihnen in die Augen und weiß: Okay, du trägst jeden Sonntag die Fürbitten vor, danach gehst du mit dem Pfarrer was essen und eine Runde spazieren. Oft sind die Männer etwas blass und lebensfern, die Frauen tragen dramatisch gemusterte Halstücher, alle haben diesen gütigen, verzeihenden Blick, engagieren sich in der Gemeinde, singen im Kirchenchor, trinken Hagebuttentee aus Thermoskannen. Und obwohl ich diese Menschen aufrichtig bewundere, obwohl ich weiß, dass sie zu den unsichtbaren Stützen unserer Gesellschaft zählen, bin ich so ziemlich das Gegenteil.

Manchmal tue ich Dinge, von denen ich weiß, dass sie Gott nicht gefallen, weshalb ich, statt sie einfach zu lassen, noch währenddessen um Vergebung bitte. Es klingt absurd, aber ich beichte, während ich sündige. Keine schweren Sünden, eher feige Notlügen oder Pointen auf Kosten anderer. Dann ahne ich, dass ich den nächsten Satz nicht sagen sollte, weil er schon lustig, aber auch ein bisschen gemein ist, und schaffe es nicht, ihn zu unterdrücken, so gierig bin ich auf das Gelächter der anderen. Danach plagen mich Schuldgefühle, weil ich weiß, dass mich auch kleine Sünden von Gott entfernen und sich früher oder später gegen mich wenden. Oft fällt es einem nicht auf, weil die Ereignisse mehrere Jahre auseinanderliegen oder auf den ersten Blick nichts miteinander zu tun haben, aber meiner Erfahrung nach bleibt tatsächlich keine Sünde ohne böse Folgen. Es sind die Momente, in denen ich mich damit tröste, dass Jesus nicht seinen Lieblingsjünger Johannes, sondern den gar nicht mal so vorbildlichen Petrus zu seinem Nachfolger gemacht hat, der ihn, um seine eigene Haut zu retten, nicht nur dreimal verleugnet hat, sondern – anders als Johannes – nicht mal unterm Kreuz stand.

Nein, der Glaube ist nicht die höchste Wirklichkeit meines Lebens, und oft wurschtle ich tagelang vor mich hin, ohne dass Gott eine besondere Rolle spielt. Dann bleibt mein Rosenkranz in der Schublade und meine Bibel zwischen Gottfried Benn und Christian Kracht im Bücheregal. Es ist eine Weile her, dass ich sie aufgeschlagen habe, und manchmal frage ich mich, was es zu bedeuten hat, dass ich mit großer Wahrscheinlichkeit sterben werde, ohne das für meinen Glauben entscheidende Buch, die Heilige Schrift, das Wort Gottes, wenigstens einmal vollständig gelesen zu haben. Seit Jahren nehme ich mir vor, jeden Tag wenigstens einige Verse durchzuarbeiten, als Meditation vor dem Schlafengehen oder nach dem Aufwachen, aber ich bin nicht diszipliniert genug, ich halte es nicht durch.

Sobald ich im Ausland bin, besuche ich die Heilige Messe selten bis gar nicht. Ich gehe schon in Kirchen, aber eher wie ein Tourist: Wann wurde sie erbaut? Wer hat das Altarbild gemalt? Welche Kardinäle oder Kaiser ruhen in der Gruft? Zwar habe ich denkwürdige Messen in Ruanda (unter freiem Himmel), im Libanon und in Griechenland gefeiert, aber meistens frühstücke ich am Sonntagmorgen auf einer Dachterrasse oder denke, dass erst Samstag oder schon Montag ist. Sobald ich auf einem anderen Kontinent bin, verschwimmen die Tage und verblassen die Pflichten, dann rückt Gott angesichts überwältigender Eindrücke in den Hintergrund, als würde ich mit Europa auch meine Religion verlassen. Das Gleiche gilt für Wochenendbesuche in Berlin oder Hamburg. Sobald ich bei Freunden zu Gast bin, verzichte ich nicht nur auf den Gottesdienst, ich ziehe ihn nicht mal in Erwägung, lasse ihn einfach unter den Tisch fallen, weil ich niemanden unter Druck setzen möchte, sich zu meiner Religiosität zu verhalten.

Zu Hause gehe ich oft, aber nicht grundsätzlich in den Gottesdienst, wahrscheinlich komme ich auf drei Messen im Monat. Ich weiß, dass es meine Pflicht wäre, das Sonntagsgebot ist mir vertraut, aber manchmal fühle ich mich zu schlapp, dann bleibe ich lieber im Bett oder lese Zeitung in einem Café. Und selbst wenn ich mich überwinde und zwanzig Minuten später in einer Kirche sitze, bin ich manchmal fahrig und zerstreut, eher körperlich als mit dem Herzen anwesend, dann spule ich das übliche Programm ab, aufstehen, hinsetzen, aufstehen, hinknien, alle paar Minuten murmle ich: »Und mit deinem Geiste.« Ich habe mich sogar schon dabei ertappt, wie ich ehrfürchtig das Altarkreuz anstarrte, während ich an das Sonntagsspiel der Fußball-Bundesliga dachte, und eine besonders langweilige Predigt führt fast immer dazu, dass ich einen verstohlenen Blick aufs Handy werfe.

Eine wiederkehrende Erfahrung geht so: Ich sitze in der Abendmesse, schon etwas unruhig, weil ich anschließend mit Freunden zum Essen verabredet bin. Die Wandlung ist vorüber, die Kommunion geschafft, gleich wird der Priester den Schlusssegen spenden, aber erst werden die Ankündigungen für die kommende Woche verlesen – der Bibelkreis entfällt, für das Orgelkonzert gibt es noch Restkarten –, dann endlich die erlösenden Worte:

»Es segne und behüte euch der allmächtige und barmherzige Gott, der Vater und der Sohn und der Heilige Geist.«

»Dank sei Gott dem Herrn.«

»Gehet hin in Frieden!«

146

Sobald die Orgel ertönt und der Priester nach einer letzten Kniebeuge seinen Auszug vorbereitet, greift eine Regel, die ich strikt einhalte, seitdem ich sie mir vor Jahren selbst auferlegt habe: Ich bleibe andächtig stehen, bis auch der letzte Zipfel seines Talars hinter einer Säule verschwunden ist. Dafür kann es mir danach nicht schnell genug gehen: Ich klappe das *Gotteslob* zu, taste nach Handy, Schlüssel, Geldbeutel, verwackle die Kniebeuge und stürme fast zum Ausgang. Erst auf halber Strecke fällt mir auf, dass es viele andere weit weniger eilig haben. Die einen betrachten das Altarkreuz, andere knien sich nochmal hin, blättern im *Gotteslob*, ziehen ein Sterbebildchen aus der Tasche, wieder andere bleiben gedankenverloren sitzen, als gäbe es keinen Ort, an dem sie lieber wären, als begänne nach der offiziellen die persönliche Messe, das innige Zusammensein mit Gott.

Ich sehe ein junges Pärchen, asiatische Züge, er streichelt ihren Rücken, sie hat Tränen im Gesicht. Ich sehe einen Rocker mit langen Haaren, Bikerstiefeln und Lederjacke. Ich sehe einen einarmigen Mann, der seine linke Hand betend vor die Brust hält, während er die rechte im Geiste zu ergänzen scheint. Ich sehe eine blondgelockte Frau mit überquellenden Plastiktüten, pinkfarbene Blüten im Haar. Ich sehe eine junge Mutter, enge Jeans, Turnschuhe, mit ihren beiden Söhnen. Ich sehe einen Mann in beigefarbenem Blouson, der versucht, seinen linken Arm mit dem rechten hinter dem Rücken zu fixieren, aber es gelingt ihm nicht, der Tremor ist zu stark.

Sofort verspüre ich heftiges Interesse an diesen Menschen. Wie glauben Sie? Woran glauben sie? Warum glauben sie? Gleichzeitig schäme ich mich für meine lächerliche Eile. Was bilde ich mir ein? Dass mein Abendessen die verdiente Belohnung für eine durchgestandene Messe ist? Draußen beginne ich zu laufen, quer über den Odeonsplatz rüber ins *Schumann's*, wo meine Freunde sicher schon die ersten Drinks bestellt haben. Meine Schritte hallen in der Dunkelheit, als würden sie mir etwas zurufen, dazu garstiger Nieselregen, knirschender Kies: Wieder einmal habe ich den Gottesdienst eher bewältigt als gefeiert. Wieder mal habe ich es nicht geschafft, in die Zeitlosigkeit Gottes einzutauchen. Wieder mal habe ich nur mein Gewissen und nicht meine Seele beruhigt. Ein Satz des Theologen Karl Rahner fällt mir ein: »Der, der ich bin, grüßt trauernd den, der ich sein möchte.«

Man könnte Belege für meinen Glauben finden: das winzige Kreuz an meinem Schlüsselanhänger, das Kruzifix in meiner Küche oberhalb des Lichtschalters, das Sterbebild meines Onkels im Geldbeutel, die Bibelszene im Arbeitszimmer, auf dunkles Holz gemalt, erworben in einer koptischen Kirche in Kairo. Beim Essen greife ich grundsätzlich drei Sekunden nach allen anderen zu Messer und Gabel, dann danke ich Gott, dass ich jeden Tag so selbstverständlich zu essen und zu trinken habe, wenn Fleisch auf dem Teller liegt, danke ich auch dem Tier, immerhin ist es für mich gestorben. Ich spreche kein Gebet, eigentlich sind es nicht mal vollständige Sätze, eher lose Bilder, die vor meinem inneren Auge vorüberziehen, und obwohl sich meine Lippen dabei leicht bewegen, hat mich noch nie jemand darauf angesprochen.

Stört mich das? Im Gegenteil: Ich möchte mit meinem Glauben weder positiv noch negativ, sondern am liebsten überhaupt nicht auffallen. Okay, ich habe dieses Buch geschrieben, irgendwas muss sich angestaut und nun Bahn gebrochen haben, aber in den knapp fünfzig Jahren zuvor habe ich mehr oder weniger im Verborgenen geglaubt, und es kann gut sein, dass mich der eine oder andere, sollte er dieses Buch entdecken, anruft und fragt: Warum hast du eigentlich nie was gesagt?

Wenn ich am Sonntagabend die guten Schuhe anziehe, um zur Abendmesse in die Theatinerkirche zu gehen – nein, ich mache mich nicht extra schick für den lieben Gott, aber Turnschuhe versuche ich zu vermeiden –, öffne ich meine Wohnungstür einen Spalt und horche ins Treppenhaus hinaus, damit auch wirklich niemand seinen Papiermüll nach unten bringt; nicht aus Feigheit, sondern weil ich keine Lust auf ungebetene Kommentare habe, nicht dass mich am Ende noch jemand interessant oder, noch schlimmer, mutig findet. Ich weiß doch, wie Nachbarn sind, erst recht am Sonntagabend vor dem *Tatort*: »Hoppla, du siehst aber schick aus! Wo geht's denn hin, wenn man fragen darf?«, und ehe man sichs versieht, muss man sich aus den falschen Gründen bewundern oder schief anschauen lassen. Ist das feige? Ist das falsch? Sollte ich mehr zu meinem Glauben stehen? Ihn offensiv herzeigen wie der heilige Paulus, als er sich in Athen ins Zentrum der heidnischen Welt stellte, um den Griechen vom auferstandenen Christus zu erzählen?

Warum bin ich lange so zurückhaltend, so defensiv mit meinem Glauben umgegangen? Es muss daran liegen, dass ich Menschen kenne, die ihren Glauben demonstrativ zur Schau stellen. Eine Weile denkt man: Oha, da ist aber jemand christlich, bis man begreift, dass es denjenigen gar nicht um Christus, sondern nur um sich selbst geht. Oft verbirgt sich hinter der frommen Fassade ein Schrei nach Aufmerksamkeit, manchmal auch eine narzisstische Lust am Dagegen-Sein, eine persönliche Kränkung oder schleichende Radikalisierung. Auf den ersten Blick meint man es mit vorbildlichen Christen zu tun zu haben, die mutig ihren Glauben bekennen, dabei haben sie oft nur den Anschluss an die Gesellschaft verloren. Im tragischen Fall handelt es sich um einsame Frömmler, die sich verbissen an den Glauben klammern, weil sie nichts anderes haben, im schlimmsten Fall um regressive Ideologen, die sich den Glauben im Schmollwinkel zurechtbasteln, mit großer Geste das christliche Abendland verteidigen, aber seit Monaten keine Messe besucht haben, geschweige denn christlich handeln.

Die Verlockung, sich im Namen des Glaubens in die Totalopposition zu verabschieden, ist mir nicht fremd. In manchen Momenten kommt mir unsere Zeit so verkehrt vor, dass ich mich regelrecht in die Arme Gottes flüchte, um mich eine Weile vor den Zumutungen des Alltags verstecken zu können. Ich kenne die Versuchung, sich die skeptischen Blicke der anderen wie eine Auszeichnung ans Revers zu heften. Was Ernst Jünger über den Dichter als solchen geschrieben hat, gilt auch für den gläubigen Menschen: Er ist überflüssig in der technisch-ökonomischen Welt, das macht sein Elend und seine Größe aus. Ja, es kann sich erhebend anfühlen, im Gegenwind für etwas zu kämpfen, trotzdem wehre ich mich dagegen, meinen Glauben als Auszeichnung zu empfinden oder ihn zur Imagepflege zu missbrauchen; es wäre nicht nur eitel, es würde Gott auch nicht gefallen.

»Crux stat dum volvitur orbis«, lautet der Wahlspruch des Karthäuserordens. »Das Kreuz steht fest, während die Erde sich dreht.« In dieser Standfestigkeit liegt eine große Kraft, aber auch eine Gefahr, weil Stabilität zu Erstarrung, Erstarrung zu Verbitterung und Verbitterung zu Radikalisierung führen kann. Dazu kommt, dass gläubige Menschen keineswegs bessere Menschen sind. Dafür kenne ich zu viele bezaubernde Atheisten und scheinheilige Christen, dafür kenne ich mich auch selbst zu gut.

Nein, der Glaube darf nicht zur Ideologie oder zur Waffe werden. Er hat nämlich nicht nur mit dem Lobpreis Gottes und der Hoffnung auf das ewige Leben, sondern immer auch mit Verantwortung gegenüber der Schöpfung, mit Weltveränderung und -gestaltung zu tun.

+++

Ich möchte eine Vermutung formulieren, von der ich nicht sicher bin, ob sie stimmt, aber weil sie schon so lange durch meinen Kopf geistert, schätze ich, dass irgendwas dran sein muss: Gerade *weil* ich ein mittelmäßiger Christ und unverbesserlicher Genussmensch bin, weil ich zwanglos vor mich hin lebe, heute hierhin und morgen dorthin reise und dauernd über Ziele und Grenzen hinausschieße, zieht mich die strenge, die traditionelle Seite des Christentums an, nicht weltanschaulich, aber liturgisch und ästhetisch: die Alte Messe, der Gregorianische Choral, mittelalterliche Mystiker, kontemplative Orden, jahrhundertealte Riten. Der Glaube als radikales Gegenmodell zu einer durchökonomisierten Wirklichkeit, die mir oft deprimierend geheimnislos erscheint, der Glaube als letztes Abenteuer in einer entzauberten Welt.

Es war der Soziologe Max Weber, der vor hundert Jahren den Begriff der »entzauberten Wirklichkeit« prägte. Er meinte damit »das Wissen oder den Glauben daran: (…) daß es also prinzipiell keine geheimnisvollen unberechenbaren Mächte gebe, die da hineinspielen, daß man viel mehr alle Dinge – im Prinzip – durch Berechnen beherrschen könne.«[43] Überzeugt davon, dass diese Entwicklung notwendigerweise in Entfremdung, in ein Weltverstummen münden würde, setzte er das Wort »Fortschritt« meist in Anführungszeichen, weil eine vollkommen beherrschbar gemachte Welt nicht nur ihre Magie, sondern auch ihren Sinn verlöre und zu einem »stahlharten Gehäuse erkalte«, bis die Menschen zu einem »Nichts« geworden seien, das sich einbildet, »eine nie vorher erreichte Stufe des Menschseins erstiegen zu haben«.[44] Ein halbes Jahrhundert später fassten Theodor W. Adorno und Max Horkheimer zusammen: »Aber die vollends aufgeklärte Welt strahlt im Zeichen triumphalen Unheils. Das Programm der Aufklärung war die Entzauberung der Welt.«[45]

Pikanterweise ziehen mich also genau jene Aspekte des Christentums an, mit denen nicht nur die säkulare Gesellschaft, sondern auch viele Christen ein Problem haben. Dummerweise glaube ich, dass es genau diese Erfahrungen sind, die uns zu Beginn des 21. Jahrhunderts am meisten fehlen: Demut, Ehrfurcht, Stille, Rhythmus, Rituale. Die Dinge nicht dann tun, wenn man Lust dazu hat, sondern wenn es Zeit dafür ist. Nicht größer, sondern kleiner, nicht lauter, sondern leiser, nicht schneller, sondern langsamer werden. Selbsthingabe statt Selbstverherrlichung. Der Glaube nicht (nur) als pragmatische Lebenshilfe, sondern als Mysterium, das einen aus der Logik des Likens, Hatens und Swipens heraus in die Sphäre des Ewigen, Wahren und Heiligen katapultiert. (Mysterium, in dem Wort steckt das altgriechische Verb *myein*, das »still bleiben«, »den Mund halten« bedeutet.) Ein Denken nicht in Quoten und Klicks, sondern in Epochen und Zivilisationen. Ein Ende des Kreislaufs aus Erschöpfung und Ruhelosigkeit. Die Kraft der Tradition, die einer atemlosen Anything-goes-Welt Dauer und Beständigkeit entgegensetzt. Der berühmte Satz des Theologen Karl Rahner, nach dem der Christ der Zukunft ein Mystiker sein werde, einer der Gott wirklich erfahren habe, hat mir immer eingeleuchtet. Unter Mystik verstand Rahner, nicht nur an Gott zu glauben, sondern sein Wirken in allem Geschehen zu erkennen. »Wir sind alle Mystiker, nur manche wissen es und manche nicht«, sagt auch die Theologin Dorothee Sölle. Sich selbst zu vergessen und auf das stille Geschrei zu hören, das da irgendwo in der Welt stecke, darin liege eine mystische Lebenshaltung.[46]

Ich suche im Glauben keine Fortsetzung des Alltags mit spirituellem Anstrich, sondern die größtmögliche Differenz zu meinem sonstigen Leben: ein Klima der Anbetung, einen Raum der Ehrfurcht, eine Sphäre des Friedens, die auf eine grundsätzlich andere Dimension verweist und jenseits dessen liegt, was in unseren Talkshows besprochen wird. Eine Schatzkiste voller Rituale und Traditionen, die tief in die Vergangenheit reichen und noch lange nicht vergessen sein werden, wenn es mich nicht mehr gibt. Etwas, das ich mir selbst nicht geben kann. Tradition, sagt Navid Kermani, sei die Vermittlung der göttlichen Offenbarung durch Generationen von Menschen hinweg; sie sei mehr, als ein Einzelner wissen oder sich ausdenken kann.[47] Was soll daran schlecht sein?

Ich bin mir im Klaren darüber, dass eine junge Familie mit drei Kindern oder eine Witwe, die gerade ihren Mann verloren hat, ganz andere Dinge von der Kirche erwarten und benötigen. Viele brauchen keine heiligen Schauder, sondern einen Menschen, der ihnen zuhört, und zwar nicht für fünf Minuten, sondern dauerhaft und immer wieder, ohne zwischendurch auf die Uhr zu schauen. Aber nochmal: Warum die Dinge gegeneinander ausspielen, wenn im Namen Gottes so vieles neben- und miteinander Platz hat? Tatsächlich ist das Christentum eine riesige Fundgrube für Rituale, an denen Menschen sich festhalten und orientieren können; man muss nur reingreifen, schon fördert man etwas Schönes und Nützliches zutage.

Rituale, schreibt der Philosoph Byung-Chul Han, verwandeln das In-der-Welt-Sein in ein Zu-Hause-Sein, sie machen aus der Welt einen verlässlichen Ort. Während heute eine Kommunikation ohne Gemeinschaft vorherrsche, brächten Rituale eine Gemeinschaft ohne Kommunikation hervor.[48] Er meint damit gerade keine sprach- oder gar seelenlose Gemeinschaft, sondern eine, in der Solidarität und Empathie so selbstverständlich vorhanden sind, dass sie nicht dauernd beschworen werden müssen. Rituale, schreibt auch der Benediktinerpater Anselm Grün, brächten einen in Berührung mit dem heiligen Raum auf dem Grund der Seele, in dem man frei von Erwartungen und Meinungen anderer sei. Dort könne der Mensch ganz er selbst sein, ohne auf sich aufmerksam machen zu müssen. Das Böse und der Schmerz würden nicht verleugnet, weil einen inneren Frieden nur der spüre, der sich mit allem, was das Leben schön und schwer mache, in einem tieferen Grund geborgen wisse.[49]

Ich finde gerade in der strengen Form eine Ordnung, die mir fehlt, und einen Rhythmus, den mein Leben nicht hat. Meine Lebenslust und die Strenge des Glaubens bedingen sich: Gerade, *weil* ich nicht genug vom Leben abkriegen kann, suche ich Gott nicht in homöopathischen Dosen, sondern mit voller Wucht. Statt der allseits geforderten Light-Version des Glaubens, die sich gerade noch in einen durchgetakteten Alltag hineinzwängen lässt, sehne ich mich nach dem vollen Programm, gern auf Latein und mit ordentlich Weihrauch, weil ich in den alten Zeremonien etwas finde, was mir die moderne Welt zwar dauernd in Aussicht stellt, aber verlässlich verweigert, während sie mich in virtuell zerfließende Endlosschleifen verstrickt, die nirgendwo hinführen: das beruhigende Gefühl, Teil von etwas Größerem zu sein.

Je häufiger ich mich von Algorithmen bestätigt fühle, je gnadenloser die Erkenntnis, dass vieles, was auf den ersten Blick aufregend und individuell erscheint, in Wahrheit von Feedbackschleifen reproduzierter Konformismus ist, desto größer wird meine Sehnsucht nach religiösen Verpflichtungen, die mich aus der Welt der Zeitvergeudungsangebote herauskatapultieren. Dann möchte ich daran erinnert werden, dass es nicht um Profit, sondern um ein reines Herz geht, darum, mich einer oft zynischen Gesellschaft gerade nicht anzupassen, sondern zu allem, was mir begegnet, eine liebende Haltung einzunehmen, ohne eine Gegenleistung zu erwarten.

Während ich in den Digital-Arenen der Mediengesellschaft permanent das Gefühl habe, dass es im Grunde gleichgültig ist, ob es mich gibt oder nicht, ja dass mir von meinen Followern kein einziger zur Seite stehen würde, wenn ich mich aus einer Notlage heraus an ihn wenden würde, empfinde ich in einer Messe eine unerschütterliche Zugehörigkeit, die sich nicht nur auf Gott und die anderen Besucher, sondern auf alle Christen weltweit bezieht, auch auf die toten. Eine Heilige Messe ist eine grandiose Erfahrung von Nicht-allein-Sein. Während ich auf Instagram aktiv auf mich aufmerksam machen muss, um überhaupt wahrgenommen zu werden, genügt es in einem Gottesdienst, einfach nur da zu sein. Hier ein opportunistischer Zusammenschluss von Einzelkämpfern, dort die Gemeinschaft der Gläubigen, in der jeder Platz findet, der sich für Jesus Christus entschieden hat.

+++

Ich möchte es mir an Gottes Seite nicht gemütlich machen, sondern ergriffen, überwältigt und verwandelt werden, möchte eintauchen in eine Sphäre, in der sich das Unerwartete auftut, wir Christen sprechen von Wundern. Eine lichtvolle Welt, in der *nicht* die Mächtigen, Raffinierten, Kaltschnäuzigen, sondern die Hungernden, Trauernden, Sanftmütigen triumphieren. Ein Erfahrungsraum, in dem ich nichts im Griff habe, sondern bewusst die Kontrolle abgebe, damit etwas mit und an mir geschehen kann. Ja, ich möchte immer wieder und mit voller Wucht an den Skandal erinnert zu werden, der das Christentum ist: Ein Gott ist Mensch geworden, nicht symbolisch, sondern buchstäblich, mit Angst und Schweiß und Tränen.

Ich sehne mich nicht nach sinkenden Roaming-Gebühren, sondern nach dem Einbruch des Heils in eine Welt des Unheils, nach einer Wahrheit, die alles einschließt, worüber ich staune und wovor ich mich fürchte, die Schönheit, die Liebe, den Schmerz und den Tod. Der Glaube als *mysterium tremendum et fascinans*, wie ihn der Theologe Rudolf Otto definiert hat, anziehend *und* erschreckend, fesselnd *und* bedrohlich, halb Entzücken, halb Erschauern. Wer das irritierend findet, hat etwas Grundsätzliches nicht verstanden: Der Himmel ist nicht nur hell. Ja, das Göttliche ist unendlich gütig und barmherzig, aber auch erschreckend, der Einbruch des Heiligen ist keine Kleinigkeit. Deswegen rufen Engel in der Bibel »Fürchtet euch nicht«, bevor sie sich Menschen offenbaren; sie kündigen sich an, um den Schock, den sie als Wesen aus einer anderen Dimension auslösen würden, abzuschwächen.

Das neue iPhone kommt auf den Markt, Taylor Swift ist Milliardärin, Olaf Scholz trägt eine Augenklappe – vieles, was meine Umgebung in Atem hält, interessiert mich nicht, meistens kriege ich es gar nicht mit. Katzenvideos und GigaKombi-Angebote nehme ich zur Kenntnis, aber sie genügen mir nicht, weil ich nicht mehr vom Immergleichen, sondern das ganz Andere suche, das mich durch sein Anderssein erlöst, auch von mir selbst. Manchmal machen sich meine Freunde deswegen über mich lustig. Ich sei ein nostalgischer Sehnsuchtsklumpen, ein Träumer, der glaube, früher sei alles schöner und besser gewesen, aber sie täuschen sich. Zwar glaube ich wirklich, dass wir für den technologischen Fortschritt einen verdammt hohen Preis zahlen müssen, den wir uns viel zu wenig eingestehen, trotzdem weiß ich, dass es diese bessere Vergangenheit nie gegeben hat. Ich lebe gern im 21. Jahrhundert, und sei es nur, um produktiv unter ihm leiden zu können. Abgesehen davon reise ich lieber mit dem ICE als mit der Postkutsche, schreibe lieber Mails als Briefe, inzwischen lese ich sogar meine Tageszeitung digital. Auf viele Errungenschaften der letzten Jahrzehnte möchte ich auf keinen Fall verzichten, und sei es nur, dass ich auf Youtube das Wimbledonfinale 1991 zwischen Boris Becker und Michael Stich anschauen kann.

Trotzdem sollten wir uns genau überlegen, wohin uns der technologische Fortschritt führt und welche Kollateralschäden wir bereit sind in Kauf zu nehmen, und welche nicht. Was für eine Art von Gesellschaft wir sein wollen, und was für eine nicht, weil sie zwar die Dinge am Laufen hält, aber unsere Seelen in Mitleidenschaft zieht. Ich bin noch keine fünfzig, aber beobachte seit Jahren, wie Menschen immer häufiger als ökonomischer Faktor, und immer seltener als Individuen mit eigenen Bedürfnissen und Sehnsüchten begriffen werden. Mit dem Philosophen Robert Spaemann gesprochen: »Es kann ja sein, dass in einer bestimmten Epoche gewisse Praktiken allgemein akzeptiert sind, die dennoch dem Menschen keineswegs bekömmlich sind. Merkwürdigerweise nimmt es jeder ernst, wenn Mediziner sagen, etwas an der üblichen Lebensweise einer Gesellschaft sei falsch. Aber warum wird es nur ernst genommen, wenn es von Medizinern kommt? Könnte nicht eine verbreitete Lebensweise auch für die Seele falsch sein?«

Der Kunstwissenschaftler Jörg Scheller hat einmal den konservativen vom regressiven Typus unterschieden: Im konservativen, so Scheller, schwinge das Sorgsame, Bedachte, Beständige und Anständige mit. Ganz anders der regressive Typus, der mit brachialer Rhetorik und unlauteren Methoden einen Stillstand der Zeit oder eine Rückkehr zu goldenen Zeiten propagiere, die es de facto nie gegeben habe und die sich, hätte sie es gegeben, nicht ohne Gewalt wiederherstellen ließen, weil sich die Medien, Technologien, Lebensstile und Mentalitäten nun mal verändert hätten. So gesehen bin ich wohl ein (liberal-)konservativer Mensch, eher zögerlich als zupackend, eher melancholisch als optimistisch.[50]

Vor diesem Hintergrund bin ich überzeugt, dass der christliche Glaube wertvolle Erfahrungen bereithält, die es anderswo nicht (mehr) zu machen gibt. Erfahrungen, die uns als Gesellschaft schmerzlich fehlen, oft ohne dass wir es merken, allen voran die Erinnerung daran, dass der Mensch nicht das Maß aller Dinge ist. Auch die Schriftstellerin Nora Bossong sagt: »Mir gibt die Messe Halt, weil sie alles Alltägliche in Relation setzt. Sie baut eine Distanz zum Hier und Jetzt auf, aus der ich meine weltlichen Angelegenheiten präziser betrachten kann. Dieses Ritual aufzugeben wäre ein großer persönlicher Verlust. Ich kann nicht verstehen, warum so viele Menschen auf diese transzendentale Erfahrung verzichten, ja sie nicht mal vermissen.«

Zwar sei auch sie kurz davor gewesen, wegen des Missbrauchsskandals auszutreten – sie habe damals nicht nur an der Kirche, sondern grundlegend am christlichen Glauben gezweifelt und versucht, sich am Glauben festzuhalten, aber anders als sonst habe es nicht funktioniert, weil eine Kirche, die ihre Macht so pervers ausgenutzt habe, keinen Halt geben könne –, aber dann sei ihr Vater gestorben, zu dem sie ein enges Verhältnis gehabt habe, und merkwürdig, in dem Moment, in dem der familiäre Halt weggebrochen sei, habe sie plötzlich wieder Halt im Glauben gefunden.

Die Liturgie sei wichtig, sagt sie, vor allem die Eucharistie, die Vergegenwärtigung des Todes, der Auferstehung Jesu Christi. Sie erlebe die Wandlung immer wieder als Wunder und fühle sich in einen Zusammenhang eingebunden, der das Hier und Jetzt übersteige. Schon als Mädchen sei sie auf den Moment versessen gewesen, wenn die Glocke ertöne und die Prozession hereinkomme, der Priester, die Ministranten, der Weihrauch, für sie sei das ein ästhetisches Erlebnis gewesen, das ihr Halt gegeben habe, und daran habe sich bis heute nichts geändert: Wenn sie verzweifelt sei, fühle sie sich in einer Kirche aufgehoben.[51]

Der Glaube besteht aus Gedanken und Handlungen, die sich ein Leben lang wiederholen. Entscheidend ist, dass man sie nicht achtlos abspult, sondern, indem man sie wieder und wieder ausführt, immer tiefer versteht. »Große Dinge werden durch die Wiederholung nicht langweilig«, sagte Papst Benedikt. »Nur das Belanglose braucht die Abwechslung und muss schnell durch anderes ersetzt werden. Das Große wird größer, indem wir es wiederholen, und wir selbst werden reicher dabei und werden still und werden frei.«

Der Religionsphilosoph Jeschajahu Leibowitz wurde einmal gefragt, warum er jeden Morgen – 365 Tage im Jahr – in der Synagoge bete. Um den Inhalt der Worte könne es kaum gehen, der sei jeden Morgen gleich, und Zuhörer gebe es auch nicht. Auf die Frage, ob Gott etwa der Zuhörer sei, meinte Leibowitz, dass sich jeder denkende Mensch im Klaren darüber sei, dass das Gebet nicht dafür da sei, dem Allwissenden Informationen zu übermitteln. Noch abwegiger fand er die Vorstellung, er wolle mit dem morgendlichen Gebet Einfluss ausüben auf den weiteren Verlauf des Tages. Er wisse sehr wohl, dass das Gebet weder Mittel zum Zweck sei noch zum Erwerb von Gesundheit, zum Lebensunterhalt oder für Sicherheit beitrage. Die einzig gültige Antwort hierauf sei also die folgende: »Ich stehe an jedem Morgen früh auf und gehe in die Synagoge, um das Gebot des gemeinschaftlichen Gebets zu erfüllen.«[52]

Es ist wichtig, dass der Glaube nicht erkaltet. Die Beziehung zu Gott muss gepflegt werden, nur so kann sie wachsen und in angsterfüllten Stunden ihre Wirkung entfalten. Es ist tatsächlich so, dass sich meine Sorgen und Nöte nur auflösen, wenn ich regelmäßig bete und die Messe besuche. Man muss es nicht verstehen, man muss es einfach nur tun. Denn tue ich es nicht, habe ich nicht nur das Gefühl, falsch zu leben, mir wird auch nicht geholfen. Das ist kein Hokuspokus, sondern leicht zu erklären: Es kommt zum Beispiel regelmäßig vor, dass ich mir, inspiriert von einer leidenschaftlichen Predigt, vornehme, mein Leben wieder stärker nach Jesus Christus auszurichten. Leider ist drei Tage später nicht mehr viel davon übrig, kommt dann noch Stress im Job oder in der Beziehung dazu, rückt der Vorsatz immer weiter in den Hintergrund, und ehe man sichs versieht, kann man sich nicht mehr an ihn erinnern; es sei denn, ich gehe kurz darauf erneut in die Messe und frische ihn auf, und jede weitere Messe sorgt dafür, dass er lebendig bleibt, und mein Versuch, mein Leben stärker nach Gottes Willen auszurichten, verstetigt sich, bis es mir tatsächlich immer besser gelingt. Der Soziologe Hartmut Rosa schreibt, dass religiöse Traditionen und Praktiken uns nicht nur dabei helfen könnten, die gegenwärtigen Krisen zu meistern, sondern auch eine Gesellschaft, die sich »in rasendem Stillstand« befinde, also immer schneller werde, ohne irgendwo anzukommen, in eine mitfühlende, ausbalancierte Gesellschaft zu transformieren. In einer modernen Demokratie reiche es nicht, dass jeder eine Stimme habe, es brauche auch Ohren, die diese Stimmen hörten, damit so etwas wie »Resonanz« überhaupt entstehen könne. Ein »hörendes Herz« – gemeint ist empathisches, lebendiges Zuhören – falle aber nicht vom Himmel, erst recht nicht in einer Aggressionsgesellschaft wie der unsrigen, es brauche Riten und Räume, in denen empathisches Zuhören eingeübt und erfahren werden könne, und die gebe es vor allem in der Kirche.[53]

+++

Die kürzeste Definition von Religion ist Unterbrechung; so hat es der Theologe Johann Baptist Metz formuliert. Es ist das, was beim Beten passiert: Man unterbricht den Alltag und begibt sich in die Sphäre des ganz Anderen. Was gerade noch wichtig schien – *Was denken die anderen von mir und was denken sie, was ich von ihnen denke?* – spielt keine Rolle mehr. Keine Termine, keine Mails, keine To-do-Listen. Kein Kommentieren, kein Vergleichen, kein Bewerten. Der endlose Strom aus Zalando-Paketen und Instagram-Posts versiegt; nichts wird gekauft oder bestellt. Was Walter Benjamin über den Flaneur schreibt, gilt auch für den Gläubigen: Er protestiert gegen die Betriebsamkeit der Welt.

Diese Unterbrechung kann irritieren oder sogar wehtun. Wir sind es nicht mehr gewohnt, dass nichts passiert. Sobald alles stillsteht, fühlen wir uns unwohl, überflüssig, ja gefährdet. Auf einmal sind da eine quälende Leere und eine dröhnende Stille. Viele ergreifen die Flucht, indem sie sich mit Aktionismus betäuben, doch dann fühlen sie sich irgendwann erschöpft. Nein, es gilt, diese Leere auszuhalten, sich von den tausend Gedanken und Aktivitäten leer zu machen, damit Gottes Geist hineinströmen und die Leere in Fülle verwandeln kann.[54] Ist es nicht erstaunlich, woran wir uns inzwischen alles gewöhnt haben? Die Stille halten wir kaum aus, aber der Lärm und der Stress fehlen uns, sobald sie nicht mehr da sind. Oder haben Sie noch nie den Anflug von Panik gespürt, wenn einem bewusst wird, dass man ein Hotelzimmer ohne WLAN gebucht hat? Dabei kann einem nichts Besseres passieren, weil das digitale Dauerrauschen echtes Hören und damit die Erfahrung des Göttlichen verhindert; erst in der Stille können wir lauschen – und beten.

An guten Tagen verändert sich beim Beten mein Körpergefühl. Der Atem geht gleichmäßiger, meine Nackenschmerzen treten in den Hintergrund, eine Wärme strömt in jeden Winkel des Körpers, ich fühle mich gehalten, geborgen, genau am richtigen Ort. Wahrscheinlich kennen viele Menschen diesen Zustand, man hört auf zu agieren, lässt sich von einer unsichtbaren Kraft an die Hand nehmen, spürt, dass alles gut ist und man selbst im Flow. Sie kennen es vom Yoga, vom Joggen oder vom Sex. Wichtig ist, dass man jetzt nicht stehenbleibt, dass man den Blick nicht aufs Ego, sondern allein auf Gott richtet, dass man kleiner und kleiner und irgendwann nichts wird, um IHN alles sein zu lassen. Natürlich geht es beim Beten auch um Selbstreflexion, wer betet, denkt immer auch über sich, seine Defizite und seine Endlichkeit nach, aber der Lobpreis Gottes sollte im Zentrum stehen. »Denn ich suche nicht meinen Willen«, sagt Jesus Christus, »sondern den Willen dessen, der mich gesandt hat.«

Wenn ich keine Ruhe oder nicht die richtigen Worte finde, weil ich im Stress oder unterwegs bin, bete ich nur ein *Vaterunser* oder ein *Gegrüßet seist du Maria*, ein Ratschlag, den mir Margot Käßmann einmal gegeben hat, die als evangelisch-lutherische Theologin ganz anders glaubt als ich, aber mir vor Jahren eine Geschichte erzählt hat, die mir nie wieder aus dem Kopf gegangen ist: Wie sie eine junge Familie besucht habe, deren Tochter wenige Tage zuvor gestorben sei. Wie sie in sich nach tröstenden Sätzen gesucht, aber nichts gefunden habe, weil da nur eine gewaltige Leere gewesen sei. Wie sie nach einer Weile angefangen habe, leise das *Vaterunser* zu murmeln und sich nach und nach alle an den Händen genommen und mitgebetet hätten und immer lauter und lauter geworden seien. Gerade ein vertrautes Gebet kann dem Unbehagen, der Verzweiflung eine Fassung verleihen.

In einer Messe möchte ich keine positiven, sondern überhaupt keine Gedanken, weil ich am Opfer Jesu Christi nur teilhaben kann, wenn meine Befindlichkeiten keine Rolle spielen. Anders als in einer Therapiestunde möchte ich mein Ich nicht freilegen, sondern überwinden. Während die Angebote der Wellness- und Esoterikindustrie das Ego streicheln und zum Maßstab des Denkens machen, weiß ich als Christ, dass es mir nicht einmal gehört. »Herr, ich bin dein Eigentum,/dein ist ja mein Leben./Mir zum Heil und dir zum Ruhm/hast du mir's gegeben«, heißt es in einem bekannten Kirchenlied aus dem Jahr 1774.

Wenn ich meinen Glauben praktiziere, suche (und bekomme) ich etwas, das ohne ihn nicht zu bekommen ist, auch nicht in der Natur, im Konzert oder im Atemworkshop. In guten Momenten führt er mich weit über ein einfaches »Abschalten« hinaus in ein stilles Einverstandensein mit allem, was geschieht, auch mit dem Leid und dem Tod. Ein grandioses Gefühl von Sinnhaftigkeit. Eine unerschütterliche Gewissheit, dass das Gute wie das Böse einem geheimen Plan folgt, der ins Licht führt. Nie spüre ich deutlicher, was wichtig ist und was nicht, was mich erfüllt und was nicht, wovor ich mich fürchte und wovor ich mich fürchten sollte. Gerade weil die geistliche Sphäre nach anderen Gesetzen als mein Alltag funktioniert, fühle ich mich nicht gegängelt, sondern an die Hand genommen, nicht verpflichtet, sondern eingeladen, nicht belästigt, sondern beschenkt. Der viel zu früh verstorbene Theatermann René Pollesch hat einen großen Satz geprägt: »Schmeiß dein Ego weg und feier, was du liebst.« Trotzdem würde ein Christ anders formulieren: »Schmeiß dein Ego weg und feier Gott.«

In dem Buch *Jenseits des Westens* des Islamwissenschaftlers Stefan Weidner bin ich auf eine Passage gestoßen, die treffend beschreibt, was in mir vorgeht, sobald ich in die Sphäre des Heiligen eintauche – dabei handelt sie nicht mal vom Glauben, sondern vom Reisen: Weidner, 1967 in Köln geboren, verspürte schon als Jugendlicher den Drang, der Enge und Stagnation der alten Bundesrepublik zu entfliehen. Weil ihm seine Umgebung konform und eintönig erschien, begann er sich auf Reisen vorzubereiten, die er später unbedingt machen wollte, belegte

Volkshochschulkurse in Französisch, Russisch und Arabisch, hörte mit Hilfe eines Weltempfängers Nachrichten aus Peking, Neu-Delhi und Johannesburg. »Im unvermeidlichen Rauschen des Äthers schwang das Versprechen von einem Leben mit, das mehr zu bieten hatte als die kleinbürgerliche Schein-Idylle, in der ich aufwuchs. Gerade das Rauschen des Weltempfängers schien die Stimmen aus dem Radio echt und erfahrbar zu machen. Das Rauschen machte deutlich, dass sie wirklich aus der Ferne kamen. Nur die Nachrichten, die mit dem Rauschen einhergingen, schienen etwas Substanzielles zu sagen. Was ohne Rauschen daherkam, ließ sich vernachlässigen – es konnte nicht weit damit her sein.«[55]

Mit sechzehn packte er seinen Rucksack, um die Fremde, von der er bislang immer nur geträumt hatte, mit eigenen Augen kennen zu lernen. Er besorgte sich ein Interrail-Ticket und brach nach Italien, Malta, Griechenland und Marokko auf. Vor allem Marokko war anders als alles, was er bis dahin gesehen hatte: »Meine Vorstellungen versagten«, schreibt Weidner. »Ein fremder Planet wäre mir nicht exotischer vorgekommen. Zugleich – und vielleicht gerade deswegen – bekam das Gesehene und Erlebte eine nie gespürte Präsenz, Gegenwärtigkeit. Es zeigte sich so neu, wie nur je etwas neu und ungesehen gewesen ist. Wenn es mein Ziel war, die Selbstentfremdung aufzuheben oder ihr zu entfliehen, indem ich die absolute Fremde aufsuchte, so gelang dies auf eine Weise, die jede Erwartung sprengte. Ausgerechnet in der größten Fremde gab es die Trennung von innen und außen, Sein und Bewusstsein nicht mehr. In den Erinnerungen an dieselbe Zeit zu Hause sehe ich mich dagegen vor allem als Grübelnden, in riesigem Abstand zu seiner Umwelt.«

Er erinnere sich an die überragende Intensität des Lichts und der Farben, als wäre mit der Überfahrt nach Afrika ein Schleier von der Sonne gezogen worden. Er erinnere sich an die Nähe der Menschen zueinander, an die Selbstverständlichkeit der Kommunikation. Ohne Umstände sei er im Zug mit allen ins Gespräch gekommen, auch sein übliches Misstrauen sei wie weggeblasen gewesen. Geradezu magisch sei es gewesen, dass sein unerwartetes Zutrauen in die Menschen zu keinem Moment enttäuscht worden sei.[56]

Weidners Fazit fällt euphorisch aus, die Konfrontation mit der anderen Welt gleiche einer Wiedergeburt: Es sei das Fremde, das Andere, das verzaubere, nicht die Variation seiner selbst, die absolute Fremde hebe die Entfremdung in ihm selbst auf. »Die Fremde ent-fremdete mich, machte, dass ich mich weniger fremd fühlte – zuerst mir selbst gegenüber, dann im Verhältnis zu meiner Umwelt. Auch wenn oder weil ich vielleicht nur Gast war, fühlte ich mich zu Hause. Ich war im mehrfachen Sinn des Wortes verzaubert – im banalen Sinn ebenso wie in jenem großen eines neuen, magischen Weltverhältnisses.«[57]

Ich weiß noch, wie verblüfft ich war, als ich die Passage las. Es kam mir vor, als hätte dieser Mensch, den ich nie zuvor gesehen hatte, mein Leben beschrieben. Ich hatte nämlich genau die gleichen Erfahrungen gemacht, erst auf Reisen nach Afrika, Asien, Südamerika, und später auch im Glauben. Auch ich hatte die Enge der bayerischen Provinz abgeschüttelt, indem ich in sämtliche Winkel der Welt aufgebrochen war. Auch ich fühle mich auf eine tiefe Art beseelt, sobald ich einen fremden Erdteil nur betrete. Oft passiert es noch auf dem Rollfeld: Mit dem ersten Schritt aus dem Flugzeug scheint alles verwandelt; die Luft riecht erdiger, die Sonne wirkt größer, das Licht strahlender. Das Gefühl der Selbstentfremdung, das mich im Alltag oft quält, das Leiden am Immergleichen, an der Vorhersehbarkeit der Debatten – nachdem die einen das gesagt haben, sagen die anderen jenes –, weicht einer flirrenden Neugierde und Lebendigkeit, sobald ich in einer Garküche in Phnom Penh sitze oder über einen Voodoo-Markt in Afrika schlendere, umgeben von Tinkturen, Pülverchen und getrockneten Kröten. Es mag seltsam klingen, aber ich fühle mich nirgendwo so zu Hause wie in der Fremde. Es ist, als würde ich erst richtig zu mir selbst gelangen, indem ich von meiner normalen Umgebung weggehe. Die Welt erscheint voller Möglichkeiten, und Sorgen, die mir eben noch die Kehle zugeschnürt haben, wirken lächerlich. Der Körper wird mit Lebenslust geflutet, in meinem Kopf türmen sich Ideen, nichts scheint unmöglich. Den Job wechseln? Natürlich! Nach Rom ziehen? Selbstverständlich! Sich noch einmal verlieben, ach was, ein rundherum neuer Mensch werden? Ja, warum denn nicht?! Freilich hält die Euphorie nur ein paar Tage. Sobald man in sein altes Leben zurückkehrt und die Gewohnheit das Kommando übernimmt, wird sie schwächer, irgendwann sitzt man mit der Fernbedienung vor dem *Tatort* und kann sich nicht mehr daran erinnern, dass da mal etwas war.

Es ist diese grenzenlose Freiheit, das Gefühl, dass nichts unmöglich ist, das sich beim Beten in mir ausbreitet. Das Bild mit dem von der Sonne gezogenen Schleier passt: Wer glaubt, sieht anders und anderes; das ganz Andere gibt es in geografischer *und* geistiger Form. Man muss kein Flugzeug besteigen, um auf Distanz zu sich selbst zu gehen. Es reichen ein Gebet oder ein Bibelvers, schon weicht das Gedröhne der Welt dem »lautlosen Dröhnen der Wahrheit« (Heidegger). An Gott zu glauben, das fühlt sich an, als wäre man nach qualvollen Tagen auf offener See auf einer traumhaften Insel gestrandet, die man nie mehr verlassen muss, beziehungsweise: auf die man jederzeit zurückkehren kann. Niemand weiß von dieser Insel oder kann einen daran hindern, sie immer wieder für ein paar Stunden oder Tage aufzusuchen. Der gläubige Mensch lernt, zwischen der Sphäre des Alltags und der Sphäre des Heiligen hin- und herzuspringen, irgendwann verschmelzen beide, gehen ineinander über, lassen sich nicht mehr trennen.

Seit Jahren schwärmen Tech-Unternehmer von »Disruption«, einer produktiven Störung der Verhältnisse, die Fortschritt erst möglich mache. Jede Innovation brauche eine vorhergehende Exnovation, eine Abschaffung des Alten. Eine Welt ohne Wandel sei nicht möglich, man müsse ihn nur gestalten, das Alte immer wieder durch Neues, Besseres, Schnelleres ersetzen. Im Gegensatz zu den systemkonformen Disruptionen der ökonomischen Sphäre, welche die Grundprämissen unseres Systems nicht in Frage stellen, sondern unsere Welt zu einem Warenhaus und aus Konsumenten zunehmend Produkte machen, ist der Glaube *tatsächlich* disruptiv, weil er ein oft kaltherziges System, das Verlierer gnadenlos aussortiert, nicht modifiziert, sondern überwindet. So schrieb ausgerechnet der atheistische Regisseur Pier Paolo Pasolini zu seiner Verfilmung des Matthäus-Evangeliums: »Nichts scheint mir gegensätzlicher zur modernen Welt als jene Christusfigur: sanft im Herzen, aber nie im Denken.«[58] Anders als das zwanzigste soziale Netzwerk mit Zusatzfunktion führt der Glaube heraus aus der Welt des Immergleichen in eine neue Dimension; er bringt die Alltäglichkeit zum Einsturz.

Der Philosoph Byung Chul-Han, ein unermüdlicher Kritiker

der neoliberalen Konsum- und Leistungsgesellschaft, hat mehrere Bücher geschrieben, die indirekt vom Glauben erzählen, ohne von Religion zu handeln. In *Die Austreibung des Anderen* heißt es: »Die Zeit, in der es den *Anderen* gab, ist vorbei. Der Andere als Geheimnis, der Andere als Verführung, der Andere als Eros, der Andere als Begehren, der Andere als Hölle, der Andere als Schmerz verschwindet. Die Negativität des Anderen weicht heute der Positivität des Gleichen.«

Was zunächst verwirrend klingt, wird deutlich, wenn er im Folgenden beschreibt, wie wir zunehmend mit den gleichen von Algorithmen kuratierten Filmen, Serien und Videos gefüttert werden. Wie die Logik des *Ver-Gleichens* in den sozialen Medien das Anderssein ins Gleichsein umschlagen lasse, die zu einer Verfestigung gesellschaftlicher Konformität führe. Wie der Andere (auch das Andere) so lange zurechtgebogen werde, bis sich das Ego darin wiedererkenne. Wie das narzisstische Selbst die Welt allein in Abschattungen seiner selbst wahrnehme, mit der fatalen Folge, dass der Andere verschwinde und das Ich im Selbst ertrinke.

Es fehle der »dialektische Gegenpart«, der auf Menschen begrenzend und formend einwirken könne. Ohne dialektische Spannung entstehe ein gleichgültiges Nebeneinander, eine wuchernde Masse des Ununterscheidbaren, der Terror des Gleichen erfasse alle Lebensbereiche. Man fahre überallhin, ohne eine *Erfahrung* zu machen. Man nehme Kenntnis von allem, ohne zu einer *Erkenntnis* zu gelangen. Man häufe Informationen an, ohne *Wissen* zu erlangen. Man akkumuliere Friends und Follower, ohne je einem Anderen zu begegnen. Kurz: Die digitale Informationsgesellschaft führe Menschen in fortlaufende Ich-Schleifen, immer vorbei am Fremden und Anderen, immer hin zu Gleichen und Gleichgesinnten. Dazu komme der allseits gefoderte Imperativ der Authentizität, der einen Zwang entfalte, sich permanent zu befragen, zu belauschen, zu belauern und dadurch den narzisstischen Selbstbezug weiter verschärfe. Die Folge sei ein Gefühl der Leere, der Scham, der Schuld und der Angst, weil man nur von seinem Gegenteil, vom Anderen seiner selbst, belebt werden könne. Selbstwertgefühl lasse sich nicht produzieren, sondern könne nur durch Liebe und Anerkennung durch andere entstehen. Die Austreibung des Anderen aber bringe eine »adipöse Leere der Fülle« hervor, obszöne Formen der Hypervisibilität, Hyperkommunikation, Hyperproduktion, Hyperkonsumption, kurz: die Hölle des Gleichen.

Ein Hauptmerkmal moderner Gesellschaften sei die Beseitigung jeglicher Negativität: Alles werde (im Sinne des Marktes) geschmeidig und positiv gemacht. Die Burger-Kette »Hans im Glück«, die Facebook-Zentrale »Fun Palace«, die Modekette »Kauf dich glücklich« – die westliche Welt ist durchdrungen vom Postulat des Optimismus. Die Kommunikation werde zum Austausch von Gefälligkeiten geglättet, negativen Gefühlen wie Trauer oder Schmerz werde jede Sprache verwehrt. Die Austreibung der Negativität ziehe einen Selbstzerstörungsprozess nach sich, einen Kreislauf aus Funktionieren und Versagen, den vergeblichen Versuch, sich zu produzieren, indem man sich permanent selbst fotografiere und zur Schau stelle. Die Schriftstellerin Nora Bossong sagt: »Ich vermute, viele Menschen empfinden unterschwellig eine große Leere, die sie dadurch auszufüllen versuchen, dass sie sich in ständiger Betriebsamkeit und auch Selbstbespiegelung halten. Leider handelt es sich nicht um einen gesunden Versuch, weil die Flucht vor der Leere sie ja nicht belebt, es ist nur eine Ablenkung, hinter der sich der Abgrund weiterhin auftut.«[59]

In der Fortschrittsgesellschaft wird die Existenz des Bösen negiert oder veralbert, Angst und Tod werden verdrängt, Schmerz und Trauer gelten als unzumutbar, als hätten negative menschliche Erfahrungen keine Bedeutung und keinen Wert. Das Böse scheinen viele nur noch in Fernsehkrimis zu akzeptieren, die fein austarierten Nervenkitzel in unsere abgesicherten Leben träufeln. Der moderne Mensch erinnert an ein verängstigtes Kind, das sich die Bettdecke über den Kopf zieht, um sich das Böse vom Leib zu halten. Dabei gilt das große Wort von Charles Baudelaire mehr denn je: »Die schönste List des Teufels ist es, uns zu überzeugen, dass es ihn nicht gibt.«

In seinem Buch *Normal – Gegen die Inflation psychiatrischer Diagnosen* schreibt der Psychiater Allen Frances: »1980 hielt man einen Menschen für normal, wenn er ein Jahr lang um einen nahen Angehörigen trauerte. 1994 empfahl man Psychiatern, mindestens zwei Monate Trauerzeit abzuwarten, bevor man Traurigkeit, Schlaflosigkeit, Konzentrationsstörungen und Apathie als behandlungsbedürftige Depression einstufte. Ab Mai 2013 wird nun empfohlen, schon nach wenigen Wochen mit diesen Symptomen die Alarmglocken läuten zu lassen.«[60]

Warum versuchen wir, jeden Anflug von Traurigkeit mit Medikamenten zu verscheuchen? Warum wird man inzwischen sogar von Duschbädern aufgefordert, positiv durchs Leben zu gehen? Warum ist gute Laune zu einem Ziel geworden, das auf keinen Fall unterschritten werden darf? Warum sollen Pfarrer das Wort »Sünde« nicht mehr in den Mund nehmen? Warum wird Ernsthaftigkeit immer öfter als Zumutung empfunden? »Der schaut immer so ernst«, das hört man oft, es ist immer abwertend gemeint.

Die Pflicht zur guten Laune ist nicht nur strapaziös, man

denke an überdrehte Radiomoderatoren, sondern ein ernstes Problem, weil ohne Negativität nur Zerstreuung und Ablenkung, aber niemals Hoffnung entstehen kann. Hoffnung, sagt die Philosophin Corine Pelluchon, sei das Gegenteil von Verleugnung, denn sie setze voraus, dass wir den Problemen ins Auge sehen. Wahre Hoffnung erfordere die Anerkennung des Negativen und sei daher das Gegenteil von Optimismus.[61] Erst wenn man die Illusionen der Allmacht aufgebe, der harten Realität und der eigenen Fehlbarkeit ins Auge blicke, öffne sich der Blick für das, was wichtig sei, was verteidigt und geschützt werden müsse.

Viele werfen der Kirche eine masochistische Fixierung auf das Leid vor, immer drehe sich alles um Schmerz und Tod. Dabei ist die Kirche die einzige Institution, die das Leid und den Tod nicht verdrängt oder totschweigt, sondern ernst und annimmt. Es geht im Glauben nicht um die Kultivierung oder Verherrlichung von Leid, sondern darum, sich von den Wunden der anderen berühren zu lassen, weil es kranke, verwundete und sterbende Menschen nun mal gibt. Der Unterschied ist: Während sie vom sogenannten Gesundheitssystem in einen bürokratischen und oft kaltherzigen Dschungel aus Pflegestufen und Versicherungsleistungen geschleust werden, um irgendwie auf- oder weggeräumt zu sein, werden sie im Kontext des Glaubens nicht nur bis zu ihrem Tod, sondern darüber hinaus als Menschen wahr- und ernst genommen.

In diese Atmosphäre des kollektiven Selbstbetrugs bricht der Glaube wie ein Lichtstrahl in die Finsternis. Als »dialektischer Gegenpart« kann er belebend und korrigierend eingreifen. Als das ganz Andere reißt er den Menschen nicht nur aus der Hölle der Selbstbespiegelung, sondern hilft ihm, das Leid und den

Tod anzuerkennen; die Lüge hört auf. Indem der Glaube vom Selbst weg und zu Gott hinführt, ist er alles auf einmal: metaphysisches Abenteuer, Aufstand gegen die Entfremdung in der Digitalmoderne, Rebellion gegen die Vereindeutigung der Welt, Revolte gegen die Gewalt des Globalen, wirksames Gegengift gegen Ängste aller Art. Die Innenorientierung, schreibt Byung-Chul Han, mache den permanenten Vergleich mit anderen, zu dem der außengeleitete Mensch gezwungen sei, überflüssig: Die soziale Angst verschwindet. Alle Ängste verschwinden. Die Angst zu versagen. Die Angst nicht zu genügen. Die Angst gekränkt zu werden. Die Angst zu scheitern. Die Angst, abgehängt zu werden.[62]

+++

Seit einigen Jahren beschäftigen sich nicht nur Theologen und Philosophen, sondern auch Psychologen mit der Mischung aus Bewunderung und Beklommenheit, die wir Ehrfurcht nennen. Ein Pionier auf dem Gebiet, der Psychologieprofessor Dacher Keltner aus Berkeley, sagt: »Ehrfurcht wird durch Erfahrungen ausgelöst, die jenseits unserer Kontrolle und unseres Vorstellungsvermögens liegen.« Im Kern gehe es darum, die eigene Begrenztheit zu erkennen, den Blick von sich selbst wegzulenken, hin zu einer Sache, die größer sei als man selbst. Ehrfurcht mache bescheiden, man fühle sich wie ein kleines Körnchen von Materie in der Unermesslichkeit des Universums.[63]

Gemeinsam mit Jonathan Haidt, einem weiteren Vertreter der Positiven Psychologie, untersuchte er als Erster systematisch, welche Ereignisse Ehrfurcht auslösen. Neben spirituellen Erfahrungen, Musik und Kunst waren das vor allem Erlebnisse in der Natur, eine tiefe Schlucht, ein prächtiger Sonnenuntergang, ein Spaziergang unter Eukalyptusbäumen. In Momenten der Ehrfurcht, sagen die Psychologen, stoße unser mentales Konzept an seine Grenzen. Da gebe es etwas, das wir mit unseren kognitiven Kräften nicht ermessen und durchdringen könnten. Diese Erfahrung könne Menschen tiefgreifend verändern, indem sie sie dazu veranlasse, ihre Konzepte von der Welt zu überdenken. Sie mache empfänglich für neue Wahrheiten und spirituelle Erweckungserlebnisse. Manche Evolutionspsychologen bringen Transzendenzerfahrungen sogar mit handfesten evolutionären Vorteilen in Verbindung: Damit eine Gruppe von Menschen funktions- und überlebensfähig sei, müssten sich Individuen dem kollektiven Wohl unterordnen. Das Interesse Einzelner müsse in manchen Situationen hinter dem großen Ganzen zurückstehen. Genau dabei könne Ehrfurcht unterstützend beitragen, indem sie zu einer freiwilligen Selbstaufgabe auf Zeit führe, von der womöglich schon unsere Vorfahren profitiert hätten, wenn es darum gegangen sei, Naturgewalten mit vereinten Kräften zu trotzen.

In einem Experiment ließen die beiden Forscher Versuchspersonen über einen Campus gehen. Die erste Gruppe stieß dabei auf eine fünf Tonnen schwere, naturgetreue Skelettnachbildung eines Tyrannosaurus Rex. Dort sollte sie einen Fragebogen ausfüllen und Sätze vervollständigen, die mit »Ich bin …« begannen. Eine zweite Gruppe wurde ebenfalls über den Campus geschickt, allerdings ohne auf den Dinosaurier zu treffen. Die Unterschiede in den Fragebögen waren zwar nicht besonders groß, aber eine Besonderheit fiel auf: Die Teilnehmer, die bei der Beantwortung der Fragen unter dem Skelett standen, beschrieben sich eher als Teil eines großen Ganzen, begriffen sich als »Bewohner dieser Erde« und breiteten weniger persönliche Befindlichkeiten aus. Ehrfurcht, so Keltner, verändere das Selbstkonzept, womöglich mache sie sogar selbstlos.

Eine Untersuchung von Wirtschaftswissenschaftlern aus Stanford und Minneapolis weist in dieselbe Richtung: In einem Experiment wurden zwei Gruppen von Probanden gebeten, persönliche Erinnerungen an einen glücklichen beziehungsweise ehrfurchtsvollen Moment aufzuschreiben. Anschließend wurden die Teilnehmer gefragt, ob sie bereit wären, etwas Zeit zu opfern, um eine gute Sache zu unterstützen. Diejenigen, die über Ehrfurcht geschrieben hatten, beantworteten die Frage häufiger mit *Ja* als jene, die sich an glückliche Momente erinnert hatten. Während Glück die Aufmerksamkeit eher auf das Ich auszurichten scheint, scheint Ehrfurcht sie von der eigenen Person weg hin zu einer anderen, größeren Sache zu lenken.

In einem dritten Experiment wurden Testpersonen erneut in zwei Gruppen eingeteilt. Die eine sah Werbung für einen LCD-Fernseher, in der Wale, Wasserfälle und Astronauten in eine Straßenszene projiziert wurden. Die andere sah Konfetti vom Himmel auf bunt bemalte Menschen fallen. Der erste Film sollte Ehrfurcht wecken, der zweite Freude auslösen. Wer den Walen und Astronauten zugesehen hatte, gab hinterher an, gefühlt mehr Zeit zur Verfügung zu haben. Ehrfurcht, so die Schlussfolgerung der Forscher, verändere das Zeitgefühl und dehne den Moment aus.[64]

Zum Thema Ehrfurcht möchte ich abschließend von einer Begegnung mit Sofia Gubaidulina erzählen, einer der bedeutendsten Komponistinnen unserer Zeit, die in der Sowjetunion aufgewachsen ist und gelebt hat, bevor sie 1992 ein Häuschen im Norden Hamburgs bezog, um fernab der Heimat in Ruhe arbeiten zu können. Eigentlich sagt sie grundsätzlich ab, wenn Journalisten sie besuchen wollen, »keine Zeit, keine Kraft«, erklärt sie dann, sie brauche ihre ganze Energie für die Werke, die sie vor ihrem Tod noch fertigstellen wolle – Gubaidulina ist 92 Jahre alt –, aber für mich hat sie eine Ausnahme gemacht hat. Wer weiß, vielleicht hat sie meine Anfrage gereizt. Ich wollte mit ihr nämlich nicht über Musik, sondern über Gott sprechen, nachdem ich zuvor irgendwo gelesen hatte, dass sie nicht nur tiefgläubig sei, sondern alle ihre Stücke, ja eigentlich jeden einzelnen Ton für Gott komponiere. Unser erster Termin im Sommer 2019 platzte – ein Bruch des Lendenwirbels –, aber ich blieb hartnäckig, und der zweite klappte:

Ich kann mich gut daran erinnern, wie sie auf einmal vor mir stand – eine zierliche Frau in einem dunkelblauen Kleid mit weißen Punkten, halb Wesen, halb Mensch, steinalt und mädchenhaft zugleich. Wie sie mich zaghaft ins Haus bat, mit Trippelschritten ins Wohnzimmer vorausging, wo ein Konzertflügel stand, den ihr der Jahrhundertcellist Mstislaw Rostropowitsch geschenkt hatte, und sich in die Küche verabschiedete, um eine Kanne Tee aufzubrühen. Ich nutzte die Gelegenheit, um mich etwas umzusehen, das mache ich immer, wenn mich Interviewpartner für ein paar Minuten allein lassen. Und nein, ich öffne dann keine Schubladen und lese keine Briefe, aber ich inspiziere das Bücherregal und werfe einen Blick aus dem Fenster. Worauf schauen Künstler, wenn sie schreiben, malen, komponieren, das hat mich immer interessiert.

Gubaidulina schien allein zu leben. Sie war freundlich, aber nicht besonders gesprächig. Ein Musikkritiker meinte einmal, sie schweige mit den Augen, das trifft es ganz gut. Auf dem Esstisch stand eine Ikone, auf einem Schränkchen ein Foto ihrer

Tochter, die, wie sie mir später verriet, mit vierundvierzig Jahren an Krebs gestorben war. Auf dem Schreibtisch lagen lose Blätter, mit winzigen Noten und Buchstaben beschriftet, daneben eine Lupe. Als sie mit der dampfenden Kanne in der Hand zurückkam, erzählte sie, dass sie jeden Tag mit dem Rollator einen kleinen Spaziergang mache, hinter dem Haus lägen Getreidefelder, an denen gehe sie vorbei bis zu einem Wäldchen, um den »Klängen des Universums« zu lauschen. Wir sprachen an diesem Nachmittag eine Stunde lang miteinander, für mehr reichte ihre Kraft nicht, aber in dieser Stunde erzählte sie Dinge, die deutlich machen, was ich mit dem ganz Anderen meine: Sie klingen nur so lange unsinnig, bis man die Grenzen der alltäglichen Welt hinter sich lässt, das Herz aufsperrt und zu lauschen beginnt, zum Beispiel dieser Frau und ihrer Musik.

Gubaidulinas Musik ist düster und gewaltig. Sie speist sich aus vielen Einflüssen und Traditionen, ist mystisch, berückend, intellektuell und emotional zugleich. Ihre Kompositionen, sagt sie, seien der Versuch, die Lücke zwischen menschlicher Unvollkommenheit und unerreichbarem Ideal wenigstens momentweise zu schließen, im Staccato des Lebens das Legato wiederherzustellen. Ihre Themen sind Zeit, Liebe, Hass, Tod, Auferstehung, Gott. Ihre Stücke heißen *Am Rande des Abgrunds*, *Garten von Freuden und Traurigkeiten*, *Der Zorn Gottes*. Fast alle beziehen sich auf Bibelstellen oder mystische Schriften, beinhalten Seufzer- und Kreuzmotive.

Als moderne Mystikerin ist Gubaidulina immer auf der Suche nach Erlösung, auch durch Musik. »Mir scheint«, sagt sie, »dass ich die ganze Zeit durch meine Seele reise, in eine bestimmte Richtung, immer weiter und weiter.« Es geht ihr darum, eine Gegenwelt zu erschaffen, die über den Alltag hinaus auf eine spirituelle Dimension verweist. Wenn Sofia Gubaidulina komponiert, opfert sie sich auf, trägt das Kreuz, bis zur Erschöpfung, bis zum Tod. Stardirigent Simon Rattle hat sie mal einen »fliegenden Einsiedler« genannt, der sich immer auf einer Umlaufbahn befinde und nur gelegentlich festen Boden unter den Füßen benötige. Ab und zu komme sie auf die Erde und bringe uns Licht und gehe dann wieder auf ihre Umlaufbahn.[65]

Auf meine Frage, ob Anstrengung die Voraussetzung für Schönheit sei, antwortete sie: Jeder Mensch wolle ein schönes Leben, aber ein Leben ohne Hindernisse verhindere Tiefe. Deshalb müsse Kunst widersprüchlich, also leicht und anstrengend zugleich sein. Einerseits müsse man frei von störenden Einflüssen sein, um Musik wahrhaftig wahrnehmen zu können, andererseits könne man sie nicht verstehen, ohne maximale Energie aufzuwenden. Wer dazu nicht bereit sei, werde niemals zu ihrem Kern vordringen. Deshalb sei ihr wichtig, dass bei ihren Konzerten nur Menschen im Publikum säßen, die bereit seien, die Musik ungefiltert an sich heranzulassen. Sie möge es nicht, wenn Menschen ins Konzert hetzten, wenn sie, erschöpft vom Leben in der Zivilisation des 21. Jahrhunderts, müde, gestresst oder unaufmerksam seien. Auf meinen Einwurf, dass das ziemlich pessimistisch klinge, meinte sie nur: »Ich bin pessimistisch.«

Nach zehn Minuten war klar: Ich war nicht umsonst in den Norden gereist. Ich freute mich, dass sie sich auf das Thema einzulassen, ja Freude daran zu haben schien, denn ja, noch sprachen wir über Musik, aber der Glaube schwang schon mit, die Musik als Medium, um zum Göttlichen überhaupt vordringen zu können. Ich war fasziniert von dieser Frau. Sie war mir nicht nur sympathisch, in ihrer zurückgenommenen Art lag ein großer Zauber. Sie sprach aufrichtig und angstfrei, für einen Interviewer ein großes Geschenk in einer Zeit, in der viele Künstler und Politiker aus Angst vor einem Shitstorm nur noch glattgebügelte Dinge sagen, über die sich garantiert niemand aufregt. Sofia Gubaidulina schien sich keine Gedanken darüber zu machen, wie ihre Sätze verstanden werden könnten, gleichzeitig machte sie nicht den Eindruck, als würde sie provozieren wollen, sie sagte einfach nur, was sie dachte, und erzählte, was sie erlebt hatte.

Die Bedeutung des Lebens, sagte sie, und damit meine sie nicht nur das eigene kleine Leben, sondern die gesamte Schöpfung, die Sinnhaftigkeit des Universums, könne man nur in der Stille spüren und verstehen. Wer die Welt atmen hören wolle, müsse in die Stille gehen. Für sie sei Stille die Voraussetzung, um Musik überhaupt schreiben zu können. Freilich müsse sie vorher in die Natur und dem Universum lauschen, um anschließend an den Schreibtisch zurückkehren und aufschreiben zu können, was sie gehört habe. Leider werde es immer schwieriger, die Natur zu hören. Nie sei es richtig still, ständig sei man von Reizen und Ablenkungen umgeben. Sie wolle zum Kern der Dinge vordringen, aber der Weg sei zunehmend verbaut, was ihr Komponieren zu einem Martyrium mache: »Wenn ich Musik schreibe, trage ich das Kreuz Jesu Christi. Ich lasse all meine Kraft dabei.«

Im Grunde komponiere sie, weil sie beschreiben wolle, wie das Universum klinge, es mit Worten aber nicht ausdrücken könne. Einmal sei sie einen Feldweg entlanggelaufen, etwas zu schnell für ihr Alter vielleicht, als sich die Sonne urplötzlich in eine blaue Scheibe mit gleißendem Rand verwandelt habe, von dem aus Lichtpfeile in sämtliche Richtungen abgegangen seien. Sie habe gebannt dagestanden, in den Himmel gestarrt und zugeschaut, wie die Sonne zu tanzen begonnen habe – »es war so schön, eine göttliche Kostbarkeit« –, danach sei sie sofort nach Hause, um ihre Erfahrung in Musik zu übersetzen. Es habe nicht funktioniert, aber sie habe alles mit eigenen Augen gesehen, diese Erfahrung könne ihr niemand mehr nehmen.

Auf meine Frage, für wen sie eigentlich komponiere, sagte sie: »Für Gott. Während ich komponiere, bete, nein, eigentlich spreche ich mit Gott.« Jahrtausendelang hätten die Menschen an Götter geglaubt. Sie hätten in den Himmel geschaut und Mächte gesehen, die ihnen überlegen seien. Seit der Aufklärung hätten sie diese transzendente Dimension nach und nach verloren. Jetzt bleibe ihnen nur noch die Erde, jetzt müssten sie sich selbst helfen. Leider nähmen sich die meisten Menschen zu wichtig, seien arrogant, hochmütig und überzeugt, ihre Probleme selbst lösen zu können. Sie finde diese Haltung nicht überzeugend. Ohne Religion gehe der Sinn des Lebens verloren.

Auf meine Frage, ob sie Musik akzeptiere, die nicht Gott zum Ziel habe, antwortete sie: »Die Frage ist falsch gestellt, weil ich glaube, dass sich jede Musik in letzter Konsequenz auf Gott bezieht. Ich bin davon überzeugt, dass auch ein Komponist, der nicht an Gott glaubt, Gott meint, ohne es zu wissen.« Im Übrigen gehe sie davon aus, dass die Menschheit aktiv Vorbereitungen für ihren Selbstmord treffe. »Wir haben so viele Waffen erfunden, es reicht ein Wahnsinniger, damit die Welt brennt. Gleichzeitig kommt es mir vor, als hätte eine hysterische Heiterkeit von den Menschen Besitz ergriffen. Ich bin sicher, wir stehen vor einem Abgrund. Vielleicht stürzen wir hinein, vielleicht überwinden wir ihn, wir wissen nicht, was kommt.«

+++

Manchmal wache ich morgens auf und empfinde eine Traurigkeit, die ich mir nicht erklären kann. Eigentlich gibt es keinen Grund, die Morgensonne blinkt durch die Bambusrollos, gleich werde ich in die Küche schlurfen, das Radio anstellen, Kaffee machen. Es ist Sommer, ein Tag ohne Termine. Ich könnte mich nochmal ins Bett legen oder an den Starnberger See fahren und ein bisschen schwimmen. Leider fehlt mir die Lust. Irgendwas fühlt sich schief an, als wäre ich in einer falschen Welt aufgewacht.

Als ich die Wohnung verlasse, wird es schlimmer, so umzingelt fühle ich mich von uniformierten Lieferando-Boten, Bäckereiverkäuferinnen mit Latex-Handschuhen und Anzugträgern mit In-Ear-Plugs. Warum denke ich eigentlich immer noch, dass sie Selbstgespräche führen? Eine Horde Schulkinder kommt mir entgegen, keiner spricht mit dem anderen, alle stieren aufs Handy. Eine Weile laufe ich ziellos durch die Gegend, dann setze ich mich auf eine Parkbank, leider sehe ich kein einziges Eichhörnchen, nur Jogger in atmungsaktiven Klamotten.

Es ist merkwürdig, weil alles so normal scheint, wie in einem Katastrophenfilm kurz vor der Katastrophe: Irgendwo dudelt ein Radio, Menschen bringen ihre Kinder in die Kita, gehen zur Arbeit, sitzen im Café, lesen Zeitung, manche wirken richtig gut gelaunt, trotzdem erscheint mir die Welt wie ein toter Ort, aufgeräumt, aber leblos, hübsch, aber vorhersehbar, sicher, aber kontrolliert, als hätte jemand eine Decke über das Geschehen gebreitet. Noch scheint alles zu funktionieren, das System schlägt sich wacker – aber wie lange noch?

Klar, wer glauben möchte, dass es bergauf geht, wird Statistiken finden, die genau das belegen. Die Lebenserwartung steigt, der Bildungsgrad auch, der Mindestlohn sowieso, aber können

Zahlenkolonnen zeigen, wie es uns geht? Können Excel-Tabellen in unsere Seelen schauen? Oder könnte es sein, dass sämtliche Kurven nach oben zeigen, nur die entscheidende nicht, weil die Abwesenheit einer Tragödie noch lange nicht Glück bedeutet? Und könnte es ebenfalls sein, dass wir reicher und gleichzeitig ärmer, gesünder und gleichzeitig kränker, toleranter und gleichzeitig missgünstiger, sicherer und gleichzeitig ängstlicher werden?

Ist es Zufall, dass alles, worüber wir uns beklagen, die Gereiztheit auf den Straßen, der Sittenverfall im Netz, die Atomisierung der Gesellschaft, die schwindende Orientierung, die Hoffnungslosigkeit der Jugend, der Abstieg liberaler Demokratien, der Aufstieg autoritärer Staaten in dem Moment begonnen hat, als unsere Kommunikation anfing, digital und in Echtzeit abzulaufen? Und warum bekommt man, wenn man ein Problem mit dem Handy oder einer Flugbuchung hat, eigentlich kaum noch einen echten Menschen an den Apparat? Warum muss man sich immer mit Chatbots auseinandersetzen, die einen falsch oder gar nicht verstehen? Warum kriegt man immer seltener einen Namen, eine Adresse, eine Nummer, an die man sich vertrauensvoll wenden kann?

Der Maler Daniel Richter sagt: »Der Lebensentwurf, den Bezos, Thiel, alle diese Leute für die Menschheit haben, ist eine extreme Isolation des Individuums. In einer permanenten Kommunikation mit der Außenwelt über digitale Kanäle. Die ideale Vorstellung ist, ich sitz da, guck Netflix, sag dann ab und zu: Alexa, bestell mir eine Pizza. Dann kommt ein indischer Typ, der für drei Euro die Stunde die Pizza bringt. Ab und zu spende ich was über PayPal, ansonsten warte ich darauf, dass meine Eltern sterben, dann erb ich deren Haus auf Mallorca und abonnier HBO. Oft bin ich sehr erschöpft, dann flieg ich ins Yoga Retreat nach Goa, wellnessen.«[66]

In der asiatischen Philosophie gibt es das Bild, dass Menschen sich nur nah sein können, wenn sie voneinander entfernt sind, dass ein leerer Raum zwischen ihnen bestehen bleiben muss, der es erst möglich macht, sich aufeinander zuzubewegen. Nähe ist eine dialektische Größe, die immer wieder neu austariert werden muss. Wenn jeder mit jedem zu jedem Zeitpunkt vernetzt ist, entsteht keine Nähe, sondern Überdruss, keine Intensität, sondern Lärm, keine Freiheit, sondern Abhängigkeit.

Wir sehen doch, dass das Netz die Menschen nicht zusammenführt, sondern voneinander entfernt, dass die Solidarität nicht zunimmt, sondern schwindet, dass uns der Rhythmus und das richtige Maß abhandengekommen sind, aber keiner traut sich etwas zu sagen, weil es *systemisch* ist, weil wir sonst *im internationalen Vergleich zurückfallen*. Ich glaube, dass sich die Technologie, nachdem sie uns lange bereichert hat, längst gegen uns gewendet hat, dass sie uns eher behindert als nützt, dass sie uns haltlos, ängstlich und einsam macht. Sicher wird unser Leben schneller, bequemer und praktischer, aber ist es das, was wir brauchen? Ein Song von Blumfeld kommt mir in den Sinn: »Die Nacht in meinen Augen nimmt kein Ende./ Ich fühl mich schwach und will um Hilfe schreien./ Ich sehe schwarz und mal es an die Wände./ Lass dieses Reich nicht mein Zuhause sein.«

Ich sehe Roboter, die unsere Herzkranzgefäße löten, KI-Waffensysteme, die unsere Kriege führen, Drohnen, die unsere Pakete liefern, Automaten, die unsere Lust befriedigen, Robo-Adviser, die unsere Aktien handeln, Chatbots, die unsere Anrufe entgegennehmen, Software, die unsere Gedichte schreibt, unsere Lieder komponiert, unsere Bilder malt. Manchmal frage ich mich, was wir eigentlich den ganzen Tag machen, wenn Künstliche Intelligenz unsere undankbarsten Aufgaben übernommen hat. Wie wird unser Leben aussehen, wenn alles, woran gerade geforscht wird, eines Tages Wirklichkeit wird. Wird es besser, schöner und gerechter sein? Oder nur praktischer, bequemer und reibungsloser? Werden wir freier, mündiger und glücklicher sein? Oder nur betäubter, angepasster und domestizierter? Werden wir unseren Kindern Märchen vorlesen und unseren Alten die Hände halten? Oder morgens Mails schreiben, nachmittags Serien gucken und abends mit Freunden chatten? Tatsächlich werden wir durch Künstliche Intelligenz nicht nur von lästigen Tätigkeiten befreit werden, sondern auch jede Menge Glücksmomente und Sinnerzeugungsmöglichkeiten verlieren, weil Glück nicht geplant werden kann, sondern sich ereignet, wenn wir am wenigsten damit rechnen.

Werden wir unsere Gehirne kryostatisch einlagern lassen, in der Hoffnung, sie eines Tages duplizieren lassen zu können? Ewiges Leben in Form morphologischer Freiheit? Gnadenlose Selektion durch Pränataldiagnostik? Computerchips in menschlichen Körpern? Der eigene Tod als letzte authentische Erfahrung des späten 21. Jahrhunderts? Der Philosoph Günter Anders hat schon in den Fünfzigerjahren des letzten Jahrhunderts die Frage aufgeworfen, ob wir Menschen Scham empfinden vor der Vollkommenheit der Maschinen, ob wir uns ihnen immer mehr angleichen, weil wir den Wunsch haben, so perfekt zu werden wie sie. Noch einmal Blumfeld: »Wer soll noch kommen um euch zu erlösen?/Ihr habt alles verraten und verkauft./ Ihr seid verloren die Guten wie die Bösen./ Ich seh euch zu wie ihr um euer Leben lauft.«

Schon heute wird jede menschliche Regung gespeichert, analysiert und verwertet. Jeder Schritt, jeder Herzschlag, jedes Gefühl – alles wird feilgeboten, abgebucht, profitabel gemacht, auch unsere Freude, unsere Trauer, unsere Kritik, unsere Angst, unsere Moral, unsere Wut. Jedes Produkt und jede Dienstleistung sind rund um die Uhr konsumierbar, auch am Karfreitag um 15 Uhr, der Todesstunde Jesu. Meine Freunde sagen, ich solle mich beruhigen, in den Risiken lägen auch Chancen, vieles wende sich zum Guten, der medizinische Fortschritt, klimafreundliche Technologien, ein neues Freihandelsabkommen, der DAX habe die 18 000-Punkte-Marke geknackt, im Amazonas sei eine neue Schmetterlingsart entdeckt worden, und ich höre ihre Argumente, aber finde keinen Trost.

Ich werde den Verdacht nicht los, dass wir uns anschwindeln, durchwurschteln, von Scholle zu Scholle springen, dass es keinen Plan gibt, zumindest keinen guten. Sieht denn keiner diese klaffende Lücke? Merkt keiner, dass etwas fehlt, das uns im Innersten bewegt und aneinanderknüpft? Ein Geheimnis, das unser Leben verzaubert? Eine höhere Idee? Eine kollektive Hoffnung? Ein gemeinsames Bewusstsein für das, was zählt? Oder warum die vielen Tabletten? Die dauernde Schlaflosigkeit? Die ständigen Termine beim Therapeuten? Die Sucht nach Endlosunterhaltung bei gleichzeitiger Dauererschöpfung? Die Angst vor der Stille? Die Empörung in den sozialen Medien? Der Teufelskreis aus Begierde und Frustration? Das dauernde Gefühl, nicht genug vom Leben abzukriegen? Manchmal stelle ich mir vor, wie sich ein Mensch, der gerade erst geboren wird, in fünfzig Jahren fragt, warum das Christentum damals eigentlich so unter die Räder gekommen ist, wo es doch eine gute und schöne Sache war und vor allem: nichts Besseres nachgekommen ist. Zur Erinnerung: Der Katholizismus, das Alte, die Welt drum herum, das Moderne, das hat es schon einmal gegeben – im Nationalsozialismus.

Ich werde den Verdacht nicht los, dass wir die Welt neu denken müssen; nicht im Sinne eines Politik- oder Systemwechsels. Ich meine etwas Tieferes, das sich nicht politisch verordnen lässt, einen spirituellen Bewusstseinswandel, der weit über Parlamentsdebatten hinausgeht, eine grundsätzliche Verwandlung der Welt, zum Leuchten gebracht durch die Gnade Gottes, die Erkenntnis, dass unsere Zukunft, wie es Papst Benedikt einmal formuliert hat, im »Sein-für« liegt. Während der Pandemie sah es ein paar Monate lang so aus, als könnte dieser Bewusstseinssprung gelingen, als viele, inspiriert durch die erbarmungslosen Umstände, den Blick für das Wesentliche zurückerlangten: Solidarität statt Konkurrenz, Zeit statt Stress, viel Natur, viel Ruhe. Aber die Entwicklung war nicht nachhaltig, der Mensch vergisst schnell, wenige Monate später war alles beim Alten.

Ich werde regelmäßig von einer Angst heimgesucht. Ich habe aufgehört, darüber zu sprechen; es führt zu nichts. Diese Angst hat nichts mit dem Klima, mit Krieg oder Armut, ja nicht einmal mit dem Älterwerden oder dem Sterben zu tun. Sie ist umfassender und reicht weit über mein eigenes Leben hinaus in eine ferne finstere Zukunft. Es ist die Angst, dass wir uns irgendwann nicht mehr daran erinnern können, was das eigentlich mal war und bedeutet hat: ein Mensch zu sein. Dass der Zauber des Lebens in eine funktionale, digital überwachte Existenz mündet, nur unterbrochen durch gelegentliche Dopaminschübe. Eine Welt, in der gut gelaunte, kontrollierte und dauervernetzte Menschen in einer scheinbar geselligen, aber in Wahrheit beklemmenden Atmosphäre gemeinsam einsam in Salatbowls stochern – ein »kantenfreies Utopia«, wie es der Schriftsteller Bret Easton Ellis mal genannt hat.

Manchmal ist die Angst so groß, dass ich niemanden sprechen möchte, dann gehe ich nicht ans Telefon, checke nicht meine Mails, gehe nicht aus. Meine Freunde sagen: »Wir wissen, wie es dir geht«, aber ich spüre, dass sie es nicht wissen, weil sie es nicht wissen können. Es sind die Momente, in denen ich mich an einem Dienstagnachmittag in eine Kirche setze, nicht um meine Angst zu verdrängen, sondern um sie genauer anzuschauen, weil ich weiß, dass nur dann göttlicher Trost überhaupt zu mir durchdringen kann.

Meistens bleibe ich nur ein paar Minuten, schalte mein Handy auf lautlos, sauge die steinerne Kühle und die letzten Weihrauchreste ein und kann nicht fassen, dass sich fast niemand nach dieser Pracht, nach dieser Stille sehnt. Fast immer bin ich der Einzige, manchmal kniet ein Mütterchen mit Strickmütze vor mir, manchmal huscht der Mesner mit einer Gießkanne durch die Gänge. Wenn ich Glück habe, spielt jemand Orgel, dann bleibe ich länger; es gibt wenig Schöneres als ein privates Orgelkonzert. Fast immer werfe ich fünfzig Cent in den Opferstock, zünde eine Kerze an, spreche ein Gebet, betrachte ein Gemälde oder eine Heiligenstatue. Und wenn ich Minuten später blinzelnd ins Freie trete, hat sich meist nicht viel verändert. Der Tag ist immer noch warm und wolkenlos, auch die Angst ist noch da, und ich weiß immer noch keinen Weg an ihr vorbei, aber ich weiß einen Weg durch sie hindurch.[67]

Im Kloster

Manchmal bin ich mir meines Glaubens nicht sicher, dann scheint Gott so weit weg, dass ich mich frage, wie tief und lebendig er eigentlich ist oder ob es sich nur um sentimentale Reste meiner katholischen Kindheit handelt. Vor einiger Zeit nahmen die Zweifel mal wieder überhand, und ich fragte meinen katholischen Freund um Rat. »Geh für ein paar Tage ins Benediktinerkloster Sainte-Madeleine du Barroux«, meinte er.

»Warum gerade dorthin?«, fragte ich.

»Du wirst es merken, wenn du dort bist. Nur so viel: grandiose Landschaft, makellose Form, großartige Liturgie.«

Vier Wochen später nehme ich die Morgenmaschine nach Marseille, hole meinen Leihwagen (Renault Clio) ab und fahre in Richtung Norden, in der Ferne strahlt der Mont Ventoux im fahlen Licht der Wintersonne. Die Landschaft ist karg, fast steppenartig, Olivenhaine, ziegelgedeckte Steinhäuser, hellblaue Fensterläden. Alle paar Kilometer lädt ein Schild zur Weinprobe. Mit Frère Paul bin ich um 15 Uhr an der Klosterpforte verabredet, aber es ist gerade mal Mittag, also ein Zwischenstopp in Carpentras, einem gut gelaunten Städtchen mit prächtiger Kathedrale, ein letztes Mittagessen in Freiheit: Salat mit geröstetem Ziegenkäse, eine Cola auf Eis, ein Espresso. Es ist Mitte Februar, zwölf, dreizehn Grad, trotzdem sitze ich im Freien; jetzt nicht unter Platanen die ersten Sonnenstrahlen des Jahres zu genießen, das käme mir wie Gotteslästerung vor.

Ich war schon in vielen Klöstern, aber nie länger als ein, zwei Stunden, für eine Besichtigung oder ein Orgelkonzert, im Sommer sitze ich gern auf der Terrasse des Klosters Andechs, Schweinebraten essen und Starkbier trinken. Als Junge habe ich meinen Vater oft ins Kloster Sankt Dominikus begleitet, eine schlossartige Anlage in der Nähe meines Heimatortes, wo er Missionsdominikanerinnen ärztlich betreute, die nach Jahrzehnten in Simbabwe und Kenia ihren Lebensabend in der bayerischen Heimat verbrachten. Schon damals war ich beeindruckt von der Harmonie und Aufgeräumtheit, die dieser Ort ausstrahlte. Der liebevoll gepflegte Garten, die geometrisch angeordneten Beete, die endlosen Gänge mit den vielen Türen, alles schien genau am richtigen Platz. Trotzdem war ich immer Besucher, das ist diesmal anders: Ich werde nicht nur eine Woche lang im Kloster wohnen, ich werde auch gemeinsam mit den Mönchen beten, essen und schweigen.

Sainte-Madeleine du Barroux ist ein besonderes Kloster – gar nicht alt, die Abtei wurde 1981 gegründet –, dennoch reist man als Besucher in eine tiefe Vergangenheit, die es nur noch in Geschichtsbüchern und historischen Romanen gibt. Im romanischen Stil aus hellem Kalkstein erbaut, liegt es hineingetupft zwischen Weinbergen und Zypressen auf einem Hügel, darüber ein hoher, weiter Himmel. Die letzten Kilometer lege ich auf einer vielfach ausgebesserten, serpentinenartigen Landstraße zurück, bis zwischen den Pinienkronen erst der abgeflachte Glockenturm, und dann, durchzogen von Kieswegen und Lavendelbeeten, die gesamte Klosteranlage auftaucht, majestätisch, aber ohne Protz, ein Bau von schlichter Eleganz. Ich stelle meinen Wagen ab, gehe einen Abhang hinunter, es weht ein warmer, würziger Wind. Auf halbem Weg zur Kirche bleibe ich stehen, schaue nach links, schaue nach rechts, aber kein Mensch ist zu sehen, das Kloster liegt vor mir wie eine flimmernde Fata Morgana.

Es ist kurz vor drei, als ich die gusseiserne Klinke der Pforte nach unten drücke und in ein karges, weißgestrichenes Vorzimmer gelange, in der Hand eine Reisetasche mit mehreren Büchern und wenig Kleidung. Diese Lektion habe ich schon zu Hause gelernt: Für eine Begegnung mit Gott reichen wenige anständige Klamotten, zwei dunkle Stoffhosen, ein paar Hemden, ein Wollpullover, falls es kalt wird. Ein Anzug würde in einem Kloster nur albern wirken. Für wen sollte ich mich auch schick machen? Sauber und ordentlich gebügelt? Ja. Aber elegant oder originell? Das passt nicht hierher. Dann halte ich plötzlich inne. Sind das Geräusche? Sind da Stimmen? Erst höre ich es nur undeutlich, dann stelle ich meine Tasche ab, lege mein Ohr an die Tür, und ja, ich habe mich nicht getäuscht, da ist Gesang, so ergreifend und schön, als käme er nicht von der anderen Seite einer Holztür, sondern aus einer anderen Dimension: Die vierundfünfzig Mönche von Barroux haben sich zum fünften Stundengebet des Tages versammelt, der 15-Uhr-Termin war bewusst gewählt, ich werde noch eine Weile warten müssen.

Frère Paul ist ein winziges Männchen mit listigen Augen, ich schätze ihn auf sechzig Jahre. Eine heitere Erscheinung mit Nickelbrille, braunen Ledersandalen und schwarzer Kutte – Schwarz als Farbe der Demut und Buße. Auf dem Scheitel ein grauer Haarkranz, die Tonsur, ein Zeichen der gänzlichen Hinwendung zu Gott. Zwar wurde die Tradition 1973 offiziell abgeschafft, dafür hält sie sich in einigen traditionellen Klöstern umso hartnäckiger, so auch in Barroux. Frère Paul lächelt viel, es ist ein spitzbübisches Lächeln, als wüsste er Dinge, die ich noch nicht wissen kann, aber bald erfahren werde, trotzdem scheint er an einem Austausch nicht interessiert. Ob es daran liegt, dass sein Englisch mindestens so erbärmlich ist wie mein Französisch? Ob er noch weitere Gäste in Empfang nehmen muss? Jedenfalls meine ich zu spüren, dass er die Tatsache, dass ich hier bin, nicht zu groß werden lassen will. Er empfängt mich nicht, er fertigt mich ab. Ohne auch nur den Versuch einer Plauderei zu unternehmen, führt er mich in meine Mansarde im zweiten Stock des Gästetrakts, drückt mir ein Faltblatt mit den Klosterregeln in die Hand, mehr müsse ich eigentlich nicht wissen, im Kloster laufe jeder Tag gleich ab, dann huscht er aus der Zelle, meine Begrüßung hat keine zwei Minuten gedauert.

Okay, denke ich, jetzt bist du also im Kloster, leider scheint es niemanden zu interessieren. Es ist irritierend, wenn man einen weiten Weg auf sich genommen hat, um einen Ort kennen zu lernen, und dann fühlt man sich nicht mal willkommen. Erst in den folgenden Tagen wird mir klar werden, dass ich gerade meine zweite Klosterlektion gelernt habe: Nimm dich nicht so wichtig! Reihe dich ein! Diene nicht dir, sondern IHM! »Ach, eine Frage noch«, flüstere ich Frère Paul hinterher, irgendwie möchte ich ihn noch nicht gehen lassen, immerhin könnte es das letzte Gespräch für längere Zeit sein: »Darf ich die Abtei eigentlich auch verlassen?« Selbstverständlich, sagt er, die Pforte sei nur nachts verschlossen. Aber sein amüsiertes Lächeln verrät mir, was er mir eigentlich mitteilen will: Die Abtei verlassen? Wofür? Alles Nötige finden Sie hier: eine Kirche zum Beten, ein Kreuzgang zum Meditieren, eine Bibliothek zum Lesen. Oder haben Sie den weiten Weg auf sich genommen, um *nicht* am klösterlichen Leben teilzunehmen? Es ist der Moment, in dem mir wieder einfällt, wie einer meiner Freunde auf meinen Plan mit dem Kloster reagiert hat: »Ein Kloster in der Provence? Grandiose Idee! Da kannst du endlich mal zur Ruhe kommen.« Und ich so: »Ich möchte nicht zur Ruhe kommen, ich möchte Gott suchen.«

+++

Habe ich mich auf meinen Klosteraufenthalt vorbereitet? Offen gestanden kaum. Die Tage vor meiner Abreise waren hektisch, was auch daran lag, dass ich nicht einschätzen konnte, ob ich vom Kloster aus telefonieren oder Mails würde schreiben können. Ich kenne meinen katholischen Freund, ein Kloster, in dem die Mönche zwischen den Stundengebeten am Computer sitzen, um erbauliche Bestseller zu schreiben, würde er mir eher nicht empfehlen, zumal er weiß, dass auch ich eine Schwäche für Anforderungen habe, denen man nicht gerecht werden kann. Nein, es würde sich um ein kontemplatives Kloster handeln, ohne Bußgürtel und Schuhe mit nach innen gerichteten Nägeln, aber doch um einen Ort, an dem sich die benediktinischen Regeln in all ihrer Strenge und Weisheit erhalten haben.

Eine Woche nicht erreichbar zu sein, das erfordert im 21. Jahrhundert einiges an Vorbereitung: Ich schrieb mehrere Mails an Kollegen, wie im Falle eines Falles mit diesem oder jenem Text zu verfahren sei, verschob einen Hautarzt- und einen Massagetermin, holte mein Auto aus dem Halteverbot, drückte meinem Nachbarn den Postkastenschlüssel in die Hand, richtete eine Abwesenheitsnotiz ein. Eigentlich wollte ich mich in die

Geschichte des Benediktinerordens einlesen, am Ende musste ein Besuch auf der Kloster-Homepage reichen. Dort entdeckte ich einen Satz, der mir so gefiel, dass ich danach das Notebook zuklappte. Auf einmal war ich sicher, mich für den richtigen Ort entschieden zu haben: »Klöster sind stille, zum Himmel erhobene Finger, die hartnäckige Erinnerung daran, dass es eine andere Welt gibt.«

Meine Zelle sieht exakt so aus, wie ich sie mir vorgestellt und eigentlich auch gewünscht habe, weil mich – typisch Wohlstandsbürger, der sich vor lauter Überfluss nach Kargheit sehnt – allein der Anflug von Komfort desillusioniert hätte: ein winziger Holztisch, ein schmales Bett, eine Wolldecke, ein Waschbecken, ein Weihwasserschälchen, eine Regalleiste mit geistlicher Literatur, an der Wand ein blutrotes Holzkreuz. In Barroux hat jede Zelle einen Namen, meine heißt nach dem heiligen Ambrosius (339–397), Bischof von Mailand, Kirchenlehrer der Spätantike und Schutzpatron der Krämer, Imker und Bienen, in dessen Kindheit sich ein Bienenschwarm auf seinem Gesicht niedergelassen haben und in seinen Mund gekrochen sein soll, um ihn mit Honig zu nähren, was als untrügliches Zeichen Gottes gedeutet wurde.

Als ich das Faltblatt mit den Klosterregeln überfliege, streift mich zum ersten Mal die Ahnung, worauf ich mich eingelassen habe: War ich gerade noch übermütig wie vor einer Urlaubsreise, mischt sich nun Skepsis in meine Vorfreude, die Ahnung, dass die nächsten Tage weniger erholsam als beschwerlich, ja dornenreich werden könnten. Unter der Überschrift »Tagesablauf der Abtei« sind sämtliche Stundengebete des Tages aufgelistet: die Matutin um 3.30 Uhr, die Laudes um 6 Uhr, die Prim um 7.45 Uhr, die Sext um 12.15 Uhr, die Non um 14.15 Uhr, die

Vesper um 17.30 Uhr, die Komplet um 19.45 Uhr, dazu kommt jeden Tag eine gesungene lateinische Messe um 9.30 Uhr. Nach der Komplet, dem Abendgebet, herrsche im Kloster das *silentium nocturnum*, das nächtliche Stillschweigen. Die Mahlzeiten seien ebenfalls *en silence* einzunehmen, das Frühstück individuell im Esszimmer des Gästetrakts, das Mittag- und Abendessen gemeinsam mit den Mönchen im Refektorium.

Wie lange dauert ein Stundengebet? Dreißig Minuten? Vierzig Minuten? Wie lange dauert die Messe? Eine Stunde? Anderthalb? Grob geschätzt komme ich auf fünf bis sechs Stunden Beten täglich. Ist das möglich? Was ist mit Sonn- und Feiertagen? Sind die Gäste zur Teilnahme an den Stundengebeten verpflichtet? Was, wenn ich eines verpasse? Werde ich zurechtgewiesen? Wenn ja, wie? Vor allem die Matutin um 3.30 Uhr morgens bereitet mir Sorgen. Zu Hause komme ich selten vor eins ins Bett, und selbst dann liege ich oft lange wach, höre Musik, schaue fern, grüble über dieses und jenes, ich werde meinen Rhythmus umstellen müssen, aber so gut kenne ich mich: Sollte ich es wirklich aus dem Bett schaffen, werde ich mich danach nochmal hinlegen wollen. Aber wird das möglich sein? Sorgenvoll lese ich weiter:

Wer die Beichte ablegen oder ein geistliches Gespräch mit einem Pater führen wolle, könne sich an der Pforte melden. Wer die Klostergemeinschaft unterstützen wolle, könne sich vom Gästepater einfache Aufgaben in der Küche oder im Klostergarten zuteilen lassen. Telefonate mögen bitte in der Telefonkabine in der Pforte geführt, Handys in der Zelle maßvoll und nach der Komplet überhaupt nicht benutzt werden – die Stille sei der größte Reichtum der Mönche, sie begünstige das Gebet, die Arbeit und die Ruhe. Selbstverständlich sei die Unterbringung im Kloster kostenlos, im Hause Gottes könne niemand gezwungen werden, einen Aufenthalt, den er benötige, aus finanziellen Gründen abzubrechen, trotzdem freue man sich über Spenden. Ich werfe einen Blick auf die Uhr. Noch zwei Stunden bis zur Vesper, drei bis zum Abendessen, auf das ich besonders gespannt bin, weil ich von mehreren Seiten gehört habe, wie großartig in Klöstern gegessen werde, nicht feudal oder besonders raffiniert, dafür umso schmackhafter. Da ich keine Ahnung habe, wie es nun weitergehen könnte, packe ich meine Reisetasche aus, sogar meine Hemden lege ich neu zusammen, aber es nützt nichts, nach zehn Minuten gibt es nichts mehr zu tun, und ich lege mich aufs Bett und schließe die Augen. Erstmal ankommen, sage ich mir und nehme mehrere tiefe Atemzüge, immerhin könnte ich am Anfang einer lebensverändernden Erfahrung stehen. Seit Monaten sehne ich mich danach, ohne Termine auf einem Bett zu liegen – nun ist es so weit: nichts sagen, nichts denken, nur Ruhe und Frieden. Das Ganze geht zwanzig Minuten lang gut, dann saust die Stille wie ein Fallbeil auf mein Gemüt herab. Es handelt sich um eine quälende Stille, kein Vergleich zur bloßen Abwesenheit von Geräuschen. Es ist, als hätte jemand schlagartig die Lautstärke abgedreht, begleitet von einem bohrenden Gefühl des Abgetrennt-Seins, von einer Sekunde auf die andere fühle ich mich unendlich einsam.

Normalerweise würde ich jetzt *Spiegel Online* durchscrollen oder ein paar WhatsApp-Nachrichten verschicken, meistens dauert es keine zwanzig Sekunden, bis jemand antwortet, aber das habe ich mir fürs Kloster verboten, denn eines hatte ich schon vor meiner Ankunft begriffen: Um Gott begegnen zu können, kann man nicht weiterwursteln und hoffen, dass er irgendwie dazukommt, nein, man muss die richtigen Bedingungen schaffen, hinter sich selbst zurücktreten, einen Raum schaffen, in dem er Platz finden kann. Das Problem ist nur: Die Stille wird von Minute zu Minute unerträglicher. Wie sonderbar, denke ich, denn eigentlich bin ich gerne allein, ziehe mich nach einem geselligen Abend grundsätzlich für mehrere Tage zurück. Aber auf einmal ist da diese unbändige Lust auf andere Menschen, als müsste ich von einem Gegenüber überzeugt werden, dass es mich wirklich gibt. Soll ich jemanden anrufen? Soll ich im Klostergarten spazieren gehen? Soll ich – Frère Paul hin oder her – ins Dorf runterfahren und ein Bier trinken? Zur Vesper wäre ich zurück, spätestens zum Abendessen, wahrscheinlich würde man es nicht mal bemerken. Eine Weile spiele ich mit dem Gedanken, zugleich ahne ich, dass dies die nächste Lektion sein, ja dass es in diesem Moment und vielleicht auch im ganzen Leben darum gehen könnte, nicht jeder Lust sofort nachzugeben und nicht jede Stille reflexhaft zu verscheuchen, sondern auszuhalten, damit in ihr etwas entstehen kann, was ohne sie nicht entstehen würde. Zu bleiben, wenn man lieber wegrennen würde, in der Schule, in der Familie, in der Beziehung, im Job, in der Kirche, im Leben, auch das lässt sich im Glauben lernen. Wie meinte mein katholischer Freund vor meiner Abreise? »Tobias, du musst diese Stille aushalten, unter Umständen musst du sie lange aushalten, aber irgendwann macht es klick – und dann geht es los!«

Auf einmal steht mein Entschluss fest: Ich werde niemanden anrufen. Ich werde nicht im Klostergarten spazieren gehen. Ich werde nicht ins Dorf runterfahren und ein Bier trinken. Ich werde meine Zelle nicht verlassen. Ich werde auf diesem Bett liegen bleiben und dieser Stille zuhören. »Halte es aus!«, flüstert eine Stimme, von der ich nicht weiß, woher sie kommt, und dazwischen, kaum hörbar, immer wieder mein Freund: »Und dann geht es los!« Tatsächlich werde ich erst gegen Ende meines Aufenthalts eine Ahnung davon bekommen, dass diese Stille die Voraussetzung dafür ist, Gottes Gegenwart überhaupt wahrzunehmen. Dass in ihr eine Freiheit verborgen liegt, viel größer und schöner als die Freiheit, die wir meinen, wenn wir von »unserem Lebensstil« sprechen. Aber noch ist es nicht so weit, noch schlage ich nur das Buch auf, das mir mein Freund mit auf den Weg gegeben hat: *Kraft der Stille – Gegen eine Diktatur des Lärms.* Dieser Schuft wusste genau, was mich erwarten würde. Zum Einschlafen lese ich ein paar Seiten: »Besser ist schweigen und sein als reden und nicht sein. (…) Die Stille ist schwierig, aber sie befähigt den Menschen, sich von Gott führen zu lassen. Aus der Stille wächst die Stille. Und der Mensch ist immer wieder überrascht von dem Licht, das daraus hervorgeht.«

+++

Der Wecker klingelt um 3.20 Uhr. Mein erster Gedanke: liegen bleiben. Der zweite: Wie soll ich Gott begegnen, wenn ich schlafe? Der dritte: Soll *er* zu *mir* kommen wie ein Paketbote? Ein paar Sekunden lang starre ich in die Finsternis, genieße die Wärme unter der Decke, dann zeichnen sich Schemen ab, das Weiß des Waschbeckens, das Kreuz an der Wand, mit einem Ruck richte ich mich auf, taste nach meinen Sachen, schlüpfe in meine Klamotten, schließe die Zelle ab, schleiche über die düstere Treppe nach unten, trete ins Freie. Der Kreuzgang liegt im Dunkeln, am Himmel kein Stern, garstiger Nieselregen – dann höre ich die Glocke.

Die Klosterkirche ist kalt und leer, drei Kerzen flackern im

Altarraum. Kurz werde ich unsicher – bin ich zu früh; bin ich zu spät? –, mache eine Kniebeuge, setze mich auf eine Bank, ziehe den Reißverschluss meiner Jacke nach oben, reibe meine Handflächen aneinander. Da schwingen auch schon die mächtigen Flügeltüren auf, und herein kommen, in Zweierreihen, die Hände unter dem Skapulier verborgen, die vierundfünfzig Mönche von Barroux, zuletzt ein buckliger Greis, auf einen Stock gestützt.

Nachdem sie sich vor dem Altarkreuz und ihrem Abt verneigt und im Chorgestühl Platz genommen haben, entrollt sich eine viele Hundert Jahre alte Abfolge aus Stehen und Sitzen, Verneigen und Knien, Singen und Sprechen. Auf den Eröffnungsvers – »Domine, labia mea aperies, et os meum annuntiabit laudem tuam!« (Herr, öffne meine Lippen, damit mein Mund dein Lob verkünde!) – folgen lateinische Nokturnen, Psalmen und Hymnen, so ergreifend und makellos schön, dass man sie wieder und wieder hören möchte, ja man kann sich gar nicht vorstellen, wie man es so lange ohne diesen Gesang aushalten konnte, und wenn ich nur zwei Stunden länger geschlafen hätte, ich könnte nicht genug bekommen von diesem Schauspiel, nein, das Wort ist grundverkehrt, es handelt sich ja gerade nicht um ein Schauspiel, sondern um den wahrhaftigen Lobpreis Gottes.

Das benediktinische Mönchtum ist die älteste und bedeutendste klösterliche Bewegung des Abendlandes. Um 529 n. Chr. gründete der Einsiedler und spätere Abt Benedikt von Nursia die Abtei Montecassino in einem Apollotempel bei Neapel, die als Stammkloster des Benediktinerordens gilt. Seine Regel, die alte Handschrift von Monte Cassino, ist in so vielen Abschriften erhalten wie kein anderes Werk des frühen Mittelalters. Derzeit gibt es weltweit rund achttausend Benediktiner und 16 000

Benediktinerinnen, die in rund 1200 Klöstern zusammenleben. »Wie bei einem Staffellauf hatten die Mönche die Fackel ihrer Berufung weitergegeben und tun es immer noch«, schreibt der Publizist Peter Seewald. »Von den Vätern in der ägyptischen Wüste wie Antonius und Pachomius bis zu Mutter Teresa von Kalkutta. Es begann mit der Frage, wie einfache Leute, die Jesus ein wenig mehr als nur auf die gewöhnliche Weise nachfolgen wollten, christlich miteinander leben können – und führte zu einem ersten Fall von Globalisierung, nämlich einer beispiellosen, die ganze Welt umspannenden Kette von Niederlassungen in den Tälern und den Zitadellen auf den Bergen, die ihr Licht anzündeten, wenn es dunkel wurde. Es ist nicht übertrieben zu sagen, dass die christlichen Klöster zum wertvollsten Erbe des Abendlandes geworden sind. Nonnen und Mönche bewahren in den Mauern ihrer Klöster und in ihren Herzen gewissermaßen die Quellcodes für die richtige Lebensweise auf und halten mit ihrem Dienst für Gott und Mensch zuverlässig ein Licht am Leuchten.«[68]

Im Gegensatz zu vielen anderen Klöstern kämpft die Abtei von Barroux nicht ums Überleben, sondern steht in voller Blüte. Der Gästetrakt ist das ganze Jahr über ausgebucht, um Nachwuchs muss man sich hier keine Sorgen machen. Wer sich im 21. Jahrhundert für ein monastisches Leben interessiert, scheint es besonders ernst zu meinen und die strenge, beschwerliche Variante zu bevorzugen. Regelmäßig melden junge Männer Interesse an einem Noviziat an, werden jahrelang geprüft – und am Ende doch abgewiesen. Welche Berufung trägt ein Leben lang? Welche nur für ein paar Jahre, weil sie aus einer Laune oder Kränkung heraus empfunden wurde? Das gilt es zu prüfen und herauszufinden. Zum Vergleich: In Deutschland ist die Zahl der Ordensmänner zwischen 1965 und 2015 um zweiundsechzig Prozent, die der Ordensfrauen sogar um über achtzig Prozent zurückgegangen. Im Moment gibt es in den 376 deutschen Männerklöstern gerade mal 21 Novizen, mit der Folge, dass fünfzig Prozent der rund 3200 Mönche über 65 Jahre alt sind.[69] Der Eintritt in ein Kloster ist keine Kleinigkeit, sondern eine der radikalsten Entscheidungen, die ein Mensch treffen kann, zumal eine Rückkehr ins alte Leben nicht vorgesehen ist. (Freilich kann ein Mönch seine Gelübde brechen, aber das verschlimmert seine seelische Lage.) Es ist, als würde man ein Leben aufhören und ein anderes beginnen, man stirbt und wird wiedergeboren, um sich auf der Schwelle zwischen Dies- und Jenseits in ständiger Gegenwart Gottes aufzuhalten. Kaum einer nimmt Notiz von der Existenz der Mönche und Nonnen, die meisten haben vergessen, dass es sie überhaupt gibt, umso mehr kommt es auf sie an: »Der Einsame ist der Delegierte der Menschheit für das Wichtige«, schreibt der kolumbianische Philosoph Nicolás Gómez Dávila.

Im Laufe ihres Lebens legen Benediktinermönche drei Gelübde ab: die *Stabilitas loci*, die lebenslange Bindung an ein Kloster, die *Conversatio morum suorum*, die Einhaltung des klösterlichen Lebenswandels, die *Oboedientia*, den Gehorsam. Nach ihrer Tradition »ora et labora et lege« (»bete und arbeite und lese«) verbringen sie ihre Tage mit Gebeten und geistlicher Lektüre, zum Ausgleich arbeiten sie in den klostereigenen Weinbergen. Macht, Besitz, Sexualität – den ewigen Triebkräften des Menschen stellen sie Gehorsam, Armut, Keuschheit entgegen. Gerade weil Mönche identisch gekleidet sind, treten ihre individuellen Züge umso stärker hervor, man meint den Menschen unter der Kutte erahnen zu können. In Barroux ist alles dabei:

Laienbrüder mit bäuerlichen Zügen (von denen man sagt, dass sie besonders fleißig beten), verzärtelte Feingeister, scheue Einzelgänger, wache Intellektuelle, aufmüpfige Rebellen, gemütliche Genießer. Jeder von ihnen steht für einen bestimmten Weg zu Gott, den kontemplativen, den energischen, den dienenden, den freudvollen, den duldsamen, den zweifelnden.

Diese Männer sind gemeinsam einsam. Sie sehnen sich nicht nach Abwechslung, sondern nach dem Absoluten. Von der Welt sehen sie wenig, ihre Abenteuer sind innere Abenteuer. Sie verdienen kein Geld, machen keinen Urlaub, treffen keine Freunde, sitzen nicht in der Kneipe, liegen nicht am See, spielen nicht Fußball, schauen nicht fern, surfen nicht im Internet, haben kein Handy. Zwar gibt es im Kloster mittlerweile WLAN, aber wer online gehen möchte, benötigt die Erlaubnis des Abtes und damit einen triftigen Grund. Mal eben eine Mail schreiben oder einen Freund anrufen – das geht nicht. Auch Briefe dürfen nicht geschrieben, nur empfangen und beantwortet werden, einzige Ausnahme: die Eltern.

Wer die Mönche eine Weile beobachtet, versteht die Welt nicht mehr: Wie kann man so leben? Wie kann man auf alles verzichten, was für die meisten anderen der Zweck des Daseins ist? Woher nehmen sie ihre Disziplin? Woraus ziehen sie ihr Glück? Wie schaffen sie es, ihr gesamtes Leben an einem einzigen Ort zu verbringen? Wissen sie nicht, was sie verpassen? Haben sie vergessen, wie schön und aufregend die Welt ist? Andererseits geht eine rätselhafte Anziehung von ihnen aus, wenn sie, die Kapuze tief ins Gesicht gezogen, durch den Kreuzgang huschen. Wie gern würde ich einen von ihnen ansprechen, aber scheitere jedes Mal und finde mich irgendwann damit ab, dass ich ihnen nicht nahekommen werde, jetzt nicht und morgen auch nicht, und dass das vielleicht auch gar nicht sein muss. Mönche lachen selten und sprechen wenig, nur Wahres, Gutes und Notwendiges soll über ihre Lippen kommen – da bleibt nicht viel übrig. Wer Glück hat, bekommt ein scheues Lächeln geschenkt, aber die meisten nehmen keine Notiz von ihren Gästen; es ist, als würden sie durch uns hindurchschauen.

Anfänglich irritiert mich dieses distanzierte Verhalten, aber dann fällt es mir wieder ein: Nimm dich nicht so wichtig! Sei dankbar, dass sie dich aufgenommen haben! Sei dankbar, dass sie ihr Essen mit dir teilen! Die Wahrheit ist: Diese Männer haben keine Zeit für Plaudereien. Sie existieren in einer zweiten Wirklichkeit, in der man, anders als bei einer Yogastunde, nicht mal eben vorbeischauen und mitmachen kann. Das mönchische Leben lässt sich nicht per Crashkurs lernen, aber man kann sich davon irritieren und inspirieren lassen. »Ich habe kein literarisches Interesse, sondern bestehe aus Literatur«, schrieb Franz Kafka seiner Verlobten Felice Bauer. Bei diesen Männern ist es ähnlich: Sie haben kein theologisches Interesse, sondern bestehen aus Sehnsucht nach Gott. Und nach meiner Rückkehr in den Alltag werde ich ihre unaufdringliche Freundlichkeit, ihr nach innen gewendetes Lächeln schmerzlich vermissen, so leer und übertrieben kommen mir die routinierten Floskeln und Umarmungen vor, mit denen wir uns unserer Zuneigung versichern.

Diese Mönche sind nicht abweisend, sie haben zu tun. Deswegen gehen und essen sie zügig, deshalb sieht man sie nie herumstehen oder auf jemanden warten; im Kloster wird nicht getrödelt. Diese Mönche dienen zu nichts, sie dienen jemandem. Und wer einmal mit ihnen gebetet hat, kann nicht aufhören, ihnen dankbar zu sein. Und bisweilen, wenn ich nachts aus einer Bar komme, ein Taxi heranwinke und auf die Uhr schaue, stelle ich mir vor, wie sie sich gerade zum ersten Stundengebet des Tages versammeln. Sie tun es nicht, weil sie immer Lust dazu haben. Sie tun es, um ihre Sehnsucht nach Gott nicht abreißen zu lassen. Sie tun es verlässlich und ohne Ausnahme. Sie tun es für das Heil der Welt. Sie tun es für uns.

+++

Montagmorgen, und ich merke schon beim Aufwachen: Ich habe ein Problem. Gestern noch hatte ich gehofft, mich an den gnadenlosen Rhythmus der Stundengebete und die lähmende Stille dazwischen gewöhnen zu können, kurz hatte ich sogar den Eindruck, in diesem Kloster angekommen zu sein, aber es muss sich um ein flüchtiges Hoch nach dem Essen gehandelt haben, denn jetzt merke ich, dass ich nach nicht einmal achtundvierzig Stunden am Ende meiner Kräfte bin.

Das Gefühl der Isolation, des Abgetrennt-Seins hat sich verstärkt. Es ist vom Kopf in den Körper gewandert, breitet sich aus, strömt in jeden Winkel, ich komme mir gelähmt, irgendwie eingekapselt vor, als säße ich an einem Fenster, und dahinter tobt das Leben, dazu kommen quälende Tagträume von sonnendurchfluteten Caféterrassen und Frauen in luftigen Sommerkleidern. Zu Hause hätte ich mich ablenken und ins Kino gehen können, irgendetwas, womit man sich die Zeit vertreiben und auf andere Gedanken kommen kann, gibt es eigentlich immer, notfalls verliert man sich in einer Internet-Tändelei oder setzt sich in ein Café und beobachtet Leute – aber hier gab es nichts dergleichen.

Ich hatte schnell begriffen, dass mein Klosteraufenthalt nichts mit Urlaub zu tun haben würde, aber dass es so schlimm werden würde, damit hatte ich nicht gerechnet. Ja, ich hatte mich nach Ruhe und Abgeschiedenheit gesehnt, um Gott näherzukommen, aber jetzt schleppe ich mich von Stunde zu Stunde, und von Gott keine Spur, nur Stille und Steine. Gäbe es die gemeinsamen Mittag- und Abendessen nicht, wahrscheinlich hätte ich längst das Handtuch geworfen. Zwar sind Gespräche während der Mahlzeiten verboten, aber das fand ich nur am ersten Tag irritierend, inzwischen genieße ich es, mich auf den Geschmack des Essens konzentrieren zu können. »Was machen Sie beruflich?«, »Wie lange bleiben Sie?«, »Ist das Ihr erster Klosteraufenthalt?« – diese Fragen spielen keine Rolle, und ich kann nur jedem empfehlen, es einmal mit dem Schweigen zu probieren. Sich persönlich davon zu überzeugen, wie viel Überflüssiges, Eitles und Langweiliges wir den ganzen Tag von uns geben, um die Leere in uns zu verdecken, ist eine einschneidende Erfahrung. »Der heutige Zustand der Welt, das ganze Leben ist krank«, hat der Philosoph Søren Kierkegaard gesagt: »Wenn ich Arzt wäre und man mich fragte: Was rätst du? – ich würde antworten: Schaffe Schweigen.«

Was gibt es zu essen? Sämige Gemüsesuppen aus Erbsen, Bohnen oder Karotten, ein Stück Quiche oder Käse, etwas Fisch, einige Scheiben Schinken, selbstgebackenes Brot, zum Nachtisch ein Apfel oder ein Schälchen gezuckerten Joghurt, dazu Wasser aus dem Steinkrug und einfachen Landwein. Zwar war der Ordensgründer Benedikt Vegetarier – »auf das Fleisch vierfüßiger Tiere sollen alle verzichten« – doch wurde der Genuss von Fleisch im Jahr 1336 an vier Tagen in der Woche erlaubt. Übrigens reißt die heilige Atmosphäre im Refektorium nicht ab, nein, das Essen gerät zur symbolischen Nachbildung der Eucharistiefeier, ein Bruder trägt in psalmodierendem Sprechgesang geistliche Texte vor.

Wenn Mönche essen, geht es nicht zimperlich zu: Da werden Brotkrusten in Suppe getunkt, Messer mit den Fingern sauber gewischt, Fischgräten aus Zahnzwischenräumen gefingert. Zwar kommt es auch im Refektorium zu keinem persönlichen Kontakt, aber ein angedeutetes Lächeln, ein genervtes Augenrollen, ein verschwörerisches Nicken, das gibt es und lässt einen nur noch neugieriger werden, sodass ich mir im Geiste kleine Geschichten zurechtspinne: Wer mag wen? Wer kann wen nicht leiden? Wer ist obenauf? Wer leidet?

Leider gehen mir die anderen Gäste etwas auf die Nerven. Nicht Pater Hugo, ein kauziger Einsiedler aus Holland, der in Ordnung zu sein scheint, nein, es sind die jungen Männer, die für meinen Geschmack etwas zu verbissen an die Sache herangehen. Komme ich in die Kirche, sind sie schon da, verlasse ich sie, bleiben sie sitzen. Ob sie mich demütigen wollen? Sicher stehen sie fester im Glauben als ich, wahrscheinlich waren sie auch schon häufiger im Kloster zu Gast, aber ihr frommes Getue nervt, der andächtige Blick, das Huschende ihrer Bewegungen. Die Füße des Italieners stecken nackt in Mönchssandalen (im Februar!), der Franzose trägt ein zehn Zentimeter langes Holzkreuz um den Hals, immer schön außen, dabei würde Gott es doch auch unter dem Hemd sehen.

Ach ja, ich habe geschummelt und zwei WhatsApp-Nachrichten von Freunden gelesen. Hat gutgetan, aber bald werde ich mehr brauchen, ein Gespräch, eine echte Begegnung. Meine Sehnsucht nach anderen Menschen wird von Stunde zu Stunde brennender, ist längst im peinlichen Bereich angelangt: Da beschwere ich mich seit Jahren über die Volldigitalisierung der

Welt und drohe am dritten Tag ohne Internet die Nerven zu verlieren. Aber was soll ich tun? Ich habe mich noch nie so abgeschnitten, so ausgeliefert gefühlt. Ob in äthiopischen Slums, japanischen Spielhöllen oder kambodschanischen Bergdörfern, immer war da irgendetwas, an das ich mich klammern konnte, etwas Vertrautes, etwas Warmes, eine Katze oder eine bekannte Melodie, aber in diesem Kloster bin ich hoffnungslos verloren.

Sieben-, acht-, neunmal am Tag gehe ich von meiner Kammer in die Kirche und zurück, dazwischen liege ich angezogen auf dem Bett und lausche dem Sekundenzeiger des Reiseweckers. Nach dem Mittagessen kann ich es nicht mehr leugnen: Ein Lagerkoller hat mich erwischt. Ein Gefühl existenzieller Unverbundenheit von allem, was eben noch mein ganzes Leben war, dazu der dröhnende Kopf, die pochenden Schläfen. Fühlt sich so ein Entzug an? Eine Depression? Kurz spiele ich mit dem Gedanken, das Experiment abzubrechen. Ich könnte meine Sachen packen und verschwinden; niemand könnte mich aufhalten. Ein paar Tage Marseille, ein kleines Hotel am Hafen – warum nicht? Schon heute Abend könnte ich vor schwankenden Segelyachten im Freien sitzen, in der Hand ein Gin Tonic, im Ohr das erlösende Knacken von Eiswürfeln.

Die heitere Gelassenheit der Mönche macht die Sache nicht besser. Allein die Vorstellung, wie selbstverständlich sie ihre Gebetszeiten seit vielen Jahren einhalten, führt dazu, dass ich mir schwach und jämmerlich vorkomme. Ich kenne dieses Gefühl der Unzulänglichkeit: Während einer Bergtour auf den Kilimandscharo schämte ich mich vor den jungen, drahtigen Trägern, achtzehn-, neunzehnjährigen Teenagern, die in zerrissenen Turnschuhen, mit fünfzig Kilo Gepäck auf dem Rücken, so leichtfüßig durch die Felsen kletterten, dass ich mir in meiner maßlosen Erschöpfung (und mit dem kleinen Rucksack) schrecklich behäbig und saturiert vorkam, ein Schreibtischtäter in der Wildnis.

»Mach dir keinen Kopf«, tröstet mich Pater Hugo, dem ich mich nach dem Mittagessen anvertraue. »Was hast du erwartet? Du bist dieses Leben nicht gewohnt. Du bist kein Mönch. Du bist Gast. Und Gott kannst du nicht nur im Kloster begegnen, also stell dich nicht so an und mach einen Ausflug.« – »Aber was soll ich tun, wenn Gott mir offensichtlich nicht reicht, wenn ich mich zu wenig wahrgenommen fühle?«, frage ich. »Soll ich mehr beten? Intensiver beten?« – »Aber nein«, sagt er, »wir sind doch nicht bei den Olympischen Spielen. Du musst Geduld haben. Gott hat auch Geduld mit dir.«

Zwei Stunden später jage ich die Haarnadelkurven des Mont Ventoux nach oben. Große Erleichterung. Große Lust zu schreien. Die Vesper und das Abendessen werde ich verpassen, nicht einmal abgemeldet habe ich mich. Wie ein Junkie, der es ohne Stoff nicht ausgehalten hat, kurble ich das Fenster nach unten, inhaliere die schneidend kalte Luft, mit jedem Meter wird die Landschaft steiler und karger, im Radio endet majestätisch die Erste von Brahms; irgendwann lasse ich den Wagen am Straßenrand stehen, laufe zu Fuß weiter, klettere über Geröll und Schneereste, erreiche den Gipfel, zweitausend Meter über dem Meer, unter mir die Provence, in der Ferne Marseille, dahinter das Meer.

Eine Sache hatte ich mir vorgenommen: Zur Komplet wollte ich zurück sein. Ich wollte mich nach meiner kleinen Revolte wieder in die Struktur des Klosters einfügen, um den Tag mit den Mönchen zu beschließen. Und tatsächlich ist bei diesem letzten Gebet des Tages irgendetwas anders: Die Unruhe ist weg, das ewige Hin und Her. Als hätte jemand einen Schalter umgelegt, ist die Unnahbarkeit Gottes einem angenehmen Geborgenheitsgefühl gewichen. Ich fühle mich aufgehoben und aufgesperrt, kann zum ersten Mal die mystische Atmosphäre genießen, die atmende Stille, die flackernden Kerzen, die geheimnisvollen Silhouetten der Mönche, die sich wie zuckende Scherenschnitte an den Wänden abzeichnen. Und dann – warum hat es so lange gedauert? – bleibt mein Blick zum ersten Mal an diesem Altarkreuz hängen, das mir anfangs gar nicht so gut gefallen hat, zu symmetrisch, zu unnatürlich war mir der kerzengerade Kopf des Gottessohns erschienen, aber auf einmal wirkt er, je länger ich ihn anschaue, umso wirklicher und lebendiger. Erst jetzt fällt mir auf, dass seine Arme schon an diesen Querbalken genagelt, aber vor allem ausgebreitet sind, dass er uns im Sterben einlädt, mit ihm zu sterben, dass er immer da ist, Tag und Nacht, Sommer und Winter, ja dass man ihn, wenn man ihm begegnen möchte, gar nicht verpassen kann. Ein bekanntes Wort des mittelalterlichen Mystikers Meister Eckhart kommt mir in den Sinn: »Gott ist immer in uns, nur wir sind selten zu Hause.«

Nach der Komplet bleibe ich sitzen, es fühlt sich richtig an, noch nicht in meine Kammer zu gehen; zum ersten Mal seit Tagen fühle ich mich nicht verlassen. Ich kann es nicht erklären, weil sich eigentlich nichts verändert hat, aber auf einmal ist da diese Ahnung, dass da jemand ist, der über alles wacht, in diesem Augenblick und für alle Zeit, in allen Dingen und auch in mir. Zum Einschlafen lese ich ein paar Seiten in *Himmel über der Wüste* von Paul Bowles; ein großer Roman, aber ich schweife immer wieder ab und merke, wie mich die Schilderung dieses glamourösen Liebespaars zwar fasziniert, aber von Gott wegführt; es ist ein Buch über die Leere. Am nächsten Tag werde ich Pater Hugo fragen: »Kann es sein, dass ein Roman zwischen mir und Gott steht?«

»Was für ein Roman?«, fragt er zurück. »Geht es um Sex?«

»Nicht direkt.«

»Leg ihn weg, zu Hause kannst du ihn fertiglesen.«

In dieser Nacht liege ich lange wach. Ich fühle mich unruhig und geborgen zugleich, als stünde ich auf einer Schwelle zwischen der Welt da draußen und einer anderen, die ich noch nicht kenne. Während der Komplet habe ich mich zum ersten Mal am richtigen Ort gefühlt. Als könnte etwas beginnen, keine Ahnung, was genau, aber irgendetwas Großes und Sanftes, der Beginn einer Liebe, die mein Leben verändert.

Aber hat dieses Gefühl mit Gott zu tun? Oder war ich nur beschwingt von meinem Ausflug? Kann man sich Gott so hartnäckig einreden, dass er zu einer Wahrheit wird, selbst wenn es ihn gar nicht gibt? Und wenn ja, gibt es ihn dann nicht trotzdem? Solche und andere Fragen gehen mir durch den Kopf, während ich durch die schräge Dachluke in die Dunkelheit starre. Am Firmament flimmern einzelne Sterne, ich ziehe die Wolldecke nach oben, drehe mich zur Seite, in drei Stunden wird der Wecker klingeln.

+++

Wieder spüre ich es beim Aufwachen: Es geht mir besser, die Krise ist überstanden, der Ausflug hat geholfen. Von nun an sitze ich auch außerhalb der Stundengebete in der Kirche, schaue Jesus an, lese in der Bibel, hänge meinen Gedanken nach, was ehrlicherweise auch damit zu tun hat, dass es sonst nichts zu tun gibt. Die quälende Stille hat sich in eine atmende Stille verwandelt; sie tut nicht mehr weh. Ach ja, ich habe angefangen, mit Jesus zu sprechen, nicht laut, aber in Gedanken, zuerst tastend und schüchtern, aber dann immer freier und mutiger, weil man sich vor Christus weder verstellen kann noch muss. Wie liebevoll er mich von seinem Kreuz herab ansieht, ohne Kalkül oder Hintergedanken, ein Blick, wie er in seltenen Nächten im Gesicht eines Freundes aufscheint, wenn man spürt, dass man in all seinen Schwächen und Widersprüchen verstanden und angenommen wird, dass man gar nichts falsch machen kann, und wenn doch, dass einem verziehen wird.

Die Abgeschiedenheit des Klosters, die Allgegenwart des Heiligen, das Zusammensein mit den Mönchen zeigen Wirkung: Habe ich mich in den ersten Tagen noch über positive Nebeneffekte gefreut – Geld gespart, keine Magenschmerzen, zwei Kilo abgenommen –, denke ich jetzt nicht mal mehr darüber nach. Ich nehme dieses Kloster nicht mehr als Gefängnis wahr, sondern als idealen Ort, um eine Weile »bei mir selbst zu wohnen«, wie es beim heiligen Benedikt heißt. Einen Ort, wie geschaffen, um nach eigener Schuld zu fragen, weil es der einzige Weg ist, ein besserer Mensch zu werden. Die steinernen Mauern haben ihren Schrecken verloren, zugleich beginne ich zu ahnen, warum der moderne Mensch Gott nicht spüren kann: weil er Lärm statt Stille, Bestätigung statt Hingabe, Abwechslung statt Wiederholung sucht.

Dieses Kloster ist keine Mogelpackung. Es verspricht nichts, was es nicht halten kann. Als Besucher darf man eine Weile mitmachen, im Gegenzug bekommt man Erfahrungen geschenkt, von denen man vorher nicht einmal wusste, dass es sie überhaupt gibt. Erst jetzt wird mir die tiefe Harmonie bewusst, von der dieser Ort durchdrungen ist, als würde sich in ihm die Ordnung der Schöpfung spiegeln. Nichts ist zu klein oder zu groß, zu laut oder zu leise, alles ist »nach Maß und Zahl und Gewicht geordnet«, wie es im Buch der Weisheit heißt, man muss nichts dazutun, kann aber auch nichts wegnehmen, sogar der kleine Lichtschalter neben meinem Bett ist genau auf der richtigen Höhe, um, ohne noch einmal aufstehen zu müssen, im Halbschlaf das Deckenlicht zu löschen. Dieser Ort ist rundherum gelungen. Ein zu Ende gedachter Bezirk, wie geschaffen, um sich vom Unrat und der Unrast zu befreien.

Wenn in der Kirche nur wenige Kerzen brennen und alle gemeinsam eine Stille herstellen, dass man meint, den Kosmos rauschen zu hören, ertappe ich mich dabei, wie ich das Kreuz anstarre und auf ein Zeichen hoffe, ein Ruckeln oder Zittern, irgendeine Bestätigung, dass Jesus unsere Gebete hört, aber nichts geschieht, natürlich nicht, Jesus lässt sich nicht unter Druck setzen. »Denn die böse und treulose Generation fordert ein Zeichen, aber es wird ihr kein Zeichen gegeben werden«, heißt es in der Bibel. Und seltsam, irgendwann ist es genau diese Unaufdringlichkeit, die ihn nur noch liebenswerter, noch mächtiger, noch verlässlicher erscheinen lässt. Wie die Mönche biedert sich der Gottessohn nicht an, überredet nicht, zwingt nicht, lädt immer nur ein.

Es ist tatsächlich so, dass ich während der sieben Tage im Kloster weder belästigt noch zu etwas gedrängt worden bin. Niemand wollte mir etwas zeigen oder mich überzeugen, alle haben einfach nur gemacht, was sie immer machen, und ich durfte zuschauen und mittun. Oder wie Peter Seewald schreibt: »Heute ist nicht mehr die Frage, ob diese uralten Regeln mit ihren Empfehlungen von Maß und Mitte, Demut und Selbstzucht nicht doch etwas zu altbacken sind, heute ist die Frage, ob es uns gelingt, diese Lebensregeln möglichst schnell wieder in uns und unsere Alltagskultur aufzunehmen, ähnlich einer wichtigen Arznei, die lebensrettende Wirkung hat. Sie mag manchmal ein wenig bitter schmecken, aber sie wirkt.«[70]

+++

Am fünften Tag gerate ich in einen Hinterhalt, eine Art Spiegelkabinett, denn egal wo ich hinschaue, immer sehe ich mich selbst, gnadenlos ausgeleuchtet, in all meinen Fehlern und Schwächen. Die Perspektive hat sich gedreht: Fand ich gerade noch das Leben der Mönche unbegreiflich, verstehe ich nun mein eigenes nicht mehr. Eben noch hätte ich es als aufregend und abwechslungsreich beschrieben, aber auf einmal kommt es mir stumpf und gewöhnlich vor, eine wenig originelle Aneinanderreihung von Zwängen und zweifelhaften Vergnügungen.

Ohne Vorwarnung damit konfrontiert zu werden, wie halbgar, ja grundverkehrt das Leben ist, das man die letzten fünfzig Jahre geführt hat, kann einen Menschen in eine tiefe Krise stürzen, aber ohne geht es nicht, weil im Kloster die entscheidenden Fragen erst auftauchen: Wie lebe ich? Warum lebe ich? Wofür lebe ich? Was mache ich denn schon außer Cappuccino trinken, Freunde treffen, Mails schreiben, Serien schauen, Aktien kaufen, Sex haben, Musik hören? Und ja, ab und an komplizierte Bücher lesen und in die Messe gehen – aber genügt das? Stimmen die Prioritäten? Mache ich die Welt besser? Bringe ich genug Opfer? Reicht meine Liebe? Gibt es ein Ziel? Und wenn ja, ist es ein gutes, ein richtiges Ziel? Im Vergleich zur Beständigkeit des Klosteralltags kommen mir meine dauernden Ortswechsel und Kommunikationsschleifen auf einmal nicht mehr aufregend, sondern hysterisch und ein bisschen lächerlich vor. Heute hier, morgen dort – was suche ich eigentlich? Und ist es wirklich notwendig, mit so vielen Menschen permanent in Kontakt zu stehen? Immer alles mitzukriegen? Ständig seine Meinung zu äußern?

In den ersten Tagen hatte ich fast Mitleid mit den Mönchen, so unfrei waren sie mir vorgekommen, auf einmal erscheint mir ihr Leben auf tiefe Art erfüllt und mein eigenes beliebig und haltlos. Die Strahlkraft ist weg, die Überzeugung, dass es ein gutes, ein richtiges Leben sein könnte. Wie ein aufgescheuchtes Huhn komme ich mir vor, das wild gackernd über den Hof läuft und mal in dieser, mal in jener Ecke ein Korn findet, ohne jemals satt zu werden. Zum Glück lese ich in Peter Seewalds *Die Schule der Mönche*, dass ich mit meinen Erfahrungen nicht allein bin.

»Neuankömmlinge fühlen sich im Kloster zunächst fremd und unbehaglich«, heißt es dort. »Das extreme Leben der Mönche entspricht einem Verhalten, das uns fremd geworden ist: in Genügsamkeit, im Beten, in ihrer Kontemplation, im Fasten, in Ordnung und Regel. Aber machen nicht auch wir alles inzwischen genauso extrem wie sie, nur eben in der jeweils entgegengesetzten Disziplin? In Maßlosigkeit, Gottesferne und Esssucht? Der Kontemplation steht unser Aktionismus gegenüber, der Ordnung die Unordnung, der Regel die Regellosigkeit. Im Kontrast zur klösterlichen Umgebung fallen einem diese Dinge, die ansonsten zu den Selbstverständlichkeiten des ›zivilisierten Lebens‹ gehören, nun irgendwie unangenehm auf.«[71]

Loslassen bedeute für Mönche nicht nur das Loslassen von einem Problem, sondern das Loslassen vom eigenen Ego, das einen so furchtbar verführen könne und die Seele nach Dingen

streben lasse, die weniger wert seien als sie selbst. Die Verliebt-
heit in den eigenen Willen sei in ihren Augen eines der größten
Hindernisse, zum Eigentlichen ihres Wesens zu finden. Nicht
umsonst gehöre es zu den allerersten Aufgaben der Mönche,
auf den untersten Stufen ihres Weges den Eigenwillen zu verlassen, ja ihn geradezu zu hassen, als eine Quelle des ewigen
Unfriedens. Nur durch diesen Widerstand gegen die eigenen
Wünsche – und die gleichzeitige Bereitschaft, sich in die Hände
Gottes fallen zu lassen – erhalte die Seele die notwendige Ruhe
und Harmonie, eben jenen benediktinischen, den gesegneten
Frieden.[72]

Die Mönche von Barroux haben vor langer Zeit losgelassen.
Gut möglich, dass sie vergessen haben, wie es ist, am Sonntagmorgen bei geöffnetem Fenster aufzuwachen und liegen zu bleiben, um im Halbschlaf den Vögeln zu lauschen und sich von
den ersten Sonnenstrahlen Tages die Haut kitzeln zu lassen.
Der heilige Benedikt schreibt, dass Mönche gerade nicht nach
ihren eigenen Wünschen und Launen leben sollen. Damit ist
aber keine brutale Abtötung des Willens gemeint. Es geht eben
gerade nicht darum, den Eigenwillen gegen den Eigenwillen
eines anderes einzutauschen, sondern über seinen Eigenwillen
hinauszukommen, denn er ist das, was sich zwischen uns und
das Hören schiebt.[73]

Die Vorstellung von unbedingtem Gehorsam löst im modernen Menschen Abwehrreflexe aus, aber man darf sie nicht falsch
verstehen. Wer den Begriff nur mit Macht und Unterdrückung
verbindet, wird das Geheimnis des Gehorsams nicht herausfinden. Auch ein Fußballspieler würde die Anweisungen seines
Trainers nicht unter dem Aspekt der Herrschaft sehen, sondern
als Mittel, ihm etwas beizubringen und die Mannschaft viel-

leicht nicht zur Erleuchtung, aber doch zumindest an die Tabellenspitze zu führen. Auf den eigenen Willen zu verzichten, das ist keine Schikane, sondern die Voraussetzung dafür, dass Gott in einem wirken kann. Es geht eben nicht darum, blind Befehle zu befolgen, sondern eine Grundlage für das Erkennen und Handeln zu haben, aus der heraus Orientierung und Frieden erwachsen.[74]

Während so etwas Abenteuerliches wie ein Feierabendbier bei mir oft erst im dritten Anlauf klappt und nachdem zwanzig WhatsApp-Nachrichten mit Planänderungen hin- und hergeschickt worden sind, bleiben die Mönche ihrer Klostergemeinschaft, ihrem Gelübde und ihrem Rhythmus treu. Indem sie ihr Leben an einem einzigen Ort verbringen und die ihnen gestellten Aufgaben zuverlässig erfüllen, arbeiten sie der Unruhe ihrer Zeit entgegen. Während ich mich vor lauter Optionen oft nicht entscheiden kann, scheinen bei ihnen alle Fragen geklärt.

Nicht nur scheinen sie stets zu wissen, was als Nächstes zu tun ist, sie wirken auch befreit von einem Leben, das ständig seinen Ausdruck sucht, als hätten sie etwas gefunden, das sie so erfüllt, dass sie ihre Suche einstellen konnten. Statt um außergewöhnliche Erlebnisse geht es ihnen um eine stimmige Gesamtschau der ganzen Person, eine Harmonie zwischen dem Leben und den ewigen Gesetzen des Kosmos, eine Existenz ohne Unruhe, ohne Klimax, ohne Vergleiche.

Die Mönche wirken demütig, aber selbstbewusst, beschäftigt, aber nie gehetzt. Sie scheinen in eine Dimension vorgedrungen zu sein, in der weltliche Fragen – Wer bin ich? Warum bin ich hier? Bin ich der Mensch, der ich sein will? – keine Rolle mehr spielen. Womit sich viele tagein, tagaus beschäftigen, die ewige Suche und Verfeinerung der eigenen Identität, haben sie zu den Akten gelegt. Herausgenommen aus dem ewigen Nebel des »Was will ich?« und »Wie geht es weiter?« erinnern sie an den Flötenspieler aus dieser alten persischen Geschichte, der zwanzig Jahre lang immer nur einen einzigen Ton spielt. Als ihm seine Frau verrät, dass die anderen Flötenspieler verschiedene Töne spielten, aus denen sie ganze Melodien zusammenstellten, was viel schöner und abwechslungsreicher sei, antwortet der Mann, dass es nicht sein Problem sei, wenn er den Ton schon gefunden habe, nach dem die anderen noch suchten.

In Platons Höhlengleichnis sitzen die Menschen von Kindheit an gefesselt an Hals und Schenkeln. Sie können sich nicht bewegen und nur nach vorne auf eine Höhlenwand schauen, die von einem Feuer hinter ihnen beleuchtet wird. Zwischen den Menschen und dem Feuer werden Dinge hin- und hergetragen. Die Dinge werfen Schatten an die Wand vor den Gefesselten, die nie etwas anderes sehen als jene Schatten. Die Menschen geben den Umrissen Namen, ohne zu ahnen, dass es nur die Schatten der wirklichen Dinge sind.

Eines Tages kommt einer der Gefangenen frei, stolpert aus der Höhle ins Freie und kann vor lauter Helligkeit erst einmal nichts erkennen. Seine Augen schmerzen, auch will er nicht glauben, was er draußen zu hören bekommt, dass die Gefangenen in der Höhle nie die wirkliche Welt zu Gesicht bekommen. Anfangs ist er verwirrt und hält die Schatten in der Höhle für wirklicher als das seltsame Schimmern, von dem er unter freiem Himmel umgeben ist. Als ihm die Quelle des Lichts gezeigt wird, tun ihm die Augen noch mehr weh. Angeblich zeigt dieses Licht, wie die Dinge und Menschen wirklich sind. Aber es dauert eine Weile, bis sich seine Augen an die Helligkeit gewöhnen.

Auch draußen gibt es Schatten, dunkler als in der Höhle, auch Spiegelungen im Wasser, und schließlich, als er aufschaut, sieht er ALLES. Zum ersten Mal in seinem Leben erkennt er die Wirklichkeit und kann sogar zur Sonne hinaufschauen, die er als Zentrum des Geschehens und Ursache aller Dinge erkennt. Der Befreite ist begeistert und muss sofort an die Gefangenen in der Höhle denken, die immer noch die Schatten für die Wirklichkeit halten. Er muss es ihnen sagen! Die Gefangenen aber verehren immer noch jene, welche die Schatten am schärfsten sehen oder am präzisesten vorhersagen, was als Nächstes an der Höhlenwand erscheint. Dem Befreiten ist diese Ehre nichts mehr wert. Er kennt nun die Wahrheit. Doch als er in die Höhle hinabsteigt, müssen sich seine Augen wieder an die Dunkelheit gewöhnen. Anfangs erkennt er die Schatten auf der Höhlenwand kaum und hört nur das Lachen der anderen über seine verdorbenen Augen. »Oh nein«, sagen die Gefangenen, »wir wollen gar nicht raus aus dieser Höhle.« Stattdessen sind sie bereit, jeden, der sie befreien möchte, zu ergreifen und, wenn nötig, sogar umzubringen. Der Befreite aber hat kein Bedürfnis mehr, in die Höhle zurückzukehren. Mit Schatten möchte er sich nicht mehr zufriedengeben. Und das Lob der anderen Gefangenen bedeutet ihm nichts mehr.

+++

Ich schätze Frère Julien auf Mitte dreißig. Ein schlanker, blasser Mann mit eleganten Zügen und klugen Augen. Ich erkenne ihn auf Anhieb, im Refektorium sitzt er mir schräg gegenüber. Er wirkt aufrichtig und bescheiden, da ist kein Stolz und keine Eitelkeit, ich würde ihm, ohne zu zögern, mein Leben anvertrauen. Wir sitzen in einem schmucklosen Zimmer im Gäste-trakt des Klosters, ein Holztisch, an der Wand ein Kreuz, und haben vierzig Minuten, danach muss er (und ich eigentlich auch) rüber in die Kirche – wegen eines Interviews darf das fünfte Stundengebet des Tages auf keinen Fall versäumt wer-den.

Ich arbeite seit fünfundzwanzig Jahren als Journalist. In die-ser Zeit habe ich Dutzende Interviews mit außergewöhnlichen Menschen geführt, darunter Weltstars wie Pharrell Williams, Roger Federer und Daniel Barenboim, aber auch Künstler, die mich seit Jahrzehnten faszinieren und mit deren Werk ich mich teils obsessiv beschäftige, der Musiker David Tibet, der Dich-ter Durs Grünbein, die Schriftstellerin Friederike Mayröcker. Ich bin vor diesen Gesprächen nicht aufgeregt, eher etwas an-gespannt: Reicht die Zeit? Ist das Gegenüber guter Dinge? Schließlich hat man nicht jeden Tag Lust, einem Menschen, den man nie zuvor begegnet ist, persönliche Fragen zu beantworten. Heute bin ich ziemlich aufgeregt, denn einen Mönch habe ich noch nie interviewt. Frère Julien spricht Deutsch, nicht perfekt und manchmal sucht er nach den richtigen Wörtern, aber das macht nichts, er lächelt oft und gibt sich Mühe, auch meine nai-ven und teils indiskreten Fragen zu beantworten.

Darf ich Ihnen jede Frage stellen, die mir durch den Kopf geht?
Natürlich. Ich habe keine Geheimnisse. Aber vielleicht gibt es Dinge, die sich mit Worten nicht so gut erklären lassen.

Seit wann sind Sie im Kloster?
Ich bin seit zwölf Jahren Mönch.

Warum sind Sie Mönch geworden?

Es hat mit meiner Kindheit zu tun. Ich hatte das Glück, in einer katholischen Familie groß zu werden. Es gibt keine perfekte Erziehung, alle Eltern machen Fehler, die einzige perfekte Familie ist die Heilige Familie. Aber meine Erziehung war stimmig und konsequent, sie hat sich richtig angefühlt. Erst habe ich den Glauben meiner Eltern übernommen. Als ich vierzehn, fünfzehn war, hat sich mein persönlicher Glaube entwickelt. Das war ein natürlicher Prozess, weil ich immer das Gefühl hatte, dass es eine Verbindung zwischen meinem Leben und dem Glauben gibt. Trotzdem genügt eine katholische Erziehung nicht, um Mönch zu werden, es muss eine Berufung dazu kommen, das Gefühl, dass man Gott mehr liebt als alles andere auf der Welt. Nicht jeder ist berufen. Warum ich? Das kann ich Ihnen nicht sagen.

Gab es ein Schlüsselerlebnis?

Nein, es war eine stetige Entwicklung. Es gibt so viele verschiedene Berufungen, wie es Mönche gibt, die Sache ist sehr persönlich. Einer meiner Brüder hatte seine Berufung, bevor er überhaupt an Gott glaubte, können Sie sich das vorstellen? Manche Berufungen laufen reibungslos ab, andere sind mit Schmerz oder Verlust verbunden. Gott spricht auf viele Arten zu uns.

Zum Beispiel?

Alles, das Schöne wie das Schreckliche, sind Worte Gottes. Manchmal ist es schwierig, sie zu verstehen, aber alles, was uns im Leben begegnet, kommt von Gott. Gott will uns keine Schmerzen zufügen, aber manchmal lässt er Schmerzen zu, um durch den Schmerz mit uns zu sprechen. Im dramatischen Sterben seines Sohnes zeigt er uns, wie sehr er uns liebt. Es ist eine Liebe, die nichts kostet, es gibt sie umsonst.

Haben Sie jemals daran gezweifelt, dass dieser Weg der richtige für Sie ist?

Unter Mönchen gibt es einen Spruch: Ein guter Novize hat siebenmal seine Sachen gepackt – am Ende bleibt er. Ohne Opfer, ohne Kreuz geht es nicht. Das Kreuz ist der Sinn. Jeder von uns muss es auf sich nehmen. Trotzdem ist mir das monastische Leben nie schwergefallen. Ja, es gab Momente, in denen ich mich gefragt habe: Bin ich am richtigen Platz? Gehöre ich hierher? Kann ich dieses Leben durchhalten? Aber die Zweifel fühlten sich nie existenziell an. Wer weiß, vielleicht stehen sie mir noch bevor. Es gibt kein Leben ohne Krisen, das ist im Kloster nicht anders als in einer Ehe. Krisen sind wichtig, weil wir in ihnen etwas über uns erfahren. Wer eine Krise durchsteht, kann sich von Neuem zur Liebe entschließen. Das kann etwas sehr Schönes sein. Liebe ist nicht nur eine Frage des Gefühls, sondern auch des Willens. Will ich lieben? Will ich treu sein? Will ich mich ganz hingeben? Mutter Teresa hat gesagt: Liebe muss auch wehtun, Jesus hat es uns vorgemacht.

Wie oft kommt es vor, dass Mönche an diesem Weg scheitern?

In diesem Kloster ist es lange nicht mehr vorgekommen. Aber in den ersten Jahren nach der Gründung hat es einige erwischt. Erst war da dieses große Abenteuer: Man gründet zusammen ein Kloster. Das ist aufregend. Aber man darf nicht in ein Kloster eintreten, um Abenteuer zu erleben. Irgendwann ist es vorbei, und man gerät in eine Krise, weil die aufregende Zeit vorüber ist. Man darf nur eintreten, wenn einem nichts wichtiger ist als die Nähe zu Gott.

Sie haben sich für ein traditionalistisches Kloster entschieden – strenge Hierarchie, Lateinische Messe, kaum Kontakt zur Außenwelt. Man hat das Gefühl, im Mittelalter gelandet zu sein. Was kriegen Sie mit von der Welt?
Wir dürfen kein Handy haben und nur im Internet surfen, wenn es einen konkreten Anlass gibt. Bei mir ist das mein Theologiestudium. Trotzdem kann ich nicht einfach irgendwelche Seiten anklicken. Das Internet ist eine zweischneidige Sache. Es gibt viel Gutes und viel Schlechtes. Und was das Weltgeschehen betrifft: Als Mönch muss man nicht immer auf dem aktuellen Stand sein. Es gehört vielleicht sogar zu unserer Berufung, ein paar Schritte hintendran zu sein, um Dinge aus einer anderen Perspektive betrachten zu können. Es muss kein Nachteil sein, wenn man nicht alle Informationen auf einmal bekommt, sondern Zeit hat, Dinge zu verarbeiten und zu durchdenken. In der modernen Mediengesellschaft wissen ständig alle über alles Bescheid, aber haben sie auch die Weisheit, ihre Informationen richtig einzuordnen und zu bewerten, damit sie Frucht tragen können?

Lesen Sie eine Zeitung?
Wir dürfen Zeitungen lesen, auch weltliche Literatur ist erlaubt, aber in Maßen und mit Diskretion. Das Entscheidende darf nicht darunter leiden. Der Lobpreis Gottes ist das Wichtigste.

221

Haben Sie immer Lust auf die Stundengebete?

Natürlich nicht. Aber es geht nicht um Lust, sondern um Liebe. Worauf ich Lust habe, ist nicht notwendigerweise das, wonach ich mich in der Tiefe meines Herzens sehne. Es gibt einen Unterschied zwischen der spontanen Lust, in der Sonne zu liegen, und meiner Sehnsucht nach Gott.

Ich stehe fest im Glauben, aber manchmal würde ich Gott gern stärker spüren. Ich bete dafür, aber es gelingt selten. Kennen Sie das Gefühl?

Natürlich. Gott ist immer auch der Schweigende, für uns Mönche vielleicht sogar noch mehr als für andere. Ich spüre mich, ich spüre meine Brüder, aber spüre ich Gott? Wenn ich ehrlich bin: nicht wirklich. Gott ist nicht sicht- oder fühlbar, manchmal kommen mir Bilder in den Sinn, aber ich verscheuche sie, weil ich weiß, dass sie falsch sind. Im Glauben geht es nicht darum, sich Gott vorzustellen, sondern ihm zuzuhören. »Hör zu, mein Sohn!« sind die ersten Worte der Regel Benedikts. Deswegen ist der Kontakt zur Heiligen Schrift und zur Liturgie so wichtig. Man spürt Gott nicht als Person, sondern indem er in unser Leben eingreift. Oft erlebt man etwas und merkt erst viel später: Gott war da.

Was ist das Wichtigste im christlichen Glauben?

Dass man sich nicht selbst retten kann. Dass man das Heil nur in der persönlichen, intimen und verändernden Begegnung mit Jesus finden kann, der aus Liebe zu mir gekreuzigt wurde und auferstanden ist. Diese Begegnung öffnet mein Herz und macht es fähig, alle Menschen ohne Ausnahme zu lieben.

Wenn Sie zweifeln, zweifeln Sie eher an Gott oder der Kirche?

Ich zweifle an mir selbst.

Dürfen Sie das Kloster verlassen?

Ich darf verreisen, wenn es einen Grund gibt. Ich muss für mein Studium zweimal im Jahr nach Rom, um Prüfungen abzulegen. Natürlich darf ich nicht reisen, um mir die Welt anzuschauen. Als Mönch hat man keinen Urlaub. Wir sind jeden Tag hier. Und jeder Tag läuft gleich ab.

Fühlt sich das nicht unfrei an?

Ich empfinde es weder als unfrei noch als schwierig. Ich bin an dem Ort, an dem ich sein will, um Gott nahe zu sein.

Vermissen Sie manchmal die Möglichkeit zu machen, was Ihnen gerade einfällt?

Natürlich. Aber ich möchte kein Beispiel erzählen, es ist zu peinlich.

Natürlich ist es peinlich – deswegen interessiert es mich ja.

Na gut. Vor ein paar Jahren dachte ich einmal, wie schön es wäre, wenn ich im Kreuzgang einen Liegestuhl aufstellen und eine Pfeife in der Abendsonne rauchen könnte.

Haben Sie es gemacht?

Natürlich nicht. So etwas geht nicht. Dafür machen wir jeden Montag einen gemeinsamen Spaziergang, das ist auch schön.

Was vermissen Sie am meisten?

Manchmal denke ich darüber nach, dass ich allein bin. Ohne Familie. Ohne Partner. Ohne Kinder. Ich glaube, jeder von uns denkt darüber nach. Es ist menschlich, sich danach zu sehnen. Aber meine Liebe zu Gott ist stärker.

Kennen Sie die Lust, auszugehen, andere Menschen zu treffen, einen Cocktail zu trinken?

Nein. Was ich vermisse, sind Freunde von früher. Manchmal würde ich gern einen anrufen, aber das geht nur, wenn man einen triftigen Grund hat. Sie können mir Briefe schreiben, und ich darf antworten. Sie können dem Kloster auch einen Besuch abstatten.

Haben Sie manchmal Angst, dass es Gott nicht gibt und Sie Ihr Leben verschwenden?

Ich kenne diese Angst nicht. Je tiefer ich in den christlichen Glauben eindringe, desto mehr Kohärenz entdecke ich darin. Gewiss, es bleibt ein Stück Geheimnis, aber dieses Geheimnis empfinde ich nicht als absurd. Ohne Gott aber wäre nicht nur mein Leben als Mönch absurd, sondern das Leben jedes Menschen.

Ich danke Ihnen für das Gespräch. Kann ich Ihnen, sollte ich Nachfragen haben, eine Mail schreiben?

Leider nein. Aber Sie können mir einen Brief schreiben.

+++

Am Tag der Abreise geht alles ganz schnell. Gleich morgens bittet mich Frère Paul, meine Zelle bis 14 Uhr zu räumen, eine Gruppe aus Italien habe sich angemeldet. Ich verstaue mein Bettzeug in einer Truhe im Flur, wechsle die Laken, fege den Boden, spüle den Zahnputzbecher. Das Gute an einer Mönchsklause: Sie ist im Handumdrehen wieder sauber.

Nach dem Mittagessen – es gibt Erbsensuppe, Gemüsequiche und gezuckerten Joghurt – treffe ich Frère Paul im Kreuzgang, um mich zu verabschieden. Wieder spricht er wenig und lächelt viel. Ich frage mich, ob er mich die Woche über beobachtet, ob er vielleicht sogar meine Schwierigkeiten bemerkt hat. Wenn ja, verliert er kein Wort darüber. Weder erkundigt er sich, ob es mir gefallen hat, noch zeigt er Interesse an meinen weiteren Plänen. Wir Gäste sind für die Mönche nicht mehr als Schatten aus einer anderen Welt, am Ende ist es, als wären wir nie dagewesen. Aber was mich bei meiner Ankunft noch gekränkt hat, finde ich nun entlastend: kein Getue, kein Sich-um-den-Hals-Fallen, nur ein Handschlag und ein freundlicher Blick in die Augen: »Leben Sie wohl, möge Gott mit Ihnen sein.«

Als ich meine Reisetasche aus dem Zimmer hole, vibriert das Handy in meiner Hosentasche, die verpassten WhatsApp-Nachrichten der letzten Woche. Es kribbelt in meinen Fingern, die Versuchung ist riesig, aber noch bin ich im Kloster, ich werde sie im Auto lesen. Gleichzeitig ahne ich, dass von diesen Tagen wenig bleiben wird. Zwar habe ich mich Gott nie näher gefühlt, trotzdem spüre ich, dass es nicht mehr als ein Anfang ist, eine Ahnung, wie es weitergehen *könnte*. Wie oft habe ich mir auf Reisen vorgenommen, nach meiner Rückkehr anders, irgendwie mutiger und aufrichtiger zu leben, und zwei Wochen später war alles vergessen.

»Wie schaffe ich es, meine Nähe zu Gott nicht wieder zu verlieren?«, frage ich Pater Hugo.

»Halte die Formalien ein. Bete jeden Tag, geh sonntags in die Kirche und einmal im Jahr zur Beichte.«

»Das ist alles?«, frage ich.

»Eigentlich ja«, sagt er. »Das Wichtigste ist, dass du nie vergisst, dass sich Jesus für dich geopfert hat. Er hat sein Blut für dich hergegeben und möchte es nicht zurück, aber er will, dass du dir Mühe gibst, mit ihm befreundet zu bleiben.«

Auf dem Weg zum Auto werfe ich einen letzten Blick in die Kirche. Ich bin allein, knie mich auf eine Bank, bete für eine sichere Heimreise, denke darüber nach, was war, und frage mich, wie es weitergeht, mein Leben und überhaupt. Beim Rausgehen schaue ich Jesus ein letztes Mal in die Augen. Und er blickt zurück, ich bin ganz sicher, er blickt zurück, und in diesem Blick liegt so vieles auf einmal, unendliche Liebe und Geduld, aber auch eine tiefe Ernsthaftigkeit und die Aufforderung, nicht abzukommen von diesem neuen Weg, der gerade erst anfängt –, nur bewegen tut er sich nicht, natürlich bewegt er sich nicht.

Unzeitgemäß

Ist Ihnen aufgefallen, dass man kaum noch eine Zeitung lesen oder ein Gespräch führen kann, ohne dass einem jemand erklärt, was heute unbedingt oder auf keinen Fall mehr zeitgemäß ist? Politiker und Unternehmer begründen weitreichende Entscheidungen damit, oft ohne ein einziges Argument mitzuliefern. Journalisten verwenden den Begriff, um die eigene Meinung auf- und die Meinungen anderer abzuwerten. In Talkshows und Leitartikeln fällt er ständig, fast immer bleibt er unwidersprochen. Irgendjemand sagt: »Krawatten sind nicht mehr zeitgemäß«, und alle nicken, als sei allein das für unsere Zeit Typische gut und alles andere schlecht, wo doch ein flüchtiger Blick aufs Weltgeschehen beweist, dass alles, was zuletzt außerordentlich zeitgemäß war, zu einem gewaltigen Schlamassel geführt hat.

Eine wissenschaftlich nicht belastbare, aber gründliche Archivrecherche bestätigt: Fiel der Begriff früher eher gelegentlich, ist sein Gebrauch in den letzten Jahren regelrecht explodiert: Das Skifahren auf Gletschern im Sommer sei nicht mehr zeitgemäß, sagt Felix Neureuther. Reine Männerclubs in Führungsetagen seien nicht mehr zeitgemäß, sagt Franziska Giffey. Dass Topmanager bei Börsengängen Millionen verdienten, sei nicht mehr zeitgemäß, sagt VW-Chef Oliver Blume. Aber das sind die vernünftigen Beispiele, es gibt auch andere, über die man streiten oder den Kopf schütteln kann, einige streifen den Bereich des Grotesken. Unzeitgemäß seien nämlich auch der Adel, das generische Maskulinum, die Monarchie, der Kinofilm *Schtonk*, die außenpolitische Neutralität Österreichs, die Stiftung Preußischer Kulturbesitz, die Betonbauten der Nachkriegsmoderne, der öffentlich-rechtliche Rundfunk, Schönheitswettbewerbe, Nationalhymnen, Dresscodes in Unternehmen, die Philosophen Kant und Hegel und natürlich immer wieder und ganz besonders: die Kirche.

Leider ist »zeitgemäß« ein trügerischer Begriff, der unsere Debatten nicht bereichert, sondern entdifferenziert, ja erstickt. Denn ob etwas zeit- oder unzeitgemäß ist, lässt sich nicht objektivieren, es kommt darauf an, wer spricht: Sahra Wagenknecht mag die Aristokratie unzeitgemäß finden, König Charles III. dürfte anderer Meinung sein. Die Feministin Margarete Stokowski würde das generische Maskulinum lieber heute als morgen abschaffen, die meisten Deutschen finden es ganz praktisch. Für Jan Böhmermann ist die katholische Kirche das Letzte, für viele Einsame, Kranke und Sterbende ist sie die letzte Hoffnung. Etwas zeit- oder unzeitgemäß finden, das ist nie ein Argument, sondern immer eine private Einschätzung, ein ideologiegetränkter Wunsch, eine interessengeleitete Sicht der Dinge, die keineswegs von allen geteilt, dafür von einigen umso rücksichtsloser behauptet wird, was man schon daran sehen kann, dass Großraumbüros immer nur von Leuten zeitgemäß gefunden werden, die nicht in ihnen sitzen müssen.

Die Fixierung auf vermeintlich Zeitgemäßes fußt auf der Annahme, dass unsere Welt, von Schwankungen abgesehen, jeden Tag ein bisschen besser wird, dass das Neue grundsätzlich eine Weiterentwicklung des Alten ist. Ich bedauere, aber ich habe die Erfahrung gemacht, dass für jeden Fortschritt ein Preis zu zahlen ist, der oft erst nach Jahren oder Jahrzehnten zutage tritt. Manchmal wird er auch gar nicht bemerkt, was nicht heißt, dass es ihn nicht gibt. Fest steht: Für jeden Fehler, den wir nicht mehr machen, machen wir einen neuen. Wir lernen nicht nur, wir verlernen auch. Und auf die Gefahr hin, dass ich für einen Spinner gehalten werde: Ich habe nicht den Eindruck, dass mein Leben besser geworden ist, seitdem es vor allem digital abläuft. Schneller, bequemer, praktischer? Das schon. Aber schöner, tiefer, sinnvoller? Eher nicht. Dazu kommt, dass das Internet die Welt, anders als permanent beschworen, kein bisschen friedlicher oder demokratischer gemacht hat.

Und deswegen frage ich mich jedes Mal wenn mir jemand weismachen will, dass etwas nicht mehr zeitgemäß sei, ob es nicht auch umgekehrt sein könnte, dass also die Sache richtig, aber die Zeit verkehrt ist, zum Beispiel Gott, der, wenn es ihn gibt, nicht darauf angewiesen ist, als zeitgemäß empfunden zu werden, weil eine Wahrheit unter allen Umständen wahr ist, selbst dann, wenn sie niemand wahrhaben will. Ob etwas alt oder neu ist, das hat mich nie interessiert, sondern immer nur, ob etwas richtig oder falsch, wahr oder unwahr ist. Was ist gut, was klingt nur gut? Was ist aufrichtig, was Heuchelei? Was echte und was nur zur Schau gestellte Moral? Der Wanderprediger Jesus von Nazareth war ganz bestimmt nicht zeitgemäß: Ohne Frau und Kinder zog er mit Fischern und Handwerkern, die seinetwegen ihre Familien verließen, durch die Gegend und hörte nicht auf, die Gesetze und das Establishment seiner Zeit herauszufordern. Er war gerade kein angepasster Bürger, sondern ein Rebell, der in seiner Liebe zu weit gegangen ist. Es ist der Grund, warum sich zweitausend Jahre später mehr als zwei Milliarden Menschen auf ihn berufen, während die Zeitgemäßen von damals lange vergessen sind.

Etwas zeitgemäß finden, das heißt leider oft, wichtige Aspekte einer Sache auszublenden oder mutwillig zu verschweigen, weil sie unbequem sind oder nicht in die Argumentation passen. Oft wären diese Aspekte wichtig, aber wir drücken sie weg, mit der Folge, dass wir uns später mit ihrer verschärften Version herumschlagen müssen. Wer sich auch nur ein bisschen für Außen- und Sicherheitspolitik interessiert, wird wissen, wovon ich rede. Menschen haben einen beeindruckenden Hang zur Selbsttäuschung. Sie schauen einfach wahnsinnig gern weg, wenn sie irgendwo hinschauen sollten. Dabei kann vermeintlich Unzeitgemäßes wertvoll und aufregend Neues ausgesprochen schädlich sein. Mit der Zeit zu gehen, ist oft, aber nicht immer klug. Nicht alles, was gerade abgeschafft wird, sollte auch verschwinden. Was heute vernünftig klingt, kann morgen schon verantwortungslos sein – und umgekehrt; man denke an die ehemals pazifistischen Grünen, die heute am lautesten Waffenlieferungen fordern.

Eine Gesellschaft, der es nicht gelingt, unzeitgemäße Aspekte zu integrieren oder bewusst zu fördern, droht konform und eindimensional zu werden. Wenn sämtliche Paradoxien und Mehrdeutigkeiten zurechtgebogen sind, wenn Perspektiven fehlen, die den Zeitgeist, in dem es sich Menschen notwendigerweise bequem machen, infrage stellen, wenn also die gewinnen, die die Deutungshoheit am lautesten für sich beanspruchen (weil sie über das größere Marketingbudget verfügen) –, so stelle ich mir die Hölle vor. Selbst der überzeugte Atheist Gregor Gysi sagt, im Moment seien nur Religionen in der Lage, grundlegende Moral- und Wertvorstellungen allgemeinverbindlich in der Gesellschaft zu prägen. Der Markt bringe jedenfalls keine hervor.[75] Umgekehrt wäre ein Aufgehen der Kirche in einer kapitalistischen Verwertungslogik fatal. Das ist ja das Pfund des Glaubens: dass er (nach heutigen Maßstäben) so uncool ist, dass er nicht *instagrammable* oder zu einem griffigen Produkt gemacht werden kann, also unverfügbar ist. Gleichzeitig muss die Kirche eine Idee davon entwickeln, wie sie wahrgenommen werden möchte und dann: diese Idee auch konsequent verkörpern. Sie kann ihre Fehler nicht ungeschehen machen, aber Vertrauen zurückgewinnen, indem sie Schuld eingesteht und nicht ausweichend oder anbiedernd, sondern aufrichtig auftritt.

Und deswegen ist die Frage, ob die Kirche noch zeitgemäß ist, in der Debatte, ob und wie stark sie sich reformieren sollte, die einzige, die nicht von Belang ist, weil es nicht ihre Aufgabe ist, so zu sein, wie die Menschen sie gerne hätten, sondern die Menschen daran zu erinnern, wie sie sein sollten, um zu Gott finden zu können. Dass sie dieser Aufgabe nicht gut genug nachkommt, dass sie, im Gegenteil, immer wieder versagt, den Menschen Vorbild und Wegweiser zu sein, ändert nichts daran, dass eine zeitgeistige Kirche ein Widerspruch in sich ist, weil sie in einer Gesellschaft, die außer sich nichts Größeres mehr sieht, unzeitgemäß sein *muss*, um davon erzählen zu können, woran sie nun mal glaubt, dass Gott den Menschen Gebote gegeben hat, nach denen sie leben sollen, um die Schöpfung zu bewahren und im Tod erlöst zu werden.

Die Kirche ist in der Zwickmühle: Einerseits muss sie sich der Gegenwart anpassen, um die Menschen überhaupt noch zu erreichen, andererseits darf sie sich nicht anbiedern, weil es nun mal ihre Pflicht ist, das Wort Gottes gegen die Moden der Zeit zu verteidigen. Vernachlässigt sie diese Aufgabe aus Angst vor Gegenwind oder Mitgliederschwund, gleicht sie einem Arzt, der sich von seinen Patienten dafür bezahlen lässt, dass er ihren Cholesterinwert lobt, aber den Darmtumor verschweigt.

Vielleicht ist es sogar umgekehrt: Je weniger Menschen etwas von Gott wissen wollen, desto beharrlicher muss die Kirche von ihm erzählen. Und je genervter viele sind, desto relevanter könnte sie sein, was nicht heißt, dass über die Frage, *wie* unzeitgemäß sie gerade noch sein soll, nicht kontrovers diskutiert werden darf. Es ist ein bisschen wie früher mit den Lehrern: Den grimmigen Lateinlehrer empfand man als zu autoritär, während man mit dem lässigen Kunstlehrer abends in der Kneipe hockte. Erst im Laufe des Lebens begann man zu ahnen, dass es (nicht immer, aber oft) die vermeintlich strengen Pauker waren, die ihrer Verantwortung, aus jungen Menschen anständige Erwachsene zu machen, nachgekommen sind, während sich die vermeintlich coolen (nicht immer, aber oft) bei ihren Schülern angebiedert haben, um sich in ihrer Beliebtheit sonnen zu können.

Im Moment gibt es in der katholischen Kirche zwei Lager, die sich leidenschaftlich bekämpfen: Auf der einen Seite eine kleine, aber einflussreiche Gruppe von Traditionalisten, die sämtliche Reformen ablehnt. Sie sagen, das Problem der Kirche sei nicht, dass sie sich zu langsam, sondern dass sie sich überhaupt bewege, was zu einer Halt- und Orientierungslosigkeit nicht nur unter Gläubigen, sondern auch im Rest der Gesellschaft geführt habe. Ihnen gegenüber steht die größere Gruppe von Reformern, die die Kirche an die Bedürfnisse ihrer Mitglieder und die Lebenswirklichkeit im 21. Jahrhundert anpassen will. In Deutschland ist es der »Synodale Weg«, ein Gremium aus Laien und Priestern, Frauen und Männern, der sich für eine Liberalisierung der Sexualmoral, eine Abschaffung des Pflichtzölibats und den Zugang von Frauen zu Weiheämtern, kurz: eine Versöhnung der katholischen Kirche mit der Gegenwart einsetzt.

Dass die Kirche, vor allem die katholische, nicht mehr zeitgemäß ist, finden inzwischen nicht nur ihre Gegner, sondern auch die meisten ihrer Mitglieder, darunter viele Priester und Bischöfe. Nachdem sie lange stirnrunzelnd akzeptiert worden ist, erscheint sie, seit ein umfassender Kulturwandel ehedem benachteiligte Minderheiten in den Mittelpunkt gerückt hat, als Epizentrum politischer Unkorrektheit: Gott wird als Mann gedacht, die Frau wurde aus der Rippe des Mannes geschaffen, die monarchische Verfasstheit, die hierarchische Struktur, der Pflichtzölibat, die Geheimniskrämerei, die altertümlichen Positionen zu Empfängnisverhütung, Abtreibung und Sterbehilfe, ganz zu schweigen vom Geld – allein 2022 nahmen die siebenundzwanzig deutschen Bistümer knapp sieben Milliarden Euro an Kirchensteuer ein. Man kann es nicht anders sagen: Die katholische Kirche ist die Geisterfahrerin der modernen Gesellschaft. Wie die »alten weißen Männer« repräsentiert sie ein überkommenes patriarchales System, das gegen die Freiheit und den Fortschritt arbeitet. Und wer ihr trotz aller Skandale die Treue hält, so denken viele, hat sich für die falsche, die böse Seite entschieden.

Ich kann diese Kritik nachvollziehen, weil ich weiß, dass viele die Kirche nur noch als reine Institution wahrnehmen, möchte aber darauf hinweisen, dass sie es wirklich nicht leicht hat, weil sie immer das Unmögliche leisten muss: Auf der einen Seite lauern Fanatismus und Sektiererei, auf der anderen Beliebigkeit und Relativismus. Einerseits darf sie sich von der Lebenswirklichkeit der Menschen nicht zu weit entfernen, andererseits nicht zu nah an sie heranrücken. Sie muss zugewandt, aber auch unbequem, liebevoll, aber auch kritisch, barmherzig, aber auch streng sein, um Menschen, die das authentische Leben in der größtmöglichen Entfremdung zu finden scheinen, auf den Weg zu führen, den sie nun mal für den richtigen hält.

Dazu kommt, dass es Millionen verschiedener Lebenswirklichkeiten gibt, weil Katholiken auf der ganzen Welt unter ganz unterschiedlichen sozialen, kulturellen und ökonomischen Bedingungen leben, arbeiten und glauben. Keine Organisation der Welt ist diverser als die Gemeinschaft der Christen, das macht die Sache ja so kompliziert: Die einen erwarten von der Kirche Güte, Flexibilität und Barmherzigkeit, die anderen Strenge, Konsequenz und Standfestigkeit, die dritten, und dazu zähle ich: alles auf einmal. Egal ob sie sich radikal, behutsam oder überhaupt nicht verändert, irgendjemand ist immer vor den Kopf gestoßen. Die Kirche steckt in einem Dilemma: Öffnet sie sich, zerbröselt sie. Öffnet sie sich nicht, zerbröselt sie auch – so hat es der Theaterregisseur Christian Stückl einmal ausgedrückt.

+++

Ich bin weder Traditionalist noch Reformer, gehöre keinem Lager an, habe keine Peergroup und bin mindestens so zerrissen wie meine Kirche, weil ich auf beiden Seiten Gutes und Schlechtes entdecke. Seit Jahren zerbreche ich mir den Kopf darüber, wie meine Kirche sein sollte, um versehrten Menschen – und es gibt viele von ihnen – Halt und Hoffnung zu geben, ohne sich selbst zu verleugnen. Eine undankbare Position, weil man, wenn man zwischen den Fronten steht, meistens von beiden Seiten beschossen wird. Woher ich das weiß? Als ich in meinem Buch *Der gekränkte Mann* versucht habe, im aus dem Ruder gelaufenen Konflikt zwischen »alten weißen Männern« und »jungen Feministinnen« zu vermitteln und Verständnis für beide Seiten aufzubringen, wurde ich von rechts als »Frauenversteher« und von links als »Sexist« beschimpft.

Bislang habe ich mich an der Debatte um die Zukunft der Kirche kaum beteiligt. Warum? Mein Glaube wird von diesen Fragen kaum berührt, findet in einem geistigen Raum jenseits des politischen Diskurses statt – im Gebet, in der Messe, in der Eucharistie. Mit anderen Worten: Ich sitze lieber in der Kirche als mich im Internet beleidigen zu lassen, orientiere mich eher am Evangelium als am Katechismus, mit dem ich mich nie ausführlich beschäftigt habe. Was sagt der Vatikan? Was die Bischofskonferenz? Das hat mich nie übermäßig interessiert und selbst den seit Jahren schwelenden innerkatholischen Bürgerkrieg verfolge ich eher am Rande. Lieber frage ich mich in kritischen Situationen, wie Jesus an meiner Stelle handeln würde: Würde er wüten, wie im Tempel von Jerusalem, als er die Händler und Geldwechsler hinauswarf? Oder würde er schweigen, wie vor Pontius Pilatus, als er unschuldig zum Tode verurteilt auf seine Verteidigung verzichtete? Natürlich kann ich es nicht wissen, schon gar nicht, wenn es um Job- oder Beziehungsfragen geht, weil Jesus beides nicht hatte, aber ich stelle es mir vor, entwerfe Szenarien, und schon das hilft mir, einen Weg zu erkennen und irgendwann zu einer Entscheidung zu gelangen, zu der ich stehen kann.

Wenn ich ehrlich bin, finde ich es vor allem beschämend, dass es in der Kirche nicht anders zugeht als im Rest der Gesellschaft, dass sich einzelne Gruppen aus der Entfernung anschreien, statt sich miteinander an einen Tisch zu setzen und sich immer wieder zu verzeihen, um die Welt gemeinsam im Namen Jesu Christi besser zu machen. Trotzdem wäre es feige, sich zur Zukunft der Kirche nicht zu äußern, deswegen möchte ich einige meiner Positionen wenigstens skizzieren, und sei es nur, um meine Zerrissenheit deutlich zu machen.

Natürlich muss die Kirche heute anders zu den Menschen sprechen als vor fünfzig oder fünfhundert Jahren. Natürlich darf sie nicht nur für alte Landbewohner und ein paar Versprengte im Tweedsakko da sein. Natürlich muss sie die Lebenswelten von Jugendlichen, Hipstern, Klimaschützern, Veganern und Migranten nicht nur im Blick haben, sondern sich aktiv mit ihnen auseinandersetzen. Natürlich findet Kirche nicht im luftleeren Raum statt, ohne Wechselwirkung mit den politischen, gesellschaftlichen und technologischen Gegebenheiten ihrer Zeit, ohne Rücksicht auf Sorgen und Nöten von Menschen, die jetzt gerade auf der Welt sind.

Das heißt aber nicht, dass sie nur noch Dinge formulieren darf, die diese Menschen hören wollen. Und es heißt auch nicht, dass sie aufhören soll, sie zu einem gottesfürchtigen Leben aufzufordern, weil sie nun mal eine Glaubenswahrheit zu verkünden hat, die nicht heute so und morgen so interpretiert werden kann. Ein Freund, der einem ständig nach dem Mund redet, ist keiner. Und eine Kirche, die nur noch Unanstößiges von sich gibt, braucht kein Mensch; der Weg in die Harmlosigkeit wäre fatal. In einer Gesellschaft, in der immer mehr Menschen seelenlos aneinander vorbeileben, weil sämtliche Bindungen verschwinden, darf sie nicht aufhören, zur Umkehr zu mahnen. Ich habe nichts gegen

Gottesdienste mit Musik von Leonard Cohen oder Taylor Swift. Aber sie dürfen das Eigentliche, den Lobpreis Gottes und das Fragen nach eigener Schuld, nicht überdecken. *I like* ist okay, aber *I dislike* ist auch wichtig. Denn was sollte die Kirche angesichts einer Gesellschaft, die oft selbstbesoffen und kurzfristig denkt und handelt, tun? Soll sie applaudieren und »weiter so« rufen? Unzeitgemäß, das muss nicht mittelalterlich heißen. Unzeitgemäß, das kann auch bedeuten: eine Lebensweise zu kritisieren, die für die Seele falsch ist, auch und gerade dann, wenn es keiner hören will. Viele denken, sie hätten das Wort Gottes nicht nötig, weil sie niemanden töten, bestehlen oder betrügen, also ohnehin alles richtig machen. Gott ähnlich zu werden, bedeutet aber viel mehr. Es bedeutet nicht nur aufzuhören, schlecht über andere zu reden, sondern auch schlecht über andere zu denken. Es bedeutet, seine Bedürfnisse gerade nicht hemmungslos auszuleben. Es bedeutet, allen Menschen ohne Ausnahme in Liebe gegenüberzutreten. Es bedeutet, die Schöpfung in all ihrer Vielfalt zu bewahren, auch die Tiere und die Pflanzen. Es bedeutet, den eigenen Antrieb immer wieder kritisch zu hinterfragen: Um wen geht es? Um Gott? Um den Nächsten? Oder nur um das Ego? Um ein gutes Gefühl?

Papst Benedikt hat zeit seines Lebens darauf hingewiesen, wie ungeniert die »Verfügung des Menschen über sich selbst« voranschreite. Huxleys Visionen würden zusehends Realität. Der Mensch solle nicht mehr irrational gezeugt, sondern rational produziert werden. Über den Menschen als Produkt aber verfüge der Mensch. Die unvollkommenen Exemplare seien auszuscheiden, der vollkommene Mensch anzustreben, auf dem Weg über Planung und Produktion.[76] Immer wieder warnte er vor dem »Absolutheitsanspruch der Technik«, die jede ethische Hemmung hinter sich gelassen habe: Genmanipulation, eugenische Geburtenplanung, Abschaffung des Todes. Der Versuch des Menschen, sich selbst zu Gott zu machen.[77]

Um diese Entwicklungen, wenn nicht verhindern, so doch korrigieren oder verlangsamen zu können, bin ich überzeugt, dass die Kirche in einer Gesellschaft, der immer bedrohlichere technologische Optionen zur Verfügung stehen, eine tragende Rolle spielen sollte. Warum? Weil die Gefahr groß ist, dass wir ohne sie, wie eine Horde übermütiger Teenager ohne Aufsicht, in der Hölle der totalen Machbarkeit landen. Dafür muss die Kirche das Kunststück vollbringen, zeit- und unzeitgemäß zugleich, also eigentlich zeitlos zu sein. Indem sie alte Wahrheiten in neuer Form verkündet, also zwischen »zeitgenössisch werden« und »sich anpassen« unterscheidet, muss sie auf zeitgenössische Weise den Widerspruch darstellen, den sie in einer modernen Welt notwendigerweise bedeutet. Das hat nicht notwendigerweise mit einer vollständigen Anpassung oder einem Weglassen tradierter Normen zu tun.[78]

Ich möchte kein »kulturelles Christentum«, das mit zeitgenössischen Gebräuchen beliebig kombiniert werden kann. Ich möchte nicht ein bisschen Jesus, ein bisschen Buddha, ein bisschen Achtsamkeit. Ich möchte nicht, dass sämtliche Traditionen über Bord geworfen werden, nur weil vermeintlich fortschrittliche Menschen sie altmodisch finden. Ich möchte keine Kirche, die sich, um niemanden zu verprellen, nur noch als unanstößige Light-Version präsentiert. Eine Kirche, die sich bei ihren Mitgliedern dafür entschuldigt, was sie ihnen abverlangt, macht sich nicht nur lächerlich, sondern überflüssig. So hat ein Regensburger Pfarrer in der Osternacht beim Glaubensbekenntnis mal eben die Wendung »Ich glaube an die heilige katholische Kirche« weggelassen, laut eigener Aussage, um Menschen, »die nur in der Osternacht in die Kirche kommen«, nicht vor den Kopf zu stoßen.[79]

Eine fatale Strategie, die nur nach hinten losgehen kann, weil man Menschen, die man für etwas begeistern will, wahrheitsgemäß nahebringen muss, wofür man sie begeistern möchte. Wer schwindelt oder unliebsame Details weglässt in der Hoffnung, dass sich die Dinge schon irgendwie zurechtruckeln werden, verhält sich verantwortungslos und nimmt sein Gegenüber nicht ernst. Genau wie ein Arbeitnehmer darüber aufgeklärt werden muss, was von ihm erwartet wird, darf auch die Kirche nicht so tun, als wäre ein gottesfürchtiges Leben ein Sonntagsspaziergang mit Einkehrschwung. Der christliche Glaube, heißt es bei Joseph Ratzinger, könne seine Kraft nur entfalten, wenn er nicht unanstößig gemacht, sondern in seiner ganzen Strenge und Nachsicht erfahren werde. Bei aller Güte – ein gottesfürchtiges Leben ohne Opfer, ohne Anstrengung ist nicht möglich; es gibt kein großes Glück im Vorbeigehen.

Ich träume von einer Kirche, die beides ist: geheimnisvoll und verlässlich, rätselhaft und verantwortungsbewusst, eine göttliche Offenbarung und eine vertrauenswürdige Institution. Mystik und Metaphysik auf der einen, Transparenz und Verantwortung auf der anderen Seite. Eine Kirche, die alle Menschen nicht theoretisch, sondern wirklich liebt, ohne das Göttliche zu entzaubern. Eine Kirche, die für das ewige Leben betet, ohne das irdische zu vernachlässigen. Dafür muss zwischen ihrem Selbstverständnis und der Lebenswirklichkeit im 21. Jahrhundert eine Lücke bleiben, weil in dieser Lücke, also zwischen dem, wie der Mensch ist, und dem, wie er sein sollte, eine erlösende Kraft liegt, die selbst da, wo sie (noch) nicht verstanden wird, ihre Wirkung entfaltet. Ohne diese Lücke macht sich nicht nur die Kirche überflüssig, eine instabile Gesellschaft verliert auch ihre letzte Instanz, die sich einem seelenlosen *Anything goes* in den Weg stellt.

Natürlich ist der Gedanke eines Imagewechsels verführerisch: Man spricht ein bisschen anders, wirft ein paar Dogmen über Bord, verabschiedet sich von allzu strengen Anforderungen, schon wirkt man weniger altmodisch, steht weniger unter Beschuss, verliert weniger Mitglieder. Die Ersten bringen bereits eine Kirchenmitgliedschaft auf Zeit ins Spiel, andere wollen den Sonntagsgottesdienst nur noch einmal im Monat abhalten. Aber so einfach ist es nicht, weil die Kirche, anders als ein Softwareunternehmen, nicht mal eben übers Wochenende ihre Grundsatzstrategie über den Haufen werfen kann.

Ich verstehe, warum die Kirche an Lehrsätzen festhält, die für moderne Ohren problematisch klingen. Man könnte sie nicht mehr ernst nehmen, wenn sie unter dem Druck des Zeitgeists ihre Regeln über Bord werfen würde. Ihre Mitglieder würden sich zu Recht fragen, wie plötzlich richtig sein kann, was vorher zweitausend Jahre lang falsch war. Ein zu radikaler Schwenk hätte einen Gesichts- und Kontrollverlust zur Folge, von dem sie sich unter Umständen nie mehr erholen würde. Genau wie *Der Ring des Nibelungen* nicht mehr der *Ring*, sondern etwas anderes wäre, wenn man langatmige Passagen streicht und das Libretto in Jugendsprache übersetzt, lassen sich bei einer Religion nicht auf Zuruf Dinge hinzufügen oder wegnehmen, weil Christen nun mal daran glauben, dass ihre Regeln von Gott stammen, und dass es gute Regeln sind, selbst wenn sie sich nicht auf Anhieb erschließen. Man sollte nie vergessen: Der gläubige Mensch erkennt im Glauben eine Wahrheit, vielleicht sogar die einzige, die es gibt.

Manchmal versuche ich, mir vorzustellen, wie lange es die Kirche schon gibt, aber es gelingt mir nicht. Zweitausend Jahre, das sagt man so leicht, aber man muss sich diese Zeitspanne einmal vergegenwärtigen: Wie war die Welt zur Zeit Jesu? Wie ist sie heute? Und was ist dazwischen alles passiert? Welchen Ideen und Versprechungen sind die Menschen gefolgt? Was haben sie alles erbaut und erfunden, zerstört und verraten? Welche Kriege haben sie geführt? Welche Bündnisse geschlossen? Welche Sinfonien komponiert? Welches Unrecht begangen? Was ist geblieben vom Mittelalter? Von der Renaissance? Vom Römischen Reich? Vom Königreich Preußen? Erinnert sich noch jemand an die Familien Fugger und Medici, an Firmen wie Pan Am oder Commodore? An den Hunnenkönig Attila oder Konstantin den Großen?

Im Laufe der Weltgeschichte ist immer das untergegangen, was auf Ewigkeit angelegt war, und das passiert, was sich niemand vorstellen konnte. Nur die Kirche, die nichts anderes ist als eine Gemeinschaft lebendiger Menschen, ist immer noch da. Ob das nur mit raffiniertem Marketing und rücksichtsloser Machtausübung zu tun haben kann? Zum Vergleich: Google gibt es seit sechsundzwanzig Jahren, die Bundesrepublik Deutschland seit fünfundsiebzig Jahren, die durchschnittliche Lebenszeit von Organisationen beträgt vierzig Jahre.[80] So gesehen ist es ein Wunder, dass es die Kirche noch gibt. Das macht ihre Botschaft nicht automatisch wahr, Menschen können auch zweitausend Jahre lang danebenliegen, aber beeindruckend ist es schon und eine Bedeutung hat es auch.

+++

Wie streng muss ich die Regeln meines Glaubens einhalten, um das ewige Leben geschenkt zu bekommen? Gibt es das ewige Leben überhaupt? Können Hinduisten oder Atheisten das Heil erlangen? Wie steht es mit Menschen, die gut und gerecht, aber nicht in der Kirche sind? Wie mit Heuchlern, die jeden Sonntag in der Messe sitzen, aber weder christlich leben noch handeln?

Auf all diese Fragen habe ich keine Antwort. Aber eines weiß ich genau: Ich möchte Christ *in* der Kirche sein. Ja, der Missbrauchsskandal war ein schwerer Schlag, und nein, ich bin nicht mit allem einverstanden, was im Vatikan gesagt und gedacht wird. Aber habe ich Freunde ohne Fehler? Habe ich einen Job, der immer Spaß macht? Gibt es irgendetwas im Leben, das rundherum gut und richtig ist? Wie soll die Kirche eine bessere Kirche werden, wenn alle davonlaufen? »Niemand behauptet, dass Kirche perfekt sei«, sagt der Pfarrer Rainer Maria Schießler. »Zweifel, Verwunderung, bitte, gerne, aber Davonlaufen? Niemals. Ich kann mich doch nicht abwenden, wenn jemand Hilfe braucht! Und diese Kirche braucht Hilfe, und zwar mich und dich. Sie ist kein Selbstzweck, sondern wir sind sie selbst.«[81]

Ich habe irgendwann beschlossen, dass mir der Versuch, anständig durchs Leben zu gehen, nicht reicht, dass ich es an der Seite und mit der Hilfe Gottes tun möchte, deswegen bete ich, deswegen gehe ich in die Messe. Zwar scheitere ich permanent an den Anforderungen meines Glaubens, trotzdem habe ich sie als weise erkannt und bin überzeugt, dass unsere Gesellschaft profitieren, ja einen Bewusstseinssprung vollziehen könnte, wenn sie sich stärker an ihnen orientieren würde statt alles, was von der Kirche kommt, reflexhaft als gestrig abzutun. Oder haben Sie das Gefühl, dass wir auf einem guten Weg sind? Dass die Liebe zu- und der Hass abnimmt? Dass wir auf Frieden und Freiheit oder wenigstens eine ausbalancierte Gesellschaft zusteuern? Mir hilft die Vorstellung, dass es göttliche Gebote sind, die mich nicht schikanieren, sondern dabei unterstützen wollen, in einem tieferen Sinne frei, auch angstfrei, zu werden. Zwar verstehe ich nicht alles auf Anhieb, aber ich weiß, dass Gott seinen Geschöpfen niemals etwas Unmögliches abverlangen oder Schaden zufügen würde. »Gott verlangt nichts vom Menschen, ohne ihm zugleich die Kraft dafür zu geben«, sagte die Karmeliterin Edith Stein.

Ich habe zu Beginn des Buches geschrieben, dass ich versuche, ein zeitgemäßes Leben mit einem vermeintlich unzeitgemäßen Glauben zu verbinden. Das gelingt mir nur, indem ich gelegentlich ein Auge zudrücke und den Regeln meiner Kirche nicht stumpf bis ins Letzte folge. Zum Beispiel halte ich den Papst nicht für unfehlbar, weil ich mir keinen Menschen ohne Sünde vorstellen kann, was nicht heißt, dass ich ihn nicht als Stellvertreter Christi anerkenne. Auch war ich noch nie verheiratet, aber hatte schon Sex, sogar mit Kondom und ohne schlechtes Gewissen. Es kann nämlich gut sein, dass mir das mit dem Bund fürs Leben nicht mehr gelingt, was nach katholischen Maßstäben bedeuten würde, dass ich als Jungfrau sterben müsste, und das möchte ich mir nicht mal vorstellen, was nicht heißt, dass ich Menschen, die vor der Ehe enthaltsam leben, nicht aufrichtig bewundere.

Auch beim Thema Schwangerschaftsabbruch bin ich weniger streng als meine Kirche. Trotzdem halte ich es für wichtig, dass es ihre Position gibt, und sei es nur, damit sich die Arithmetik der Debatte verschiebt, weg von bloßer Machbarkeit, hin zu mehr Empathie. Ich kenne einige, für die ein Schwangerschaftsabbruch eine unter allen Umständen zu gewährende Dienstleistung ist. Und nein, ich bin kein Abtreibungsgegner, Schwanger-schaftsabbrüche sollen unter bestimmten Bedingungen möglich sein, trotzdem bin ich – nicht als katholischer, sondern einfach nur als Mensch – immer wieder erschüttert darüber, wie manche mittlerweile über dieses Thema sprechen, nämlich in einem Jargon, als ließe man mal eben einen Leberfleck entfernen.

Da ist nicht mehr von einer »werdenden Mutter« die Rede, sondern von einer »schwangeren Person«, da geht es um »menschliches Leben« statt um »das Leben eines werdenden Menschen«. Und dass es in einer Gesellschaft, die so stolz auf ihre Toleranz und Offenheit ist, für so ein Bekenntnis Mut braucht, dass es mit großer Wahrscheinlichkeit einen Shitstorm auslöst, wenn man tastend darauf hinweist, dass bei einer Schwangerschaft kein Zellhaufen, sondern ein Mensch heranwächst, dessen Herz womöglich schon schlägt, der aber noch keine Stimme hat, um seine Lust auf Leben zu artikulieren, darüber kann man gar nicht genug verzweifeln.

Trotzdem greife ich mir nicht einfach die Aspekte meines Glaubens heraus, die mir leichtfallen oder nützlich erscheinen; das hätte mit Christsein nichts zu tun. Zwar ist Katholisch-Sein im 21. Jahrhundert ein komplizierter und oft schmerzhafter Spagat, aber ein halbherziger Christ bin ich nicht. Dabei sind mir zwei Punkte wichtig: Erstens, Norm und Wirklichkeit dürfen nicht zu weit auseinanderklaffen, die großen Linien müssen stimmen. Zweitens, wenn ich sündige, bin ich mir bewusst, dass ich sündige, und bitte Gott um Vergebung. Anders ausgedrückt: Ich muss das Gefühl haben, dass Gott mit mir einigermaßen zufrieden ist, dass ich ihm ohne Angst gegenübertreten kann. Denn eine Sache sollte ein Christ nicht vergessen: Natürlich kann man sich über das Versagen kirchlicher Institutionen beschweren, aber das größte Leid eines Christen liegt immer darin, sich selbst als schlechten Christen zu durchschauen. Oder wie Mutter Teresa einmal auf die Frage, was sich in der Kirche als Erstes ändern müsse, geantwortet hat: »Sie und ich!«

Vielleicht kann man so sagen: Es gibt Regeln in meiner Kirche, an die ich mich halte, und es gibt Regeln, an die ich mich nicht halte, weil sie mir so lebensfern vorkommen, dass ich mich nicht an sie gebunden fühle. Dazwischen gibt es welche, die ich merkwürdig finde und trotzdem zu befolgen versuche, weil ich ahne, dass ich sie nur (noch) nicht verstehe. Im Katechismus steht vieles, was ich anders sehe, trotzdem kann ich damit leben, dass es da steht, weil ich weiß, dass es in einer bestimmten geschichtlichen Situation und mit einer bestimmten Intention verfasst worden ist. Ich nehme die Bibel nicht wörtlich, aber ernst, versuche, mich an Ge- und Verbote zu halten, aber immer alles richtig machen, das geht nicht, und das Wunderbare ist: Es muss auch gar nicht gehen. Man kann der Forderung Jesu »vollkommen zu sein, wie der Vater im Himmel« niemals gerecht werden, aber sie zeigt eine Richtung und ein Ziel an, an dem man sich orientieren und immer besser und aufrichtiger scheitern kann; dabei kann man es dann auch belassen und sich dem konkreten Alltag zuwenden.

An einem Ziel festhalten, das von vornherein unrealistisch ist? Für viele klingt das nach Doppelmoral. Aber mir sind Regeln, an denen ich mich orientieren kann, allemal lieber, als wenn alles erlaubt oder gleichgültig ist. Viele wünschen sich eine Religion, in der man machen kann, was einem gerade in den Sinn kommt, aber so eine Religion gibt es nicht. Im Gegensatz zum digitalen Plattformkapitalismus, in dem ich heute hier und morgen dorthin verführt werde, weiß ich im Glauben wenigstens, wem ich folge und warum ich es tue: »Mir ist lieber, wenn ich mich bewusst nach etwas richte«, schreibt der Publizist Frank Berzbach. »Wer nicht weiß, wem er dient, bleibt orientierungslos. Er erschafft sich Ersatzgötter oder hält sich selbst für den Messias.«[82]

Ein Leben nach der christlichen Lehre kann außerordentlich lästig sein. Permanent sein Gewissen befragen? Erlittenes Unrecht geduldig ertragen? Für Menschen beten, die man nicht ausstehen kann? Sich jede Schwäche, jede Eitelkeit, jede Lästerei verkneifen? Das ist anstrengend. Aber ich habe gute Erfahrungen damit gemacht, es immer wieder zu versuchen. Es liegt eine große Kraft darin, auf eine Sünde zu verzichten. Im ersten Moment fällt es schwer, aber hinterher fühlt es sich grandios an, und nicht immer, aber oft entwickeln sich die Dinge danach sogar besser, der Verzicht zahlt sich aus.

Nein, ich möchte nicht, dass die Kirche alle ihre Grundsätze über Bord wirft. Das unabänderliche Glaubensgut, die Dreifaltigkeit Gottes, die Auferstehung Christi, das ewige Leben, steht nicht zur Debatte. Trotzdem kann ich mir eine »kirchliche Weiterentwicklung« vorstellen. Sie bezeichnet sich ja selbst als »lebendige Kirche« und hat ihre Lehre zu allen Zeiten modifiziert und verändert. Kirche ist nie fertig oder abgeschlossen, ist immer im Werden, das war schon in biblischen Zeiten so. Trotzdem gibt es eine Bedingung: Veränderungen dürfen nicht unter dem Druck der Medien oder aus Angst vor dem eigenen Überflüssigwerden vollzogen werden. Wenn die Kirche ihre Traditionen aufweicht oder abreißen lässt, kann das nur aus einer Position der Stärke heraus geschehen. Werden Reformen nicht aus Verzweiflung, sondern aus Überzeugung durchgeführt, müssen sie fünfzig oder hundert Jahre später auch nicht zurückgenommen werden. »Angstgetriebene Aktionen sind keine zukunftsfähigen Handlungen«, schreibt der Philosoph Byung-Chul Han.[83] In größeren Zeiträumen zu denken, ist nicht nur das Selbstverständnis, sondern die Pflicht der Kirche. Jahrzehnte sind für sie ein Wimpernschlag, das macht sie ja so wertvoll, so unverzichtbar. Wenn grundlegende Reformen zu abrupt vollzogen werden, sind die Kollateralschäden oft größer als der Nutzen. Sich für grundstürzende Entscheidungen Zeit zu lassen, muss nichts Schlechtes sein. Vieles, was in der Welt der Politik und der Wirtschaft als kosmetische Korrektur empfunden wird, ist für die Kirche ein existenzieller Schritt, der die Gefahr ihrer Spaltung beinhaltet. In diesem Sinne bin ich dafür, dass vermeintlich unumstößliche Dogmen diskutiert werden, aber eine Garantie, dass sie dann auch fallen, gibt es nicht, weil eine Wahrheit zwar dehnbar, aber nicht beliebig veränderbar ist. Auch der Papst ist an Schrift und Tradition gebunden und kann nicht hier eine Kleinigkeit hinzufügen und dort eine wegnehmen, weil es sich gerade richtig anfühlt.

Dass die Kirche ihre Regeln in Bezug auf homosexuelle Paare gelockert hat, freut mich. Natürlich ist die Sache knifflig, wenn auf einmal etwas praktiziert werden darf, was vorher jahrhundertelang im Widerspruch zur kirchlichen Tradition stand. Trotzdem bin ich schon lange für die Segnung und Gleichbehandlung homosexueller Paare, weil ich den Primat der bürgerlichen Ehe für die Zwecke der Kirche schon nachvollziehen kann, aber so viele gottesfürchtige Schwule kenne, dass mir kein Grund einfällt, warum man ihnen den Segen Gottes verwehren sollte. Erst recht, weil einzelne Priester diesen Segen seit vielen Jahren hinter verschlossenen Türen gespendet haben. Dass homosexuelle Beziehungen weniger wert sein könnten, weil die Weitergabe des Lebens beim Geschlechtsakt ausgeschlossen ist, verstehe ich aus theologischer Sicht, kann aber beim besten Willen keine Sünde erkennen, wenn sich zwei Menschen aus Liebe füreinander entscheiden. Vor Kurzem habe ich einen schönen Satz gehört: »Wenn Gott keine queeren Menschen mögen würde, gäbe es sie nicht.« Das hat inzwischen auch Papst Franziskus begriffen, der im Frühjahr bekannt hat: »Wenn einer homosexuell ist und den Herrn sucht und guten Willens ist – wer bin ich dann, ihn zu verurteilen?«

Den Pflichtzölibat, die Idee vollkommener Enthaltsamkeit um des Himmelreiches willen, fand ich immer faszinierend. Natürlich ist ein radikal unbürgerliches religiöses Leben schwer einzuhalten, aber eine Regel wird nicht dadurch dementiert, dass sie schwer einzuhalten ist. Trotzdem kann ich mir einen freiwilligen Zölibat vorstellen, weil ich ahne, wie oft der Pflicht-zölibat umgangen, gebrochen und verraten wird, wie viele Kle-riker von Schuldgefühlen geplagt werden und ein Leben voller Angst führen, wie viele Frauen durch ihn beschädigt wurden. Dazu kommt, dass Priester heute isolierter sind als jemals zuvor. War man als Pfarrer früher in die Gemeinschaft eingebunden, wurde zu Festen und in Familien eingeladen, dürften heute viele den Heiligen Abend allein in der Dienstwohnung verbringen, während andere gemeinsam Bescherung feiern.

Ich verstehe die Sehnsucht gläubiger Frauen, das Weihesa-krament zu empfangen. Je gleichberechtigter sie im Alltag wer-den, desto stärker leiden sie an den patriarchalischen Strukturen innerhalb der Kirche. Und nein, ich glaube nicht, dass Män-ner grundsätzlich die besseren Kleriker sind, kann aber nach-vollziehen, wenn die Kirche ihre Grundprinzipien nicht mal eben von einem Tag auf den anderen über den Haufen wirft, immerhin geht es um ihren Markenkern. Einerseits bin ich mir bewusst, dass kirchliches Leben ohne den Einsatz von Frauen, die in allen möglichen Bereichen von Caritas über Bildung bis zu Diözesanverwaltungen arbeiten, nicht denkbar wäre, ja dass, wer Frauen ausschließt, immer auch auf ihre Charismen, ihren inneren Reichtum verzichtet. Andererseits verstehe ich, dass eine Institution nicht plötzlich für möglich halten kann, was sie zweitausend Jahre lang für unmöglich gehalten hat. Die Frage der Frauenordination wird die Kirche noch viele Jahrzehnte beschäftigen. Auch hier täuscht die deutsche Perspektive: Die Mehrheit der Bischöfe weltweit empfindet die harten Regeln der Kirche als unabänderliche Gesetze und lehnt die Frauenordination ab. Von soliden Mehrheiten, die man für eine so einschneidende Reform bräuchte, kann also keine Rede sein.

Ich bin in der Frage hin- und hergerissen: Als Mensch finde ich es skandalös, wenn Frauen und Männer nicht die gleichen Rechte haben, als Mitglied der römisch-katholischen Kirche bin ich offenbar bereit, eine Diskriminierung mitzutragen, weil ich andererseits nicht mehr in der Kirche wäre. Einerseits hat Jesus nur Männer zu Aposteln berufen, andererseits bin ich unsicher, ob das wirklich heißen muss, dass nur Männer Priester werden dürfen, weil die Entscheidung doch der damaligen gesellschaftlichen Ordnung geschuldet sein kann. Einerseits kann von Gleichberechtigung keine Rede sein, andererseits kann man auch ohne Priesteramt ein vollständiger Christ sein. Einerseits dürfte im Sinne von Gottesebenbildlichkeit zwischen den Geschlechtern kein Unterschied gemacht werden, andererseits kann man fragen, ob sich dies notwendigerweise in der Besetzung von kirchlichen Ämtern widerspiegeln muss. Einerseits könnte man es heute Nachmittag beschließen, andererseits gibt es die evangelische Kirche doch schon.

Ehrlicherweise gibt es nur zwei saubere Lösungen: Entweder dürfen Frauen zu Weiheämtern zugelassen werden oder sie dürfen es nicht. So oder so sollte die Kirche aufrichtig und konsequent sein. Weil: immer mehr Frauen in bürokratische Ämter zu hieven, um sich ein gutes Gewissen zu verschaffen und ein bisschen Zeit zu gewinnen, wird auf Dauer nicht reichen. Wer weiß, vielleicht ist die Frage der Frauenordination gar nicht die entscheidende, vielleicht wäre viel gewonnen, wenn die Kirche insgesamt weniger paternalistisch wäre und weibliche Perspektiven eine größere Rolle spielten.

Im Zweifel für den Zweifel

Es war ein Freitagmorgen vor siebzehn Jahren, als ich während eines Belastungs-EKGs beim Kardiologen zusammengebrochen bin. Der Oberkörper verkabelt, die Knöchel in den Klettverschlussschlaufen des Ergometers, der Kopf zur Seite gekippt, auf dem Monitor die grüne Nulllinie – Herzstillstand! Erst war mir nur schwindelig gewesen, dann hatte die Arzthelferin das Zimmer verlassen, um mir ein Glas Wasser zu bringen, dann war der Schweiß gekommen, so viel, als hätte mich jemand mit dem Gartenschlauch abgespritzt, dann waberte und hallte alles um mich herum, und ich glitt in eine Schwärze, wie ich sie nie zuvor gesehen hatte. Nach einer Weile – keine Ahnung, ob Sekunden oder Jahre vergangen waren – erkannte ich mich aus einer Höhe von ungefähr drei Metern. Ich schwebte in der Luft und blickte auf das Geschehen herab, neben mir stand die Arzthelferin mit dem Wasserglas. Immer mehr Menschen drängten in den Raum, liefen durcheinander, rissen Schränke auf, Kanülen und Spritzen prasselten zu Boden. Ich sah aufgerissene Münder, aber hörte nichts. Die Stille war makellos, als würde ich einen Stummfilm schauen. Dann schlug mir ein Mann im weißen Kittel ins Gesicht, zog eine Spritze auf und rammte sie in meinen Oberarm. Ich spürte keinen Schmerz, aber kehrte langsam zurück in die Wirklichkeit. Ich weiß noch, dass Schneeflocken vom Himmel fielen, als sie mich mit Blaulicht in die Notaufnahme brachten; es war kurz vor Weihnachten.

Was dramatisch klingt, hat sich noch dramatischer angefühlt. Seit Jahren suche ich nach den richtigen Worten dafür und finde sie nicht, vielleicht gibt es sie auch gar nicht. Unsere Sprache ist unzulänglich, wenn es darum geht, den Tod zu beschreiben. Jedenfalls lag ich zwei Stunden später in einem abgedunkelten Krankenhauszimmer und konnte nicht aufhören zu weinen. Was ich erlebt hatte, war zu groß für meinen kleinen Geist gewesen: Ich war gestorben und ins Leben zurückgekehrt.

Seitdem bin ich oft gefragt worden, wie es sich angefühlt hat, tot zu sein: Hattest du Schmerzen? Hattest du Angst? Was hast du gesehen? Ein gleißendes Licht? Einen Tunnel? Gott? Meine Antwort war immer dieselbe: Ich habe mich selbst von oben gesehen und gleichzeitig alle Menschen, die ich jemals geliebt habe, unter der Dusche, beim Wäscheaufhängen, beim Blumengießen. Sie waren ahnungslos, dass gerade jemand stirbt, nein, dass *ich* sterbe. So geht es also zu Ende, dachte ich und musste sogar leicht lächeln, weil ich mir mein Ende irgendwie anders vorgestellt hatte, weniger banal, nicht in der Nähe des Hauptbahnhofs, nicht um halb acht Uhr morgens, weil ich da eigentlich noch schlafe.

Und nein, da war keine Angst. Ich habe den Augenblick des Sterbens als friedlich wahrgenommen. Während um mich herum Panik herrschte, war ich so gelassen, wie ich es im Leben gern wäre, aber nie hinkriege. Ich war einverstanden, als würde sich etwas an mir vollziehen, worauf ich keinen Einfluss habe und worüber ich mir keine Gedanken machen brauche, weil ich es sowieso nicht verstehen, geschweige denn aufhalten könnte.

Etwas, das immer so war und immer so sein wird, etwas Notwendiges, etwas Richtiges; ein gleißendes Licht oder einen Tunnel habe ich nicht gesehen, und Gott auch nicht.

Der Tag war eine Zäsur in meinem Leben, danach war ich ein anderer, allein schon deshalb, weil ich monatelang unter Panikattacken litt. Die Angst, mein Herz könnte nochmal und dann für immer stehenbleiben, ging nicht mehr weg. Zwar war ich wenige Wochen nach dem dramatischen Vorfall wieder gesund – ich hatte keinen Herzinfarkt gehabt, lediglich einen Infekt verschleppt –, trotzdem hatte ich permanent das Gefühl, dass es zu schnell oder irgendwie unregelmäßig schlägt. Egal ob ich zu schnell eine Treppe nach oben lief, in einen Badesee sprang oder aus einem Albtraum aufschreckte, das Resultat war immer das gleiche: Herzrasen, Atemnot, Todesangst. Einmal ging ich von Mitternacht bis Sonnenaufgang im Kreis um den Gärtnerplatz, weil ich dachte, wenn ich auf offener Straße zusammenbreche, findet mich wenigstens jemand.

Ich rannte einmal die Woche zum Kardiologen, ob er nochmal nachschauen könne, vielleicht habe er etwas übersehen, eine Engstelle, eine Verkalkung, aber er sagte immer das Gleiche: »Herr Haberl«, sagte er, »Ihre Unsicherheit ist nach so einem Erlebnis normal, aber glauben Sie mir, Sie sind kerngesund.« Irgendwann waren mir seine Beschwichtigungen so unangenehm, dass ich mit einem Freund nach Tansania aufbrach. Ich wollte nicht erklärt bekommen, dass ich gesund bin, ich wollte es spüren, und wenn ich tot umfiele, würde es wenigstens an einem der schönsten Orte der Welt passieren. Ein paar Tage später liefen wir unter dem Geschrei Hunderter Stummelaffen im Regenwald los, wanderten durch sumpfige Moorlandschaften und neblige Steinwüsten, am Morgen des siebten Tages standen wir auf dem Gipfel des Kilimandscharo, sechstausend Meter über dem Meer. Am Horizont ging die Sonne auf, ein flimmernder Feuerball, das Gletschereis schimmerte hellblau, danach waren die Panikattacken verschwunden.

Ob Gott anwesend war, als mein Herz aufhörte zu schlagen? Ich glaube schon, aber weil ich davon ausgehe, dass er immer und überall anwesend ist, ist das nicht weiter bemerkenswert. Tatsächlich hat dieser Tag vor siebzehn Jahren meinen Glauben weder erschüttert noch auf eine neue Stufe gehoben. Es ist nicht so, dass ich nach glücklichen Erfahrungen mehr und nach schmerzhaften weniger glaube. Für mich spricht die Tatsache, dass ich damals weiterleben durfte, so wenig für die Existenz Gottes, wie mein früher Tod gegen sie gesprochen hätte. Mein Glaube blieb von der Angelegenheit unberührt.

Der Philosoph Robert Spaemann schreibt dazu: »Nicht jeder hat das Glück direkter Gotteserfahrung, deswegen muss er glauben. Glaube wäre demnach das Vertrauen auf etwas, von dem ich eigene Erfahrung nicht habe.«[84] Mit anderen Worten: Ich glaube nicht *obwohl*, sondern *weil* ich Gott nicht gesehen habe. Oder andersrum: Hätte ich ihn gesehen, müsste ich nicht mehr an ihn glauben, weil sich Wissen und Glauben ausschließen. Ich ahne, wie unvernünftig, ja grotesk diese Logik erscheinen kann. Aber näher kommt man dem Glauben nicht, wenn man ihn mit dem Verstand begreifen möchte: Die Unbeweisbarkeit Gottes ist kein Hindernis für den Glauben, sondern seine wichtigste Voraussetzung. Mit François-René de Chateaubriand gesprochen: »Ein Mensch, der Gott begriffe, wäre Gott.«

Im Markus-Evangelium gibt es einen Satz, der die Ambivalenz des Glaubens auf den Punkt bringt: Ein Junge wird von dämonischen Mächten geplagt und immer wieder zu Boden geworfen. Bisher konnte ihn niemand heilen. Dann wendet sich der Vater des Jungen an Jesus und bittet ihn um Hilfe: »Wenn du aber etwas kannst, so erbarme dich unser und hilf uns!« Jesus antwortet, dass für denjenigen, der glaube, alle Dinge möglich seien. Daraufhin gesteht der Vater seine Zweifel und sagt einen der berühmtesten Sätze des Neuen Testaments: »Ich glaube, Herr, hilf meinem Unglauben«, woraufhin Jesus den Jungen von seinem Leiden befreit.

Der Glaube und der Zweifel sind wie zwei Brüder, von denen der eine ohne den anderen nicht zu haben ist. Das musste auch Jesus erkennen, als er im Sterben *ver-zweifelnd* nach seinem Vater ruft: »Mein Gott, mein Gott, warum hast du mich verlassen?« Tatsächlich ist die christliche Heilsgeschichte ohne Leid nicht denkbar. Jesus musste verraten werden, anders hätte er die Welt nicht erlösen können; ohne seinen Tod wäre die Rechnung nicht aufgegangen. Ausgerechnet der Verräter Judas setzte etwas zutiefst Hoffnungsvolles in Gang. Es ist der Grund, warum ein Leben ohne Leid weder denkbar noch wünschenswert ist. Leid gehört nicht nur zwingend zum Menschsein, es hat eine Bedeutung, weil es ohne Dunkelheit kein Licht und ohne Verzweiflung keine Hoffnung geben kann. Genau wie Feuer notwendig ist, um das Gold von der Schlacke zu trennen, bedingen sich Glück und Leid, Trauer und Trost, Verrat und Vergebung. Das eine ist die Voraussetzung des anderen und macht es erst möglich. Oder wie Nietzsche geschrieben hat: »Der Mensch allein lacht, weil er so tief leidet, dass er das Lachen erfinden musste.«

Der moderne Mensch möchte, dass das Leid verschwindet, das Leben soll nur noch lustvoll sein, aber das ist nicht möglich. Dunkle Stunden gehören nicht nur zum Leben, sie haben eine Funktion, weil der Mensch in ihnen seiner eigenen Wahrheit begegnet, weil er sich erkennen und so ein besserer Mensch werden kann. Papst Benedikt war der Meinung, dass es für einen Menschen gefährlich sei, wenn er von Ziel zu Ziel eile und überall mit Lobpreis durchgehe. Besser sei es, wenn er eine Negativphase durchleiden müsse, um sich selbst in seinen eigenen Grenzen erkennen zu können. Ein Mensch brauche das, um sich richtig einschätzen, etwas ertragen und nicht zuletzt mit anderen mitfühlen zu können, den anderen also nicht von oben herab zu beurteilen, sondern in seiner Mühsal und seinen Schwächen anzunehmen.

Es gibt kein unbeschwertes Leben, und oft werden Tugenden wie Verantwortung, Solidarität oder Empathie überhaupt erst durch Leiderfahrungen ausgebildet, ja womöglich versteht man erst im Leid, was es eigentlich heißt, ein Mensch zu sein. »Manchmal ist der Albtraum genau das, was wir brauchen«, sagt der Fotograf Roger Ballen, der seit Jahrzehnten ausgestoßene, deformierte Menschen porträtiert. »Er konfrontiert uns mit der Wahrheit, er spielt kein Spiel mit uns, sondern teilt uns eine Botschaft mit, die bedeutsam sein kann. Schon möglich, dass wir diese Botschaft nicht immer gut finden, aber sie kann von großer Wichtigkeit sein.«[85]

Um diese Botschaften zu erhalten (und zu entschlüsseln), muss sich der Mensch freilich entscheiden können: Möchte er den bequemen oder den steinigen Weg gehen? Möchte er dem Guten oder dem Bösen dienen? Möchte er seine Seele wachsen lassen oder einfach nur seine Ruhe? Nur wer Verantwortung für sein Tun übernimmt, kann seinen Teil zur Gesundung der Welt beitragen. Nur wer auch im Schmerz im Gottvertrauen bleibt, kann darauf hoffen, sein Leid und seinen Tod »zum ewigen

Leben und zur Erfüllung aller Sehnsucht« zu wandeln (Hans Küng). So weit, so theoretisch. Und dann sieht man in den Nachrichten Bilder sterbender Soldaten, weinender Mütter, hungernder Kinder, sieht, dass vor allem Unschuldige leiden, während die Grausamen herrschen und in Palästen wohnen. Wer möchte da nicht schreien: Gott, wenn es dich gibt, warum verhinderst du das nicht? Kannst du es nicht? Dann bist du doch nicht allmächtig. Oder willst du es nicht? Dann bist du kein liebender, sondern ein grausamer Gott. Der Theologe Hans Küng schreibt dazu: »Gewiss kann einer sagen: Wenn man das unendliche Leid der Welt anschaut, kann man nicht glauben, dass es einen Gott gibt. Doch lässt sich nicht auch umgekehrt sagen: Nur wenn es einen Gott gibt, kann man dies unendliche Leid der Welt überhaupt anschauen!«[86]

Der Pfarrer Rainer Maria Schießler hat mir erzählt, wie er zur Taufe eines Babys ins Krankenhaus gerufen worden sei und dann erst gesehen habe, dass die kleine Anna Viktoria blind, taub, stumm und schwer behindert gewesen sei. Sie sei seitlich im Bettchen gelegen und habe geröchelt, um sie herum seien die Eltern, die Oma und die Taufpatin gestanden. Es sei klar gewesen, dass sie sterben würde, also habe er sich hingekniet, gebetet und gedacht: Herrgott, was erlaubst du dir, so etwas zuzulassen. Danach sei er raus in die Winternacht und hätte am liebsten den Himmel angeschrien. Trotzdem sei auch das eine Gotteserfahrung gewesen, ob eine negative, das wolle er nicht bewerten. Der liebe Gott sei ein Abgrund des Glücks und der Liebe, aber auch des Leids und des Schmerzes. Nein, er habe sich an jenem Abend nicht verlassen, sondern herausgefordert gefühlt. Dann sei ihm ein Wort des heiligen Paulus eingefallen: »Nicht mehr ich lebe, sondern Christus lebt in mir.« Er habe es so verstanden, dass er nicht mehr stark sein müsse, weil Christus stark in ihm sei. Damals habe er gemerkt, er dürfe Dinge auch geschehen lassen, er müsse nicht alles begreifen.

Es klingt wie ein Satz aus *Der Herr der Ringe*, aber ich glaube, er stimmt: Das Böse existiert, und es arbeitet unablässig daran, die Menschen in Versuchung und die Welt an den Abgrund zu führen. Ob es gelingt, liegt nicht in der Hand Gottes, sondern allein an uns. Gott erspart uns kein Leid, aber er schenkt uns die Kraft, es zu ertragen. Er drängt sich nicht auf, aber er begleitet uns, wenn wir ihn darum bitten. Ist das leicht? Nein! Aber es ist zu schaffen. Mit anderen Worten: Das Böse kann nur siegen, wenn wir unsere Verantwortung an *die* Politik, *die* Wissenschaft, *die* Experten oder zukünftige technologische Durchbrüche delegieren, wenn wir moralisch daherreden, aber passiv und selbstbezogen bleiben, statt anzufangen, anders zu leben, und zwar nicht irgendwann, sondern sofort.

Ich glaube nicht, dass unser Schicksal vorbestimmt ist. Ich glaube nicht einmal, dass Gott weiß, wie es mit der Welt weitergeht. Ich glaube, dass er selbst neugierig darauf ist, was seine geliebten Geschöpfe aus ihr machen. Umgekehrt wäre eine Welt ohne Leid, in der Gott von vornherein alles zum Guten wendet, eine Welt ohne Sinn, in der es nichts zu tun, nichts zu lieben und nichts zu hoffen gäbe. Und deswegen kann bei aller Gottverlassenheit gerade das Leiden ein Ort der Gottbegegnung werden.[87]

Oder wie Robert Spaemann auf die Frage, wo Gott in Auschwitz gewesen sei, einmal geantwortet hat: »Am Kreuz!«

+++

Manchmal werde ich gefragt, wie ich an Gott glauben kann, obwohl ich ihn noch nie gesehen habe, ja nicht einmal weiß, ob es ihn wirklich gibt. Ich bin dann immer hin- und hergerissen: Einerseits freut es mich, wenn sich andere für meinen Glauben interessieren, andererseits verstehe ich das Problem nicht ganz. Denn selbstverständlich glaube ich an etwas, das sich nicht beweisen lässt – ja, woran denn sonst? Glauben, das heißt doch gerade, dass man das Unwahrscheinliche und Unglaubliche glaubt, weil man alles, was sich zweifelsfrei berechnen oder beweisen lässt, nicht mehr glauben muss, ja nicht einmal mehr glauben kann, zum Beispiel eine Excel-Tabelle.

Vor Jahren habe ich einen Satz der amerikanischen Schriftstellerin Gertrude Stein gelesen, der mir nie wieder aus dem Kopf gegangen ist. Manchmal, wenn ich mich nicht entscheiden kann, in der Liebe oder im Job, wenn ich unschlüssig bin und Angst habe, einen Fehler zu begehen, der nicht wiedergutzumachen ist, fällt mir dieser Satz ein und schon geht es wieder, weil er mich daran erinnert, dass das Leben unberechenbar sein muss, um eine Bedeutung haben zu können. Ach ja, der Satz lautet: »Alles, wofür es eine Lösung gibt, ist nicht interessant.«

Natürlich kann es qualvoll sein, sich einer Sache nicht sicher zu sein. Manchmal verliert man fast den Verstand, so sehr sehnt man sich nach einem Hinweis, einem Zeichen. Andererseits: Wäre ein Leben, in dem immer auf der Hand liegt, was als Nächstes zu tun ist, nicht wahnsinnig öde? Wie ein Fußballspiel, bei dem man vorher weiß, wie es ausgeht? Etwas ahnen, spüren oder hoffen zu dürfen, kann außerordentlich aufregend sein, ein lebenslanges Abenteuer. Oder können Sie sich eine Liebe vorstellen, derer man sich hundertprozentig sicher ist? Oder eine Freundschaft, die für alle Zeiten in Stein gemeißelt ist? Wie

Liebe und Freundschaft lässt sich auch der Glaube weder beweisen noch verordnen und schon gar nicht per Mausklick bestellen – er muss gewagt werden. Man kann Gott nicht belegen, aber kann man sich auf ihn einlassen, man kann ihm vertrauen. Nur wer bereit ist, vermeintliche Sicherheiten in Frage zu stellen, um sich von neuen Erfahrungen ergreifen zu lassen, wird überhaupt die Chance haben, ihn kennen zu lernen und seine eigene Existenz in ihrer Tiefe und Schönheit und Tragik zu verstehen.

Viele scheuen diesen Schritt, finden ihn verrückt oder verantwortungslos, aber wer das Risiko eingeht, wird mit Erfahrungen belohnt, die sich, ohne zu glauben, nicht machen lassen. Nein, ich kann Gott nicht beweisen und zweifle permanent an seiner Existenz, aber glauben ohne zweifeln, das geht nicht. »Bist du es wirklich?«, fragt sogar Johannes der Täufer, der Jesus mit eigenen Händen im Jordan getauft hat. Könnte Gott bewiesen werden, wahrscheinlich fände ich die Sache mit dem Glauben bald langweilig, wie eine Party ohne Drinks: Kann man machen, aber etwas Entscheidendes fehlt. An Gott glauben, für mich ist das ein Mysterium, das sich nie vollständig auflösen lässt, ein Rendezvous mit einer Sphäre, in der Dinge möglich sind, die in der Realität verrückt erscheinen, eine Beleidigung für den gesunden Menschenverstand, eine Absage an die materialistische Welt, das fehlende Puzzleteil einer metaphysisch verkümmerten Gesellschaft, die ohne Sinn für eine höhere Wahrheit sorgenvoll nach sich selbst sucht.

Manchmal schauen mich Leute irritiert an, wenn ich so etwas sage: Warum sollte man die Hoffnung der Sicherheit vorziehen? Ist das nicht leichtsinnig? Warum sollte man jemandem vertrauen, dem man nie begegnet ist? Ist das nicht verantwortungslos? Mir tun diese Menschen ein bisschen leid. Offenbar haben sie nie Momente erlebt, in denen der Glaube zuverlässiger als jedes Wissen erscheint, wenn einem beispielsweise eine innere Stimme zuflüstert, dass man einem Menschen, den man gerade erst kennen gelernt hat, ohne weitere Begründung vertrauen kann.

»Es genügt mir nicht zu erfahren, was mein blöder Verstand versteht«, sagte die heilige Teresa von Avila. Ich weiß genau, was sie meint. Auch ich möchte nicht in einer Welt der puren Tatsachen leben. Seit ich denken kann, fasziniert mich das Geheimnisvolle, Verborgene, Rätselhafte. Leider sind die Utopien der westlichen Welt nicht mehr poetischer oder spiritueller, sondern nur noch technologischer Natur. Für jedes Problem wird eine App programmiert und zum Download angeboten. Ehrfurcht empfinden? Sich in der Tiefe ergreifen lassen? An etwas glauben, das kein Computer berechnen kann? Das ist schwierig geworden, seitdem weite Teile der westlichen Welt beschlossen haben, nur noch dem Berechnen- und Nachweisbaren zu folgen. Wie der ungläubige Thomas, der den auferstandenen Jesus nicht nur mit eigenen Augen sehen, sondern auch seine Wunden ertasten, also seine Identität überprüfen will, glaubt der fortschrittliche Mensch nur noch das Offensichtliche. Jesus macht keinen Hehl daraus, was er von dieser Strategie hält: »Weil du mich gesehen hast, glaubst du. Selig sind die, die nicht sehen und doch glauben.«

»Im Zuge von Reformation und Aufklärung hat der Mensch sich Gott so verständlich gemacht, dass nach und nach sein Geheimnis verschwunden ist«, schreibt Navid Kermani. »Das ist nicht gut, es ist nicht schlecht, es ist folgerichtig, weil der Mensch ja auch die Natur durchdrungen hat, bis in die Elementarteilchen, bis in ferne Galaxien. Er meint, den Anfang der Schöpfung zu kennen, und sieht bis auf ein paar Millionen Jahre genau auch schon das Ende voraus. Er domestiziert die Natur, damit sie keine Bedrohung darstellt, dann soll auch Gott so sein, wie man ihn sich wünscht, vernünftig, verständig, konstant in Zimmertemperatur. Aber das ist Gott natürlich nicht und die Natur ebenso wenig. Den letzten Geheimnissen kommt kein Mensch auf die Spur, warum ist etwas, warum ist nicht nichts und so weiter und so fort. Darum eben entstand Religion: In ihr findet der Mensch einen Umgang mit dem, was er nicht erklären kann. Das ist nicht gegen die Aufklärung, sondern gibt dem einen Ausdruck, was den Verstand übersteigt. Antiaufklärerisch wäre es eher, die Grenzen des Verstands zu ignorieren.«[88]

Könnte es also nicht sein, dass das Wirkliche über das Nachweisbare hinausgeht? Dass wir mit unseren wissenschaftlichen Methoden nur begreifen können, was innerhalb unserer Grenzen liegt? Dass es darüber hinaus aber noch etwas anderes gibt, das wir nicht sehen können, zumindest nicht mit den Augen? Der Physiker Hans Peter Dürr, Gewinner des Alternativen Nobelpreises, beantwortete die Frage »Was hat die Wissenschaft mit der Wirklichkeit zu tun?« einmal mit einem Gleichnis: Ein Mann sitzt am Ufer eines Flusses und fängt Fische. Ein Wanderer kommt vorbei und fragt ihn: »Was tust Du?« – »Ich fange Fische.« – »Was kannst Du über Fische aussagen?« – »Sie sind alle mindestens fünf Zentimeter lang.« Der Wanderer lässt sich das Netz zeigen. Es hat Maschen mit einem Umfang von fünf Zentimetern. Daraufhin sagt er: »Wenn es kleinere Fische als fünf Zentimeter gäbe – und ich meine, solche gesehen zu haben –, so könntest du sie nicht fangen, sie würden durch dein Netz hindurch schlüpfen.« Darauf der Fischfänger mit Selbstbewusstsein: »Was ich nicht fangen kann, ist kein Fisch.«

So arbeitet die Wissenschaft, und sie muss auch so arbeiten, um zu Ergebnissen zu kommen: Sie hat ein bestimmtes Netz und fängt daraufhin bestimmte Fische oder um es abstrakter zu sagen: Sie stellt bestimmte Fragen und erhält daraufhin bestimmte Antworten. Wonach sie nicht fragt, darauf bekommt sie auch keine Antworten. Es ist wie bei einer Dopingkontrolle, man findet die Substanzen, nach denen man sucht.[89]

Der gottlose Mensch glaubt an *die* Wissenschaft, *die* Technologie, *die* Vernunft. Fasziniert von einer grenzenlosen Fortschrittsdynamik hat er sich von seiner Intuition und seinen Instinkten verabschiedet. Vernarrt in Reibungslosigkeit vermeidet er jedes Risiko. Was er auch unternimmt, eine Reise, eine Beziehung, einen Job, immer möchte er schon im Voraus wissen, was hinten rauskommt: Investitionen sollen sich lohnen, Pläne aufgehen, Überraschungen vermieden werden. Das Leben wird zur Vorsorgeexistenz, wenig lustvoll, lückenlos evaluiert, immer von der Gefahr her gedacht: Die einen zählen ihre Schritte, die anderen überwachen ihren Schlafrhythmus, die Nächsten wissen mehr über den Glutenanteil von Nudeln als Ernährungsberater. Wer online Zeitung liest, wird inzwischen darüber informiert, wie viel Zeit die Lektüre eines Artikels in Anspruch nimmt: drei Minuten, acht Minuten, zwölf Minuten – jedes Zeitfenster soll passgenau befüllt werden.

Menschen sind sonderbare Wesen: Einerseits verhindern sie metaphysische Erfahrungen mit algorithmischer Präzision, andererseits sehnen sie sich verbissen nach ihnen. Wir sind vernetzt und versichert, die Timeline ist unter Kontrolle, aber die Rechnung geht nicht auf – etwas fehlt. Und so sitzen wir umgeben von Datenströmen in akkurat beheizten Großraumbüros und wagen nichts mehr zu denken, was größer ist als wir, was nicht weiter schlimm wäre, wenn da nicht diese Lücke, dieser Schmerz, diese Angst vor dem Sterben wäre. Oder wie Thea Dorn mit Verweis auf Ernst Jünger geschrieben hat: dass wir Bewohner des Westens das zentrale Problem der menschlichen Existenz – Wie überwinde ich die Todesangst? – mit »allerlei technologischem Klimbim« immer nur betäuben, aber nie lösen.

Warum fällt dieser Zusammenhang so wenigen auf? Warum leiden so wenige unter der brutalen Beschneidung menschlicher Erfahrungen? Warum stört kaum jemanden, wie gnadenlos algorithmisch unsere Welt geworden ist, seitdem wir uns die Wirklichkeit nur noch mit wissenschaftlichen Modellen zurechtlegen? Wer böse Überraschungen vermeidet, verhindert gute nämlich immer gleich mit. Und wer sein Leben ausschließlich berechnet, verpasst nicht nur jede Menge Abenteuer, sondern auch Gott, weil der sich nicht mit Kalkül, sondern nur mit einem offenen Herzen begegnen lässt, indem man sich gegen jede Wahrscheinlichkeit auf einen Weg einlässt, von dem man nicht weiß, wohin er führt und wie er einen verändert.

»Wenn man alles beherrscht, geht etwas verloren«, sagt der Soziologe Hartmut Rosa. »Die Welt spricht und singt nicht dort zum Menschen, wo sie beherrscht wird, sondern wo der Mensch für sie entbrennt.« Natürlich können Menschen auch für Barockopern oder Modelleisenbahnen entbrennen, aber für den gläubigen Menschen hört die Welt nicht mehr auf zu singen, und jeder Tag schwillt zu einer gewaltigen Sinfonie an, so schön und traurig wie das Leben. Der Unterschied zwischen einem Leben mit und ohne Gott gleicht dem zwischen einer

Bergwanderung und einer Gondelfahrt. Während sich der Bergsteiger auf dem Weg zum Gipfel allerlei Mühen und Gefahren aussetzt, ja nicht einmal sicher sein kann, ob er ihn überhaupt erreicht, bucht der Gondelfahrer ein Ticket, minimiert das Risiko und gelangt in der Regel sicher und bequem ans Ziel. Aber ist der Gipfel überhaupt das Ziel? Oder symbolisiert er es nur, und das Ziel besteht darin, Erfahrungen zu machen oder, religiös gesprochen, in der Verschränkung aus Gottes- und Selbsterfahrung ein neuer Mensch zu werden?

Ich erlebe immer wieder, wie gerührt Atheisten reagieren, wenn ich ihnen verrate, dass ich für sie gebetet oder eine Kerze angezündet habe: »Wow«, sagen sie, »das ist aber nett, vielen Dank!« Manchmal werden sie ganz sentimental und vertrauen mir an, dass sie mich um meinen Glauben beneiden, die Botschaft klänge verführerisch, Vergebung der Sünden, ewiges Leben im Paradies, aber sorry, sie könnten sich das einfach nicht vorstellen, trotzdem müsse es sich wunderbar anfühlen, an Gott glauben zu können.

Stimmt, denke ich dann und wundere mich, dass sie sich mit dem Glauben so schwertun, wo ich doch weiß, welch fadenscheinigen Versprechungen sie sonst auf den Leim gehen, zum Beispiel dass ihr Glück in digitalen Welten liegen könnte. Es ist der Moment, in dem mir ein Satz des Philosophen Nicolás Gómez Dávila einfällt, »Der Unglaube ist nicht Sünde, sondern Strafe«, der Moment, in dem ich ihre Angst und ihre Sehnsucht spüre, über den Tod hinaus gehalten zu sein. Ich empfinde keine Schadenfreude, eher Mitleid und Bewunderung: Denn wie mutig muss man sein, ohne Hoffnung auf Erlösung durch die Welt zu gehen? Wie tapfer, wenn man die Angst, über die niemand spricht, die aber doch jeder kennt, nicht lindern kann, indem man einen Psalm vor sich hin murmelt –»Und ob ich schon wanderte im finstern Tal, fürchte ich kein Unglück; denn du bist bei mir«? Ich könnte das nicht, so stark bin ich nicht. Und dann spüre ich eben, dass die anderen es auch nicht sind, ja dass es eigentlich niemand ist, dass unsere Fixierung auf Rationalität und Technologie eine schmerzliche Lücke aufweist.

Dazu kommt aber noch etwas anderes: Denn auch der ungläubige Mensch wird von Zweifeln beschlichen. Es ist sein Unglaube, an dem er zweifelt: Was, wenn es Gott doch gibt? Sogar Joseph Ratzinger, immerhin ein späterer Papst, sprach vom »Ozean der Ungewissheit«, der für ihn »der allein mögliche Ort seines Glaubens« sei. Es gebe keine Flucht aus dem Dilemma des Menschseins. Auch Atheisten könnten Gott nicht entkommen, sich immer nur gegen ihn wenden. Wer der Ungewissheit des Glaubens entfliehen wolle, werde die Ungewissheit des Unglaubens erfahren, der seinerseits nie endgültig sagen könne, ob nicht doch der Glaube die Wahrheit sei.[90] Auch der Theologe Hans Küng schreibt: »Wer zugibt, dass er nicht hinter den Vorhang gucken kann, darf auch nicht behaupten, es sei nichts dahinter.« Alle Beweise der bedeutenden Atheisten reichten aus, um die Existenz Gottes fragwürdig zu machen, aber nicht, um Gottes Nicht-Existenz fraglos zu machen. Letztlich sei auch der Atheismus nicht beweisbar.[91]

Und so bleibt uns bis ans Ende aller Tage, wenn die Wahrheit ans Licht kommt, nichts anderes übrig als der schönsten Glaubensdefinition überhaupt, der des Theologen Karl Rahner, zu folgen: »Glauben heißt: die Unbeweisbarkeit Gottes ein Leben lang aushalten.«

+++

Im Roman *Origin* von Dan Brown stellt Winston, eine hochintelligente künstliche Intelligenz, den beiden Hauptfiguren die alles entscheidende Frage: Würden sie lieber in einer Welt ohne Technologie oder in einer Welt ohne Religion leben? Würden Sie lieber ohne Medizin und Elektrizität auskommen müssen? Ohne Mobilität und Antibiotika? Ziehen Sie eine Welt voller religiöser Eiferer vor, die Kriege wegen erfundener Geschichten und eingebildeter Götter führen? Als der Kunsthistoriker Robert Langdon seiner Antwort hinauszögert, meint Winston zu wissen, was in ihm vorgeht: »Sehen Sie, Professor? Die dunklen Religionen müssen sterben, damit die Wissenschaft herrschen kann.«

Die Religion dunkel, die Wissenschaft hell – nach der Definition von Winston klingt das einleuchtend, aber stimmt es überhaupt? Sind Religionen *nur* dunkel? Und Wissenschaften *nur* hell? Muss der Glaube mit zunehmendem Wissen zwangsläufig verschwinden? Schließen sich Glaube und Wissenschaft aus? Ist man ein Verschwörungstheoretiker, wenn man Fakten, die einem als Wirklichkeit präsentiert werden, nicht als ganze Wahrheit anerkennt? Wenn man für möglich hält, dass präzise Berechnungen die ganze Wahrheit eher verstellen, weil es doch sein könnte, dass der Graben zwischen ihr und dem, was der Mensch erkennen kann, zu tief ist?

Der atheistische Physiker Carl Sagan sagte, es sei weitaus besser, das Universum so zu begreifen, wie es wirklich sei, als in Täuschungen zu verharren, so befriedigend und beruhigend sie auch sein mögen. Und ja, der Mann war ein bedeutender Astrophysiker. Aber woher will er wissen, wie das Universum wirklich ist? Haben sich Wissenschaftler nicht zu allen Zeiten getäuscht? Waren es nicht Wissenschaftler, die behauptet haben,

267

die Erde sei eine Scheibe? Muss Wissen nicht permanent korrigiert, zurückgenommen, angepasst werden? Und warum entwickeln viele Mathematiker, Physiker und Informatiker einen unerschütterlichen Glauben? Könnte es daran liegen, dass sie in ihren Forschungen an Grenzen stoßen, weil sich das Universum eben doch nicht lückenlos erklären lässt? Weil sich Unendlichkeit niemand vorstellen kann?

Im Jahre 1916 wurden in den USA tausend Naturwissenschaftler gefragt, ob sie an einen persönlichen Gott glauben. Vierzig Prozent bejahten die Frage. Im Jahre 1996 wurde die gleiche Frage erneut tausend Naturwissenschaftlern gestellt. Auch diesmal wurde sie von vierzig Prozent der Wissenschaftler bejaht. Eigentlich hatte der Organisator der Umfrage von 1916 mit seiner Befragung den Start für weitere Untersuchungen geben wollen, um zu belegen, dass der Glaube von Wissenschaftlern im Laufe der Zeit und mit zunehmendem Wissen abnehmen würde – aber der Beweis misslang.[92]

Der Astronom Allan Sandage war sein Leben lang Atheist, bis er im Alter von 72 Jahren sein Glaubensbekenntnis ablegte: »Die Erforschung des Universums hat mir gezeigt, dass die Existenz von Materie ein Wunder ist, das sich nur übernatürlich erklären lässt.« Der Astrophysiker André Galli sagt: »Ich glaube, dass es etwas gibt, das größer ist als unser Universum und als das, was wir mit unseren Instrumenten messen können. [...] Für mich bedeutet, die Natur zu erforschen – ob es da nun um Vögel geht oder Steine oder Planeten – Gott die Ehre zu geben, also die Schönheit seiner Schöpfung zu bewundern.«[93] John Polkinghorne, einer der renommiertesten Teilchenphysiker der Welt, verließ die University of Cambridge, um sich zum anglikanischen Pfarrer weihen zu lassen.

Nach fünfundzwanzig Jahren habe er das Gefühl, seinen Teil zur Wissenschaft beigetragen zu haben, es sei an der Zeit, etwas anderes zu tun. Den Rest seines Lebens verbrachte er mit dem Schreiben von Büchern, in denen er den Kosmos als Schöpfung Gottes zu erklären versuchte, ohne wissenschaftliche Grundsätze über Bord zu werfen.[94] Der Oxford-Mathematiker John Lennox schreibt: »Entweder verdankt die menschliche Intelligenz ihre Entstehung geist- und zweckloser Materie, oder es gibt einen Schöpfer. Es ist seltsam, dass einige Menschen behaupten, ihre Intelligenz führe sie dahin, die erste der zweiten Möglichkeit vorzuziehen.«[95] Und einer der Begründer der Quantentheorie, Werner Heisenberg, sagte sogar einmal, dass der griechische Philosoph Platon vollkommen recht habe: Die wirkliche Welt sei geistig, und wir sähen nur einen Schatten von ihr. Und Heisenbergs Tochter Christine berichtete, dass die Augen ihres Vaters dabei gestrahlt hätten wie die Augen eines Kindes. Diese Welt, so habe Heisenberg ein ums andere Mal bezeugt, diese innere Welt, die alles Äußere zusammenhält, sei von so unglaublicher Schönheit, dass es einem den Atem nehme.[96]

Natürlich kann man menschliche Erfahrungen von Sinn, Schönheit und Liebe als Zufallsprodukt sinnloser Materie ansehen, aber genauso gut kann man darin einen schöpferischen Geist erkennen. Für mich sind Glaube und Wissenschaft zwei unterschiedliche Arten, die Welt zu betrachten, die gar nicht so viel miteinander zu tun haben. Ich finde: Man kann sehr wohl logisch denken *und* beten. Wer glaubt, gibt das Denken nicht auf, sondern denkt tiefer, um verstehen zu können. Oder anders: Wer das Unberechenbare von vornherein ausschließt, wird das Ganze nicht erfahren.

Der amerikanische Bischof Robert E. Barron ist so etwas wie ein Shootingstar des Christentums. In Zeiten, in denen die Kirche nicht mehr aus den negativen Schlagzeilen herauskommt, folgen ihm nicht nur Millionen Menschen in sozialen Medien, er hält auch umjubelte Vorträge in den kalifornischen Firmensitzen von Google und Amazon, wo man Interesse am Katholizismus eher nicht erwarten würde.

Dabei mutet er seinen Zuhörern einiges zu, indem er sich offen gegen eine geschmeidige, vereinfachte Religion ausspricht und auf die mystische Tradition der Kirche und die Heiligkeit der Liturgie verweist. Eine »universelle Duldung aller Meinungen« finde er fade, gleichzeitig ist er weder dogmatisch noch engstirnig, sondern, im Gegenteil, offen und interessiert an einem respektvollen Austausch. Dass er mit seinen Auftritten Erfolg hat, zeigt: Die Sehnsucht der Menschen ist groß. Und während sich die Kirche hierzulande mit Strukturreformen und identitätspolitischen Fragen befasst, holt er die Menschen in ihrer unausrottbaren Sehnsucht nach Sinn und Trost ab. Echter Glaube, so Barron, sei nicht Aberglaube, Naivität oder Dummheit, schon gar nicht das Resultat persönlicher Komplexe oder Fantasien, sondern eine Art von Wissen, das über die Möglichkeiten der Beobachtung, des Experimentierens, der Hypothesenbildung und des rationalen Denkens hinausgehe.[97]

Um deutlich zu machen, dass Menschen sich permanent auf ein Zusammenspiel aus Vernunft und Glauben einlassen, ohne sich dessen bewusst zu sein, fragt er danach, was eigentlich passiere, wenn man einen anderen Menschen kennen lerne. Denn selbstverständlich könne man auch ohne persönliche Begegnung viel über einen Menschen herausfinden, indem man ihn in verschiedenen Situationen beobachte, seine Freunde nach ihm befrage oder sämtliche Informationen zusammentrage, die im Netz über ihn zu finden seien. Irgendwann werde man vielleicht kein lückenloses, aber doch ein ziemlich gutes Bild dieses Menschen vor Augen haben.

Wenn man einen Menschen aber *wirklich* kennen lernen wolle, müsse man genau umgekehrt vorgehen, die Suche einstellen und anfangen zuzuhören: Was hat dieser Mensch zu erzählen? Was hat er erlebt? Was denkt er über dieses und jenes? Was macht ihn glücklich? Wovor fürchtet er sich? Wovon träumt er? Worauf hofft er? Im besten Fall werde einem das Gegenüber seine Sehnsüchte und Ängste anvertrauen. Und dies sei der Punkt, an dem man sich entscheiden müsse: Vertraut man ihm oder vertraut man ihm nicht? Je nachdem stoße die Bekanntschaft an eine Grenze oder wachse zu einer Freundschaft oder Liebe. Entscheidend sei, dass der Verstand während des Kennenlernens zu keinem Zeitpunkt ausgeschaltet werde, im Gegenteil, die Vernunft bleibe hellwach. Das Gesagte werde pausenlos abgewogen und hinterfragt, mit anderen Aussagen und Erfahrungen verglichen und auf Stichhaltigkeit überprüft.

Der gläubige Mensch mache ähnliche Erfahrungen. Auch er müsse aufhören, Fragen zu stellen und anfangen zuzuhören. »Glaube kommt vom Zuhören«, sagt der heilige Paulus. Trotzdem, so Barron, müsse er weder seinen Verstand aufgeben noch sich auf das Niveau der reinen Leichtgläubigkeit herablassen. Dafür werde er in der Tat gefragt, ob er bereit sei zu vertrauen.[98]

Genau wie ein mündiger Glaube die Naturwissenschaften nicht in Frage stellt, sondern ergänzt, schließt verantwortungsvolle Wissenschaft den Glauben nicht aus. Der Punkt, wo das Wissen aufhört, und der Glaube beginnt, hat nichts mit Irrationalität zu tun, sondern macht die Grenzen der Vernunft erst deutlich. Tatsächlich verschränken sich Vernunft und Vertrauen unentwegt, wir glauben pausenlos Dinge, die wir weder wissen noch mit eigenen Augen überprüfen können. Dazu sagte Papst Johannes Paul I.: »Erzählt mir nicht, ihr wäret nicht sicher, ob Gott existiert, weil ihr ihn nie gesehen habt. Auch eueren Urgroßvater habt ihr ja nie gesehen, und doch seid ihr sicher, dass es ihn gab. Sagt mir nicht, die Welt und ihr selbst wäret das Produkt einer ewigen Materie, die ganz von allein entstanden sei, die zuerst noch formlos und chaotisch war und dann nach und nach immer mehr Gestalt annehmend im Lauf der Jahrhunderte sich immer weiterentwickelt hatte. Nicht einmal ein winziger weißer Punkt auf einer schwarzen Tafel entsteht allein. Warum sollte eine so ungeheuer vielfältige Welt vor Milliarden Jahren plötzlich und spontan aus dem Nichts entstanden sein? Kann denn einer, der gar nicht existiert, spontan etwas hervorbringen?«[99]

Dazu kommt, dass Technologie und Wissenschaften den gleichen Gefahren wie die Religion unterliegen. Beide können missbraucht und zu manipulativen Zwecken, nicht zuletzt zur Kriegsführung, eingesetzt werden. Wie Religionen sind auch die Wissenschaften nicht frei von Interessen und Pathologien, dienen der Macht, dem Kommerz, der Unmenschlichkeit, man denke an digitale Waffensysteme oder den skandalösen Umgang mit ungeborenen behinderten Kindern. Ich habe viele Gläubige, darunter Priester und Mönche, nach ihren Zweifeln befragt. Es war keiner dabei, der sie nicht kennt und fürchtet. Wer glaubt, wird angefochten, ohne Straucheln geht es nicht. Es gibt ein

Gedicht von Erich Fried: »Zweifle nicht/an dem/ der dir sagt/ er hat Angst/ aber hab Angst/ vor dem/der dir sagt/er kennt keinen Zweifel.«

+++

Ein Sonntagabend in München, kurz vor halb sieben. Als ich meine Fingerspitzen in das Weihwasserbecken der Theatinerkirche tauche, trifft es mich wie ein Schlag: »Du Narr«, flüstert eine Stimme in meinem Kopf. »Was machst du hier? Was versprichst du dir davon? Wem willst du gefallen? Gott? Oder nur dir selbst?«

Noch stehe ich im kargen Vorzimmer, eine verglaste Tür trennt mich vom Kirchenraum, alle paar Sekunden schwingt sie auf und zu, die Gläubigen strömen in die Messe. Ein älterer Herr nimmt seinen Trachtenhut vom Kopf, eine junge Frau wirft einen Blick auf ihr Handy, lächelt, schaltet den Flugmodus ein, lässt es zurück in ihre Handtasche gleiten. Eine Weile stehe ich unschlüssig herum, dann versiegt der Strom. Ich schaue mich um, ein Blick auf die Uhr, in fünf Minuten beginnt die Messe.

Ich liebe die Sonntagabendmesse in der Theatinerkirche. Eine Stunde Andacht und Besinnung, bevor am Montagmorgen der Wahnsinn weitergeht, die Mails, die Meetings, die Videocalls, Cappuccino hier, Bierchen dort, »kleiner Lunch«, »kurze Besprechung«. Ich mag ihren stillen Ernst und wie sie meinen oft verbummelten Sonntagen gerade noch rechtzeitig eine Form, eine Struktur verleiht. Oft gehe ich danach in meine Lieblingsbar, um das Wochenende ausklingen zu lassen. Manchmal lese ich die Zeitung vom nächsten Tag, manchmal frage ich einen Freund, ob er dazukommen möchte, aber meistens nicht, dann genieße ich die leise Melancholie, esse ein Käsebrot, nehme einen Drink. Aber heute ist irgendwas anders. Schon der eigentlich so reizvolle Weg über den Viktualienmarkt ist mir schwergefallen. Da ist eine Unruhe in mir, eine Unlust; der Kopf tut weh, die Beine fühlen sich schwer an.

Noch drei Minuten. Als ich mich umdrehe, erhasche ich durch die geöffnete Tür einen Blick ins Freie. Der Odeonsplatz glänzt in der Abendsonne, als könnte der Tag noch etwas bereithalten, als müsste es das noch nicht gewesen sein. Sanftes Flirren, wehende Töne, goldenes Licht. Kurz trete ich vor die Tür, irgendetwas zieht mich ins Freie. Eine italienische Schulklasse sitzt auf den Stufen der Feldherrnhalle. Ein Mann im Trachtenjanker führt seinen Dackel spazieren. Ein Straßenmusiker spielt Vivaldis *Vier Jahreszeiten*. Ein junges Pärchen bleibt stehen, lauscht, küsst sich, schlendert weiter. Vor mir liegt eine gewöhnliche Abendmesse. Eigentlich nichts Besonderes. Im Grunde das Gleiche wie die Woche davor. Und die Woche danach.

Noch zwei Minuten. Für einen Moment spiele ich mit dem Gedanken, sie sausen zu lassen. Ich könnte im Englischen Garten spazieren gehen und meine Füße in den Eisbach strecken. Ich könnte mich mit einem Glas Riesling vor die *Pfälzer Weinstube* setzen, vielleicht würden Orgelklänge gedämpft herüberwehen, sind ja nur fünfzig Meter. Wer weiß, vielleicht hätte der liebe Gott nicht mal was dagegen, immerhin ist ihm ein prächtiger Sommerabend gelungen. Und wenn doch: Was soll passieren? Würde es jemandem auffallen? Wäre danach irgendetwas anders? Ist es nicht vollkommen gleichgültig, ob ich diese Messe besuche oder nicht? Kurz denke ich darüber nach, dann muss ich mir eingestehen, dass es weder für mich noch für irgendjemanden irgendwelche Konsequenzen hätte. Und davon abgesehen: War Gott immer zur Stelle, wenn ich ihn gebraucht habe? Hat er mich nie im Stich gelassen? Sind nicht alle, für die ich gebetet habe, am Ende doch gestorben?

Wie eine Horde Dämonen schießen die Zweifel in meinen Kopf: Was, wenn das ganze christliche Brimborium, der Vatikan, die Bibel, die Sakramente, das Gerede von Nächstenliebe und Barmherzigkeit die größte Lüge der Menschheitsgeschichte ist? Wenn Milliarden Menschen seit zweitausend Jahren getäuscht werden? Wenn es weder Gott noch den Teufel gibt? Wenn jedes Gebet im Nichts verhallt? Wenn jede Kerze umsonst brennt? Wenn das Christentum nicht mehr ist als ein gigantischer Konzern mit genialer Marketingabteilung? Ein hilfloser Welterklärungsversuch? Eine tröstliche Illusion? Eine bodenlose Unverschämtheit? Eine Frau, die noch nie Sex hatte, bringt den Sohn Gottes zur Welt, der am Kreuz stirbt, von den Toten aufersteht und in den Himmel fliegt, wo er zur Rechten Gottes, des allmächtigen Vaters, sitzt – wer soll das glauben?

Es ist der Moment, in dem mir Jesus erscheint, wie er durch diese staubige Gasse in Jerusalem stolpert, auf seinen Schultern das Kreuz, die Schuld der Welt. Sein Blick ist voller Schmerz, das Gewand zerrissen, die Haut voller nässender Striemen, um ihn herum die johlende Menge, gleichgültiges Gelächter. Manche zeigen mit dem Finger auf ihn, andere verspotten ihn, spucken ihm ins Gesicht. Als er stolpert, wirbelt Staub auf, dann rappelt er sich auf, taumelt weiter, stolpert noch einmal, später werden ihm die Folterknechte die Dornenkrone aufsetzen, ihn als »König« verspotten, nicht aus Boshaftigkeit, eher zum Zeitvertreib. Nein, die Welt hat nicht den Atem angehalten, als Jesus von Nazareth gestorben ist, die meisten haben es nicht mal bemerkt, und wenn doch, war es ihnen egal, ein gekreuzigter Spinner mehr oder weniger – was soll's. »Vater, vergib ihnen, denn sie wissen nicht, was sie tun«, wird Jesus am Kreuz murmeln und neun Stunden durchhalten, bis er nach seinem Vater ruft – »Mein Gott, mein Gott, warum hast du mich verlassen?«

Und Gott? Wird schweigen.

Es ist der Moment, in dem ich alles auf einmal spüre, seine Angst, seinen Schmerz, seine radikale Einsamkeit. Wo sind seine Jünger? Waren sie nicht eben noch bei ihm? Wo ist sein Vater? Warum hilft ihm niemand? Wo sind denn auf einmal alle? Es ist der Moment, in dem ich spüre, dass ich ihn jetzt nicht allein lassen darf. Dass ich unter dieses Kreuz kriechen und mit ihm gehen muss, nicht bis zum Ende, nicht bis Golgotha, aber ein Stück, bis andere kommen, die mich ablösen, und danach wieder andere, die jene ablösen. Auf einmal ist da nur noch ein Gedanke, der alle anderen bedeutungslos erscheinen lässt: Jesus soll nicht umsonst gestorben sein. Es ist der Moment, in dem ich mich umdrehe und die Tür zur Kirche aufstoße. Die Abendsonne bricht durch die Fenster, tausend Strahlen tauchen den Altarraum in gleißendes Licht, die Gemeinde blättert im *Gotteslob*, die Orgel ertönt – die Messe beginnt.

Dank

Ich danke meiner Verlegerin Regina Kammerer und meinem Agenten Matthias Landwehr, ohne die es dieses Buch nicht geben würde.

Ich danke dem Team des btb-Verlags, besonders Inge Kunzelmann, Britta Puce, Nina Portheine, Tabea Jung, Daniela Sarter, Susanne Klumpp, Ellinor Brandi, Alexa Bornfleth und Bele Engels.

Ich danke Florian Illies für das Zitat auf dem Buchrücken.

Ich danke Matthias Ziegler für das Autorenbild.

Ich danke Kerstin Susanne König, Matthias Ziegler, Theresa Hain und Nora Gottschalk für wertvolle Anregungen.

Für Gespräche und Hinweise danke ich Olaf Unverzart, Felix Hutt, Thomas Bärnthaler, Rainer Stadler, Carmen Färber, Nuri Almak, Gabriela Herpell, Julian Hans, Andreas Bernard, Felicitas von Lovenberg, Laetitia Grevers, Dunja Ramadan, Nora Bossong, Xing Müller, Eva Menasse, Alexandros Stefanidis,

Peter Seewald, Christopher Hoffmann, Markus Rasp, Martin Mosebach, Patrik Schwarz, Jan Friedmann, Phillip Hübl, Silke Wichert, Charles Schumann, Susanne Schneider, Sabine Willi, Robert Willi, Peter Licht, Werner Schrüfer, Simon Biallowons, Saskia Menges, Ines Lietzke-Prinz, Niclas Seydack, Thais de la Paz, Rainer Neumeier, Navid Kermani und Rainer Maria Schießler.

Für ihre Gastfreundschaft danke ich den Mönchen von Barroux.

Für Liebe, Geduld und wertvolle Hinweise danke ich Lea Marlen Balzer.

Für Liebe und Nachsicht danke ich meinen Eltern, meiner Schwester Miriam, meiner Nichte Yara Tika sowie Anna und Nala.

Literaturverzeichnis

Adorno, Theodor W., *Gesammelte Schriften*, Suhrkamp, Frankfurt am Main 1997

Anders, Günther, *Die Antiquiertheit des Menschen*, Band 1 und 2, 4. Aufl., C.H.Beck, München 1992

Barron, Robert, *Streiten wir für Religion. Glauben in der digitalen Welt*, Verlag Herder, München 2023

Bauman, Zygmunt, *Das Vertraute unvertraut machen. Ein Gespräch mit Peter Haffner*, Hoffmann und Campe, Hamburg 2017

Benjamin, Walter, *Ausgewählte Werke*, WBG, Darmstadt 2018

Berzbach, Frank, *Die Kunst zu glauben – Eine Mystik des Alltags*, bene! Verlag, München 2023

Bowles, Paul, *The Sheltering Sky*, Penguin Classics, London 2004

Ceh, Johann, *Gott – Der ganz Andere. Erfahrungen der Nähe und der Abwesenheit Gottes*, Verlag Mainz, Aachen 2016

Chateaubriand, François-René, *Geist des Christentums – Schönheiten der christlichen Religion*, Morus, Berlin 2004

Ebertz, N. Michael, *Entmachtet – 4 Thesen zu Gegenwart und Zukunft der Kirche*, Patmos, Ostfildern 2021

Elias, Norbert, *Über die Einsamkeit der Sterbenden*, Suhrkamp, Frankfurt 2002

Ende, Michael, *Momo*, Thienemann-Esslinger-Verlag, Stuttgart 2021

Ettl, Hubert, *Abenteuer des Glaubens. Erkundungen in unwegsamem Gelände*, Pustet Verlag, Regensburg 2020

Ettl, Hubert, *Zweifelnd glauben. Über Religion und Spiritualität in der heutigen Zeit*, Lichtung Verlag, Viechtach 2016

Frossard, André, *Gott existiert: Ich bin ihm begegnet*, Fe-Medienverlag, Kißlegg 2020

Han, Byung-Chul, *Vom Verschwinden der Rituale*, Ullstein, Berlin 2019

Han, Byung-Chul, *Die Austreibung des Anderen. Gesellschaft, Wahrnehmung und Kommunikation heute*, S. Fischer, Frankfurt 2016

Han, Byung-Chul, *Der Geist der Hoffnung wider die Gesellschaft der Angst*, Ullstein, Berlin 2024

Horkheimer, Max und Adorno, Theodor W., *Ausgewählte Werke*, WBG, Darmstadt 2015

Grün, Anselm und Deininger, Bernd, *Glaube und Vernunft. Der sinnstiftende Grund von Religion*, Vier Türme Verlag, Münsterschwarzach 2022

James, William, *The Will to Believe/Der Wille zum Glauben*, Reclam, Stuttgart 2022

Joas, Hans, Spaemann, Robert und Resing, Volker (Hrsg.), *Beten bei Nebel. Hat der Glaube eine Zukunft?*, Verlag Herder, München 2018

Joas, Hans, *Die Macht des Heiligen. Eine Alternative zur Geschichte der Entzauberung*, Suhrkamp, Berlin 2017

Kazantzakis, Nikos, *Griechische Passion*, Heyne, München 1977

Kermani, Navid, *Ungläubiges Staunen. Über das Christentum*, C.H.Beck, München 2016

Kermani, Navid, *Jeder soll von da, wo er ist, einen Schritt näher kommen. Fragen nach Gott*, Hanser, München 2022

Knieling, Reiner, *Kraftworte. Voller Zuversicht leben. Biblische Mutmach-Texte neu formuliert*, adeo Verlag, Asslar 2023

Küng, Hans, *Was bleibt?*, Piper, München 2013

Maio, Giovanni, *Abschaffung des Schicksals. Menschsein zwischen Gegebenheit des Lebens und medizin-technischer Gestaltbarkeit*, Herder, Freiburg 2016

Menasse, Eva, *Alles und nichts sagen. Vom Zustand der Debatte in der Digitalmoderne*, Kiepenheuer & Witsch, Köln 2023

Mosebach, Martin, *Die 21. Eine Reise ins Land der koptischen Märtyrer*, Rowohlt, Reinbek 2018

Mosebach, Martin, *Häresie der Formlosigkeit. Die römische Liturgie und ihr Feind*, dtv, München 2012

Musil, Robert, *Gesammelte Werke*, Rowohlt, Hamburg 1978

Nietzsche, Friedrich, *Werke in drei Bänden*, Hanser, München 1956

Novalis, *Briefe und Werke*, Lambert Schneider, Berlin 1943

Otto, Rudolf, *Das Heilige. Über das Irrationale in der Idee des Göttlichen und sein Verhältnis zum Rationalen*, C.H.Beck, München 2014

Peters, Tiemo R. und Neuhaus, Peter, *Glauben ohne Geländer. Ein Gespräch am Rande des Lebens*, St. Benno Verlag, Leipzig 2019

Ratzinger, Joseph, *Kurze Einführung in das Christentum – überarbeitet für alle von Manfred Lütz*, 3. Aufl., Kösel-Verlag, München 2023

Ratzinger, Joseph, *Gott und die Welt. Glauben und Leben in unserer Zeit. Ein Gespräch mit Peter Seewald*, Deutsche Verlags-Anstalt, Stuttgart/München 2000

Ratzinger, Joseph, *Werte in Zeiten des Umbruchs. Die Herausforderungen der Zukunft bestehen*, Herder Verlag, Freiburg 2005

Ratzinger, Joseph, *Aus meinem Leben. Erinnerungen*, Deutsche Verlags-Anstalt, München 2015

Rosa, Hartmut, *Unverfügbarkeit*, 2. Aufl., Residenz, Salzburg 2019

Rosa, Hartmut, *Demokratie braucht Religion*, Kösel, München 2022

Seewald, Peter, *Grüß Gott. Als ich begann, wieder an Gott zu denken*, Deutsche Verlags-Anstalt, Stuttgart/München 2002

Seewald, Peter, *Die Schule der Mönche. Mit dem Urwissen der Mönche das Leben gestalten*, bene! Verlag, München 2019

Sherrard, Philip, *Alles, was lebt, ist heilig. Grundlagen eines mystischen Christentums*, Crotona Verlag, Amerang 2024

Spaemann, Robert, *Das unsterbliche Gerücht. Die Frage nach Gott und der Aberglaube der Moderne*, Klett-Cotta, Stuttgart 2007

Steindl-Rast, David, *Auf dem Weg der Stille. Das Heilige im Alltag leben*, Herder Verlag, Freiburg 2023

Tesson, Sylvain, *Notre-Dame de Paris. O Königin der Schmerzen*, Friedenauer Presse, Berlin 2023

Weber, Max, *Wissenschaft als Beruf*, 11. Aufl., Duncker & Humblot, Berlin 2011

Weber, Max, *Die protestantische Ethik und der Geist des Kapitalismus*, Nikol, Hamburg 2015

Weidner, Stefan, *Jenseits des Westens. Für ein neues kosmopolitisches Denken*, Hanser, München 2018

Žižek, Slavoj, *Die Paradoxien der Mehrlust. Ein Leitfaden für die Nichtverwirrten*, S. Fischer, Frankfurt am Main 2023

Žižek, Slavoj, *Lacan: Eine Einführung*, S. Fischer, Frankfurt am Main 2009

Anmerkungen

1 Reinhard Bingener, »Die Kirchen im Mahlstrom«, *FAZ*, 14.11.2023.

2 »Es wäre eine Katastrophe, wenn die Kirche ihre Grundsätze über Bord werfen würde«, Interview mit Martin Mosebach von Matthias Drobinski und Tobias Haberl, in: *Süddeutsche Zeitung Magazin*, 12.5.2010.

3 www.pro-medienmagazin.de/licht-und-schatten-christentum-in-afrika/.

4 Katrin Büchenbacher, »Hu ist Christ und Chinese. Und in den Augen der Regierung ein Problem«, *NZZ*, 3.10.2023.

5 www.kirche-im-swr.de/beitraege/?id=39628.

6 Johan Schloemann, »Warum Kermanis Aufforderung zum Gebet ein unerträglicher Übergriff war«, *SZ*, 20.10.2015.

7 Thomas Jansen, »Das Versagen der Kirchen«, *FAZ*, 22. März 2022.

8 Thomas Jansen, »Was unterscheidet Katholiken und Protestanten heute noch?«, *FAZ*, 13.12.23.

9 Ebenda.

10 Michael N. Ebertz, *Entmachtung. 4 Thesen zu Gegenwart und Zukunft der Kirche*, Ostfildern 2021, S. 32.

11 David Salimi, »Füllen sich die Kirchenbänke wieder?«, *Bayerwald Echo*, 5.2.2024.

12 Peter Seewald, *Grüß Gott. Als ich begann, wieder an Gott zu denken*, Stuttgart/München 2002, S. 115.

13 »Natürlich ist Religion erst mal Pflicht«, Interview mit Martin Mosebach und Navid Kermani von Tobias Haberl, in: *Süddeutsche Zeitung Magazin*, 1.9.2015.

14 Hans Küng, *Was bleibt?*, München 2013, S. 239.

15 Antoine de Saint-Exupéry, *Die Stadt in der Wüste/Citadelle*, Frankfurt am Main 1996, S. 26 f.

16 Zitiert in Jürgen Kaube, »Paradoxien der Langlebigkeit«, *FAZ*, 9.7.2024.

283

17 Norbert Elias, *Über die Einsamkeit der Sterbenden*, Frankfurt 2002, S. 22.

18 Marco Metzler, »Google spielt Gott – und will den Tod überwinden«, *NZZ*, 09.09.2017.

19 Susanne Billig, »Wege zur Unsterblichkeit. Ein Hauch des ewigen Lebens«, *Deutschlandfunk Kultur*, 04.02.2016.

20 Giovanni di Maio, »Was heißt es, zu sterben?«, *Die Zeit*, 14.11.2020.

21 Justus Bender, »Weihnachten ist ein Fest für jeden«, *FAZ*, 24.12.23.

22 Peter Seewald, *Die Schule der Mönche. Mit dem Urwissen der Mönche das Leben gestalten*, München 2019, S. 41.

23 »Auch in der tiefsten Nacht gibt es ein Licht«, Interview mit Corine Pelluchon von Timm Lewerenz, in: *Christ und Welt*, 28.9.2023.

24 Nikos Kazantzakis, *Griechische Passion*, München 1977.

25 Alexander Kissler, »Vor der Wahl der AfD warnen?«, *IDEA – Das christliche Spektrum*, 10.2024.

26 Peter Seewald, *Die Schule der Mönche*, S. 45 f.

27 Slavoj Žižek, *Lacan: Eine Einführung*, Frankfurt am Main 2008.

28 Joseph Ratzinger, *Kurze Einführung in das Christentum – für alle überarbeitet von Manfred Lütz*, München 2023, S. 53.

29 Peter Seewald, *Grüß Gott*, S. 49.

30 Vgl. David Steindl-Rast, *Auf dem Weg der Stille. Das Heilige im Alltag leben*, Freiburg 2023, S. 62 (Das Tanz-Beispiel stammt vom Religionsphilosophen Alan Watts.)

31 Joseph Ratzinger, *Kurze Einführung in das Christentum – für alle überarbeitet von Manfred Lütz*, S. 120.

32 Ebenda, S. 26.

33 Hans Küng, *Was bleibt?*, München 2013, S. 51.

34 Peter Seewald, *Grüß Gott*, S. 18.

35 »Entlaste dich«, Interview mit John von Düffel von Birgit Weidt, in: *Die Zeit (Christ & Welt)*, 23.11.2023.

36 Joseph Ratzinger, *Aus meinem Leben. Erinnerungen*, München 2015, S. 23.

37 Martin Mosebach, *Häresie der Formlosigkeit. Die römische Liturgie und ihr Feind*, München 2012, S. 30.

38 Ebenda, S. 47.

39 Josef Karg, »Der populärste Pfarrer Bayerns«, *Augsburger Allgemeine Zeitung*, 7.5.2016.

40 http://literaturundleben.blogspot.com/2009/10/alte-messe-in-rom.html.

41 Navid Kermani, »Näher bei Gott«, *Die Zeit*, 7.2.2024.

42 François-René Chateaubriand, *Geist des Christentums – Schönheiten der christlichen Religion*, Berlin 2004, S. 57.

43 Max Weber, *Wissenschaft als Beruf*, 3. Aufl., Berlin 2011, S.17.

44 Max Weber, *Die protestantische Ethik und der Geist des Kapitalismus*, Hamburg 2018, S. 124.

45 Max Horkheimer/Theodor W. Adorno, *Dialektik der Aufklärung*, in: Theodor W. Adorno: *Gesammelte Schriften*, Band 3, Frankfurt am Main 1997, S. 19.

46 Anselm Grün/Günter Hänsel, »Die Zukunft des Christentums wird mystisch sein«, *Die Zeit*, 19.5.2024.

47 »Natürlich ist Religion erst mal Pflicht«, Interview mit Martin Mosebach und Navid Kermani von Tobias Haberl, in: *Süddeutsche Zeitung Magazin*, 1.9.2015.

48 Byung-Chul Han, *Vom Verschwinden der Rituale*, Berlin 2019, S. 7.

49 Anselm Grün/Günter Hänsel, »Die Zukunft des Christentums wird mystisch sein«, *Die Zeit*, 19.5.2024.

50 Jörg Scheller, »Wer das Gute bewahren will, baut Brücken, die im Wind schwingen«, *NZZ*, 29.10.2018.

51 »Wenn ich verzweifelt bin, fühle ich mich in einer Kirche aufgehoben«, Interview mit Nora Bossong von Tobias Haberl, in: *Süddeutsche Zeitung Magazin*, 5.5.2022.

52 Navid Kermani, »Näher bei Gott«.

53 Hartmut Rosa, *Demokratie braucht Religion*, München 2023, S. 55.

54 Navid Kermani, »Näher bei Gott«.

55 Stefan Weidner, *Jenseits des Westens. Für ein neues kosmopolitisches Denken*, München 2018, S. 9 f.

56 Ebenda, S. 9 f.

57 Ebenda, S. 10.

58 Vgl. https://de.wikipedia.org/wiki/Das_1._Evangelium_-_Matthäus.

59 »Wenn ich verzweifelt bin, fühle ich mich in einer Kirche aufgehoben«, Interview mit Nora Bossong von Tobias Haberl, in: *Süddeutsche Zeitung Magazin*, 5. Mai 2022.

60 Christian Geyer, »Bin ich Psycho oder geht das von selbst weg?«, *FAZ*, 18.6.2014.

61 »Auch in der tiefsten Nacht gibt es ein Licht«, Interview mit Corine Pelluchon von Timm Lewerenz, in: *Christ und Welt* 41, 28.9.2023.

62 Byung-Chul Han, *Die Austreibung des Anderen: Gesellschaft, Wahrnehmung und Kommunikation heute*, Frankfurt am Main 2016, S. 44.

63 Claudia Wüstenhagen, »Wenn die Welt auf einmal still wird«, *Die Zeit*, 5.9.2014.

64 Ebenda.

65 www.elbphilharmonie.de/de/mediathek/sofia-gubaidulina-im-portrait/ 957.

66 Eva Menasse, *Alles und nichts sagen. Vom Zustand der Debatte in der Digital-moderne*, Köln 2023, S. 14.

67 Hans Küng, Was bleibt?, S. 35.

68 Peter Seewald, *Die Schule der Mönche*, S. 27.

69 www.orden.de/presseraum/zahlen-fakten/.

70 Seewald, *Die Schule der Mönche*, S. 9.

71 Ebenda, S. 32.

72 Ebenda, S. 41.

73 David Steindl-Rast, *Auf dem Weg der Stille*, S. 57.

74 Ebenda, S. 74.

75 Hartmut Rosa, *Demokratie braucht Religion*, München 2023, S. 14 f.

76 Joseph Ratzinger, *Werte in Zeiten des Umbruchs. Die Herausforderungen der Zukunft bestehen*, Freiburg 2005, S. 94 f.

77 Joseph Ratzinger, *Kurze Einführung in das Christentum – für alle überarbeitet von Manfred Lütz*, S. 38.

78 Robert Spaemann, *Das unsterbliche Gerücht. Die Frage nach Gott und der Aberglaube der Moderne*, Stuttgart 2007, S. 229.

79 »Ich bin wie ein Zirkuspferd«, Interview mit Gloria von Thurn & Taxis von Timo Frasch, in: *Frankfurter Allgemeine Magazin*, 14.07.2023.

80 Jürgen Kaube, »Organisierte Unruhe«, *FAZ*, 27.4.2024.

81 »Das fasziniert mich an Forrest Gump«, Interview mit Rainer Maria Schießler von Anna Heise, in: *Oberbayerisches Volksblatt*, 27.5.2022.

82 Frank Berzbach, *Die Kunst zu glauben. Eine Mystik des Alltags*, München 2023, S. 52.

83 Byung-Chul Han, *Der Geist der Hoffnung wider die Gesellschaft der Angst*, Berlin 2024, S. 14.

84 Hans Joas, Robert Spaemann, Volker Resing (Hrsg.), *Beten bei Nebel. Hat der Glaube eine Zukunft?*, München 2018, S. 28.

85 »Manchmal ist der Alptraum das, was wir brauchen«, Interview mit Roger Ballen von Tobias Haberl, in: *Süddeutsche Zeitung Magazin*, 17.11.2014.

86 Hans Küng, *Was bleibt?*, S. 34.

87 Ebenda, S. 35.

88 Kermani, »Näher bei Gott«.

89 www.erf.de/lesen/glaubens-faq/glaube-und-wissenschaft/33618-8.

90 Joseph Ratzinger, *Kurze Einführung in das Christentum*, S. 21.

91 Hans Küng, *Was bleibt?*, S. 59.

92 www.erf.de/lesen/glaubens-faq/glaube-und-wissenschaft/33618-8.

93 https://promisglauben.de/weltraumphysiker-andre-galli-bewundert-die-schoenheit-der-schoepfung/.

94 Henning Engeln, »Wie Forscher nach Gott suchen«, www.spiegel.de/wissenschaft/mensch/wissenschaft-und-religion-wie-forscher-nach-gott-suchen-a-296564.html, 29.4.2004.

95 www.erf.de/lesen/glaubens-faq/glaube-und-wissenschaft/33618-8.

96 Navid Kermani, *Jeder soll von da, wo er ist, einen Schritt näher kommen*, München 2022, S.18.

97 Ebenda, S. 28.

98 Ebenda, S. 32.

99 Peter Seewald, *Grüß Gott*, S. 43.

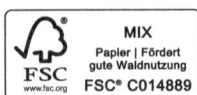

FSC
www.fsc.org

MIX
Papier | Fördert
gute Waldnutzung
FSC® C014889

Penguin Random House Verlagsgruppe FSC® N001967

1. Auflage
Copyright © der deutschsprachigen Ausgabe 2024 by btb Verlag
in der Penguin Random House Verlagsgruppe GmbH,
Neumarkter Str. 28, 81673 München
Umschlaggestaltung: LNT Design unter Verwendung einer Illustration
von Michael Kelly
Satz: Uhl + Massopust, Aalen
Druck und Einband: Friedrich Pustet GmbH & Co. KG, Regensburg
Printed in Germany
ISBN 978-3-442-76287-3

www.btb-verlag.de
www.facebook.com/penguinbuecher